寰宇財金 **99**

非常潛力股

Common Stocks and Uncommon Profits

Philip A. Fisher 著

羅　耀　宗　譯

John Wiley & Sons, Inc.
New York • Chichester • Brisbane • Toronto • Singapore

Common Stocks and Uncommon Profits

by Philip A. Fisher

目 錄

引 言

我從家父的文章中學到什麼

Kenneth L. Fisher

我花了約十五年的時間，才瞭解《非常潛力股》（Common Stocks and Uncommon Profits）一書在寫些什麼。第一次看這本書，實在不懂到底在講什麼。那時我才八歲。在一個十分美好的暑假一開始，便看這本書，可真是浪費時間。裡面有太多艱深的字眼——非查字典不可。談到要用腦筋的事，我學得很慢，在班上吊車尾。不過，那是父親寫的書，我引以為豪。我在學校、左鄰右舍聽到，在當地報紙看到，曉得這本書大獲好評。它應該是《紐約時報》（New York Times）有史以來，躋進暢銷書排行榜的第一本投資著作。我有責任去看它。於是我看了。事實上，我很高興終於看完全書，可以好好過個暑假。

誰曉得我後來會著手創立一家大型投資管理公司；自己寫書；在《富比世》（Forbes）雜誌長達七十九年的歷史中，忝為歷時第十長的專欄作家，十多年內撰寫數百篇專欄，包括一年一度的「當年最佳」投資著作書評？是的，逢人便說我八歲已看過第一本投資著作，或許有幫助，即使我沒看懂。

再下來，這本書令我正眼相看的那一年，是廿歲大學快畢

業時。父親有個想法，希望我和他、哥哥一起工作。這事有點麻煩，但就是這樣才有意思。那是工作。我滿懷焦慮，也不免懷疑，希望「查清楚」，看這件工作是不是好機會。於是我重讀《非常潛力股》。這一次，只有幾個字眼不懂。看了父親所說，應留意一支股票的十五個要點，我心裡琢磨著，想知道能不能如法炮製，應用到一支地方性股票上。如果可以，便表示和父親一起工作有好處。

噢，不管用。在本地公開上市交易的一支木材股，叫做太平洋木材（Pacific Lumber），看起來獲利機會不錯。我找了幾個人，但他們對我這位年輕小伙子查探細節的偵探遊戲愛理不理，因為我顯然一竅不通，沒做好分析前的準備工作，也不曉得怎麼去分析。我甚至不知道怎麼問問題。一開始便有好幾個人饗我以閉門羹之後，我終於知難而退，但因此認清，還需要好好自我充實。

在父親底下工作很辛苦，有點像我第一次以專業身分買進股票──買到反「十倍股」──從十元跌到只剩一元。說了這麼多，是要讓你知道，連廿來歲的小伙子，沒那麼聰明、犯了許多錯誤，還是辦得到，只要幾年工夫，也能學會如何善用本書的原則。我做到了，任何人也做得到，你當然不例外。

運用《非常潛力股》一書所說十五要點，等於在現實生活中，一而再，再而三，找人「閒聊」──目的是在這裡研究某支股票，在那裡研究另一支股票。它真的管用。我不打算在此重述早年的事業生涯中，它如何幫助我成功。我的確因為發現

一些股票，事業才能突飛猛進；這些股票，只能靠閒聊和十五要點找到。我可以大致研判一家公司能在這個世界的哪個地方取得一席之地，以及它會不會繁榮壯大。如果不能，可能的病因在哪裡？我馬上便知道，為什麼我的同事試用十五要點會失敗。個中竅門在於找人閒聊，而且和所有的竅門一樣，得花時間去學習。個中藝術在於看出指向十五要點的蛛絲馬跡。兩者的差別，有如學習彈奏鋼琴（竅門），然後編曲（藝術）。你可能不願還沒彈得很好就學作曲。幾乎任何領域中，你只能靠反覆練習學得竅門，別無他法。你可以只管欣賞藝術，不必有能力創作藝術，或者在嫻熟竅門之後，才搖身一變而成藝術家。

家父和我的目標一直不是很相同。但這本書對他和我都管用。他是成長型股票投資人，過去是這種人，現在也是。我則一直是價值型股票投資人。兩人可說道不相同。他想找的是能夠成長、再成長的公司股票，而且以合理的價格買到後，幾乎不賣出。我要的是價格便宜得要命的股票，因為那比它的壞形象要好。

我要說的是：閒聊法和十五要點對成長型和價值型股票都管用。以第四點來說：對一家背後沒有傑出自然銷售動能的價值型公司來說，銷售組織優於一般水準，和順風揚帆一樣重要，甚至有過之而無不及。第五點談高利潤率，道理也是一樣。比方說，在欠缺自然成長率的商品式企業中，市場占有率、相對生產成本和長期利潤率的確全部緊密相依。管理得當可以提高市場占有率和降低相對生產成本，做法通常是引進改良式的生產技術（運用技術，而不是自行發展技術）。管理不彰，將使

利潤率降低，最後消失。因此，1976年，我發現了紐可公司（Nucor）。這是一家小型鋼品銷售商——管理階層優異、技術創新、生產成本較低、在小小的鋼品立基中市場占有率相對偏高、市場占有率節節上升並擴大立基。我從價值型投資的觀點買它；家父也立即從成長型投資的觀點買進紐可。我們運用的都是十五要點。

本書問世時，家父五十一歲，有點像是兼容並蓄的天才，而且已經非常成功。我認為他沒有想到一位新手需要花不少時間才能瞭解這個竅門。這麼多年來，他憑直覺本能慢慢發覺到這個竅門。閒聊那一章只有約三頁，卻是全書最重要的精華之一。事後回想起來，很清楚可以看出：家父漏掉了該納入的竅門部分。他可能認為那是想當然耳，大家都會的事。

這麼多年來，我運用這個方法觀察許多個股，得到十分深入的看法。關鍵在何處？重點擺在客戶、競爭對手和供應商上面。我在第一本拙著《超級強勢股》（Super Stocks，Dow-Jones Irwin 1984，寰宇財金叢書系列76號）裡面所說的竅門，包括如何運用這個方法，並舉出幾個實例。但是同樣的，所談全是竅門。只要你開口問，就會得到答案。個中藝術在於從你得到的答案，再問更多問題——以及正確的問題。我看過有人一成不變地拿著標準問題清單問問題，而不管得到什麼樣的回答。這不是藝術。你問了問題之後，他或她會回答。從那樣的回答中，能再問出什麼樣的好問題？依此類推。如你能當機立斷，馬上提出好問題，你就會是作曲家、藝術家、富有創意和好於探究的投資人。

1972到1982年間，我和父親不知拜訪過多少家企業。我只在他那裡工作一年，但此後合作做過很多事。觀察企業時，他總是事先準備好問題，打在黃色紙張上，行間留空，好塗鴉做筆記。他總是希望做好準備，並讓接受拜訪的公司曉得他有備而來，欣賞他的做為。同時，他用問題做為描述談話主題的大綱。事先準備好的問題，也可做為很好的後勤支援，以妨談話內容岔離主題。萬一發生那樣的事，他會利用一個問題，立即把談話方向拉回正題。但是他最好的問題，總是在毫無準備的情況下，直接從腦中蹦出，而不是事先寫下的，因為聽到某個較不重要問題的答案之後，心有所感，立即而發。提出富有創意的問題，便是藝術。我打從心底覺得，這些問題令他的發問精彩萬分。

我的公司運用十五要點和閒聊法於各式各樣的企業；大部分公司規模較小，而且慘遭痛擊。零售商、各種形式的科技、服務公司、水泥、鋼鐵、特用化學品、消費性產品、賭博，只要你說得出來的行業，我們都有注意。它不見得是說服我或公司下最後決定的因素，但能在這個過程中添加價值。從廣泛的層面思考的同時，每年為了選取數百支股票，我的公司把這個過程大量製成我們稱之為電話訪問十二招（Twelve-Call）的方法，發行一本作業手冊，供遠地工作的員工以電話訪問客戶、競爭同業和供應商時參考。這不如你自己親手研究一支股票那麼有效果，但引導我們注意很多事實。我的意思是說，不管照家父原始的設計目的去做，或經修改，廣泛但僅止於較表層的研究，十五要點和閒聊法都有價值。

　　不過，請不要以為《非常潛力股》一書只有閒聊法和十五要點有價值。只是我認為它們是珠寶，書中也穿插一些較小的光芒、智慧的火花。比方說，1990年，我專業操作股票已有十八年歷史，而且做得相當成功。我在《富比世》雜誌寫專欄已六年。接著，海珊（Saddam Hussein，伊拉克總統）來了。隨著戰爭的威脅日濃，投資人變得膽怯。市場驚惶不安。我鑽研過歷史，並寫了兩本金融史方面的書。我見到的歷史說「買進」。但畢竟我沒經歷過那麼多歷史。一個週末，我翻閱第八章「投資人五不原則」和第九章「投資人另五不原則」，加深了我的決心。我曉得，戰爭恐懼必然是市場買進良機。除此之外，加上我自己的一些經濟預測，1990年年底我發表的專欄鼓吹買進，時機恰到好處。在其他大部分人看空之際，我提出的買進時機正確，有助於穩固我在《富比世》雜誌的長期地位；長久以來，我對《富比世》雜誌一直心懷感激。

　　你會在字裡行間發現其他很多屬於你的珠寶，對你的助益可能不下於對我的助益。但是關於《非常潛力股》一書，我們有個重要的結論，那就是它全然從基本面出發。這本著作談的是基本面。它不只教我們什麼是真正的投資基本面，也是許多頂尖投資專業人士在學校唸書時的基本教材。多年來，它是史丹福大學商學研究所投資課程使用的教材。各式各樣的學生修得史丹福大學的學位之前，看過這本書，後來其中一些人成了全國知名的投資人。這本書的廣度不止於此。例如，華倫・巴菲特（Warren Buffett）長久以來推崇家父和《非常潛力股》，是他的投資哲學成形的基礎。想看看它有什麼魅力？不妨翻開第九章，看「另五不」裡的第一不：「不要過度強調分散投資」。

巴菲特有個很重要的投資哲學，它的根源，於此一目瞭然。你看到的這段文字，正是巴菲特當年看到的同一段文字。

從家父第一本書撰稿到《保守型投資人夜夜安枕》（Conservative Investors Sleep Well）脫稿，市場基本面的重要性沒改變多少。但是橋下河水翻滾不已。1958到1974年間，有一個大多頭市場和一個大空頭市場──無數一時的狂熱和幻想來了又去。在我看來，菲利浦・費雪（Philip A. Fisher）再次告訴全世界什麼事情才重要，正逢其時。不是我自誇，若非我從旁推促，他不會寫成《保守型投資人夜夜安枕》那一篇。那時我只是無足輕重的毛頭小伙子，但我很難纏，幾乎比其他任何人更能推促他做某些事情。在他的引言中，你會看到他說名稱是我取的，並「貢獻其他很多事情，包括這裡所提一些基本概念」。

但他沒告訴你，為免我難堪，其實原先的計畫不是那個樣子。他和我討論了內容，為了讓他輕鬆些，本來我們打算合寫這一篇。我應該照兩人同意的內容，撰寫初稿，由他潤飾。這麼做才不會占用他太多時間，而且才能說服他百忙中抽空出來。錯了。初稿我寫得很差，他不得不全部捨棄，從頭來過，一人獨挑大樑，為你寫出比我的初稿要好很多的內容。我寫的文字只會浪費你的時間，並讓他蒙羞。

我認為，第二篇第六章談摩托羅拉公司（Motorola）的部分，正是典型的菲利浦・費雪的風格。他在文內提到，為什麼那時人們不太喜歡的摩托羅拉，其實是家很棒的公司。這一部分很難讀，也不容易看懂它真的是家優良公司。但是不妨看看

後來的事實。這支股票的價格後來上漲爲廿倍。也就是，廿一年內，一美元變成廿美元；不計股利，年複率超過15%——而且全部的錢放在一家安全、管理良好的公司，不用每年負擔經紀商的進出手續費，也不用煩惱共同基金的營運費用比率，而且對信心堅定的人來說，不必傷什麼腦筋。真的有人抱牢一支股票廿一年？我可以很肯定地告訴你，菲利浦‧費雪就是這麼做的，而且摩托羅拉是他個人持有最多的股票。這段期間內，標準普爾五百種股價指數只漲爲七倍。菲利浦‧費雪以前是，現在也是這樣的人。找到他知之甚詳的出色公司之後，抱牢很長的時間，讓股價大幅增值。《保守型投資人夜夜安枕》正是我所知最好的一篇論著，告訴我們如何買進並抱牢成長型股票，但不冒太大的風險。

人們常問到我和家父的關係。由於他個性怪異，我也怪異，而且他們往往也很怪異，有時我會給他們怪異的答案。例如，他們常問，就我記憶所及，和父親在一起的哪段經驗我最喜歡。我總是這麼回答：「下一個經驗。」他們可能逼我答覆這個問題：「喔，難道小時候沒有你喜歡的時光？」我立即承認的確是有。他是世界上最好的床邊故事高手，但他的故事和股票市場絕對扯不上邊。我喜愛孩童時期的每一段光陰——人數愈來愈多的巴菲特追隨者討厭這樣的答案。他們希望我從小便研究股票，但親子之間的確沒有太多這樣的事情。那只是工作。因此，洩氣之餘，他們常問我：「那麼，如果你能把令尊的金玉良言濃縮成一句話，那是什麼？」我會說：「去看他寫的東西，並且設法看完。」這正是本書能爲你做的事。

第一篇

非常潛力股

序

在投資領域出版一本新書，很可能需要作者有所說明。因此以下的文字是個人的感想，用以說明為什麼要再就這一個主題，寫書供投資大眾參考。

在那時新設的史丹福大學企業管理研究所待了一年之後，1928年5月我踏進商業世界。我到現在的舊金山國安盎格魯國民銀行（Crocker-Anglo National Bank）一個重要單位的統計部門做事，廿個月後當上那個部門的主管。以今天的用語來說，我應叫做證券分析師。

我在這裡就近看到難以置信的金融縱慾遊戲，高潮止於1929年秋，以及接下來的困頓期。根據個人的觀察，我相信西岸有大好機會，可以經營專業投資顧問公司，與古老但無人尊敬的若干證券經紀商——曉得每一樣東西的價格，但對價值一無所知——截然有別。

1931年3月1日，我創立費雪公司（Fisher & Co.），那時是個投資顧問諮詢事業，服務一般大眾，但注意重點主要放在幾家成長型公司。業務蒸蒸日上。接下來碰到二次世界大戰。前後三年半，我在陸軍航空兵團做各式各樣的工作，利用公餘之暇，檢討個人曾經做過的成功投資行動，特別是不成功的投資行動，以及以往十年我見到別人成功和不成功的投資行動。檢

討過程中，若干投資原則開始浮現，而這些投資原則和金融圈普遍奉爲圭臬的一些原則有異。

復員後，我決定把這些原則實際應用到儘可能不受週遭問題干擾的企業環境中。費雪公司並沒有服務一般大眾，因爲十一多年來，費雪公司從來不曾同時擁有十來位客戶。這段期間內，這些客戶大多保持原狀。費雪公司以前主要的興趣，放在資本大幅增值上，現在所有的作爲，則把這件事當做唯一的目標。我注意到過去十一年，股價普遍上揚，任何人只要這麼做，都能賺到錢。不過，雖然在某種程度內，這些資金獲得的報酬一直領先投資人普遍觀察的整體市場指數，我發現戰後時期遵循這些原則，比戰前十年我局部運用這些原則更有所獲。或許更重要的是，在整體市場靜止不動或下跌的年頭，運用這些原則，所獲報酬不比市場急劇上揚時差。

研究我自己和別人的投資紀錄之後，兩件重要的事促成本書完成。其中之一我在其他地方提過幾次，也就是投資想賺大錢，必須有耐性。換句話說，預測股價會到達什麼水準，往往比預測多久才會到達那種水準容易。另一件事是股票市場本質上具有欺騙投資人的特性。跟隨其他每個人當時在做的事去做，或者自己內心不可抗拒的吶喊去做，事後往往證明是錯的。

這些年來，我發現自己必須不厭其詳地向個人所管理的基金投資人，解釋我採取的某種行動背後的原則。只有如此，他們才能瞭解何以我要買一些他們完全沒聽過的證券，因此不致一時衝動棄基金而去，好讓我有充裕的時間讓它在市場的報價

上開始證明買得有理。

慢慢的，我興起了一個念頭，想把這些投資原則彙集成篇，印成文字，留下紀錄，以便查考。於是我開始摸索這本書的組織架構。接下來我想到許多人，其中大部分都買了基金，但規模遠不如我管理，只屬於少數人的基金。這些年來，他們來找我，問到身為小額投資人的他們，如何踏出正確的一步。

我想到無數小額投資人處境之艱困，因為他們無意中吸收了各式各樣的想法和投資觀念，但多年下來，已證明代價太過昂貴，可能的原因是他們從來沒有面對更根本性的觀念挑戰。最後我想到和另一群人的許多對話，他們對這些事情也很感興趣，只是出發點不同。他們是股票公開發行公司的總裁、財務副總裁、出納員，許多人渴望儘可能瞭解這些事情。

我得到的結論是，有必要寫一本這樣的書。我希望這種書能以非正式的寫法，把我想講的事情以第一人稱的方式，告訴身為讀者的你。書內用到的大部分語言、許多例子和比喻，和我把這些觀念親口告訴買我基金的人一樣。希望我的坦誠，有時是直言無隱，不致冒犯任何人。特別希望書內所提觀念的價值，或能掩蓋文筆之拙劣。

Philip A. Fisher

加州聖馬特奧（San Mateo）
1957年9月

第一章
過去提供的線索

你在銀行存了點錢，現在想買些普通股。會有這個決定，可能是因為你希望以別的方式運用這筆錢，多一點收入，也可能因為你想和美國這個國家一起成長。你也許想起亨利・福特（Henry Ford）創立的福特汽車公司（Ford Motor Company），或安德魯・梅隆（Andrew Mellon）創辦的美國鋁業公司（Aluminum Company of America），想像自己能不能也找到一些年輕公司，可能今天就為你奠下雄厚財富的基礎。你也有可能害怕甚於期待，希望攢些老本，以備不時之需。因此，聽過愈來愈多有關通貨膨脹的事情之後，你渴望找到既安全，又能防止購買力減退的某種東西。

或許你真正的動機，是許多這類事情的綜合體，原因是你曉得某位鄰居在市場賺了一些錢，也有可能是你接到一份宣傳郵件，說明為什麼中西全麥麵包公司（Midwestern Pumpernickel）的股票現在很便宜。但是，背後基本的動機只有一個。不管基於什麼樣的理由，或者用什麼樣的方法，你買普通股是為了獲取利潤。

所以說，似乎有個合乎邏輯的做法，也就是想到買普通股之前，第一步是看看過去以什麼方法最能賺到錢。即使隨意瀏

覽美國的股票市場史,也可以看出人們使用兩種很不相同的方法,累聚可觀的財富。十九世紀和廿世紀上半葉,許多巨額財富和不少小額財富,主要是靠預測企業景氣週期而賺到的。在銀行體系不穩,導致景氣榮枯循環相生的期間,景氣壞時買進股票,景氣好時賣出,則投資增值的可能性很高。和金融界有良好關係的人尤占上風,因為金融界可能事先曉得銀行體系何時會呈現緊張狀態。

但應瞭解的最重要事實,或許在於1913年聯邦準備制度(Federal Reserve System)建立後,那種股市時代已經結束,並於羅斯福總統任內初期通過證券交易管理法後,成了歷史,使用另一種方法的人,賺了遠比以往多的錢,承擔的風險遠低於從前。即使早年,找到真正傑出的公司,抱牢它們的股票,度過市場的波動起伏,不為所動,也遠比買低賣高的做法賺得多,而且賺到錢的人數遠多於往日。

如果這段話令你驚異不置,擴大而言可能更難叫人相信。它也能提供一把鑰匙,打開投資成功的第一道大門。今天美國各證券交易所掛牌交易的股票,不是只有幾家公司,而是很多公司。廿五到五十年前,投資10,000美元,今天有可能成長為250,000美元或此數的幾倍之多。換句話說,大部分投資人終其一生,以及他們的父母親可以為他們幾乎所有人打算的期間內,有無數的機會,為自己或子女奠下成為巨富的基礎。這些機會存在的地方,不見得必須在大恐慌底部的特定一天買股票。這些公司的股票價格年復一年都能讓人賺到很高的利潤。投資人需要具備的能力,是區辨提供絕佳投資機會的少數公

司，以及為數遠多於此，但未來只能略為成功或徹底失敗的公司。

今天是不是有這樣的投資機會，未來幾年能給我們等量齊觀的獲利率？這個問題的答案值得注意。如果答案是肯定的，則投資普通股為致富之道便不言可喻。幸好，有強烈的證據顯示，今天的機會不只和本世紀頭廿五年相當，更且遠優於當年。

個中理由之一，在於這段期間內，企業管理的基本觀念有所變化，處理企業事務的方法也隨之更動。一個世代以前，大公司的負責人通常是擁有公司的家族成員。他們視公司為私人財物。外部股東的利益多遭忽視。他們如考慮到經營管理延續性的問題——也就是，訓練年輕人接替年邁無法視事的老人——主要動機一定是為兒子或姪兒著想，要他們繼承掌舵者的職位。管理階層很少想到進用賢才，以保護一般持股人的投資。在個人獨裁主宰一切的那個時代，馬齒漸增的管理階層往往抗拒創新或改善，甚至不願傾聽建言或批評。這與今天企業界不斷競相尋找各種方法，把事情做得更美好的現象大相逕庭。今天的企業高階主管往往持續自我分析，而且馬不停蹄地找尋改善方法，同時經常跨出本身的組織，就教於各方面的專家，以求金玉良言。

以前的日子中，總是存在一個很大的危險，也就是當時最吸引人的公司，不會繼續在它的領域保持領先地位，或者內部人會攫取所有的利益。今天，這樣的投資危險雖沒有完全消除，小心謹慎的投資人所冒風險遠低於以往。

　　企業管理階層的一個變化面向值得留意。企業的研究和工程實驗室不斷成長——企業管理階層如果沒有學習相對應的技巧，這件事對持股人沒有好處；企業管理階層如有相關技巧，研究發展可以成為一種工具，開啟黃金收穫大門，讓持股人的利潤節節上升。即使今天，許多投資人似乎只是略微曉得這方面的發展變得多快、這事肯定進一步強化，以及對基本投資政策的衝擊。

　　1920年代末，只有約六家製造業公司有像樣的研究組織。以今天的標準來說，它們的規模很小。直到人們擔憂希特勒（Adolf Hitler）加速這方面的活動，用在軍事上，工業研究才真正開始成長。

　　此後不斷成長。1956年春《商業週刊》（Business Week）發表一份報告，以及麥格羅‧希爾公司（McGraw-Hill）其他很多專業刊物指出，1953年民間企業研究發展支出約37億美元，1956年成長為55億美元，而依目前的企業經營計畫，1959年將有63億美元以上。同樣叫人稱奇的是，調查指出，到1959年，也就是僅僅三年後，許多知名企業預料，總營業額中來自1956年不存在的產品比率，將從15%提高到20%以上。

　　1957年春，同一份雜誌做了類似的調查。如果1956年發表的總支出數字之大令人驚訝的話，則僅僅一年之後揭露的數字或可稱為爆炸性成長。研究支出比前一年的總額增加20%，升抵73億美元！四年內約成長100%。這表示，十二個月內實際增加的研究支出，比一年前預測的卅六個月總增加金額還多10

億美元。在此同時，預估1960年的研究支出為90億美元！此外，所有的製造業預期1960年的營業額中，將有10%來自三年前還不存在的產品，而前一年的調查中，只有少數幾種製造業有這種預期。若干製造業的這個比率──只是推出新機型和風格上的轉變，不計入其內──為數倍之高。

這種事情對投資的影響，不可能高估。研究成本變得很大，沒有從商業觀點善加處理的公司，可能在營運費用不勝負荷的情形下，步履蹣跚。此外，管理階層或投資人找不到唾手可得的簡單量尺，衡量研究的獲利性。即使最出色的職業棒球選手，也無法預期每上場打擊三次，會有一次以上擊出安打。同樣的，數目龐大的研究專案，受制於平均數法則，根本無法創造利潤。而且，純因機率作祟，連經營管理最好的商業實驗室，也可能出現異常狀況，不少無利可圖的專案全部集中在某段期間出現。最後，一件專案從首次構思，到對公司的盈餘帶來顯著有利的影響，動輒需要七到十一年的時間。因此，連利潤最豐厚的研究專案，在財務上也是不小的重擔，直到有一天，才能增添股東的利潤。

但如管理不良的研究成本既高且難發覺，則研究做得太少的成本可能更高。未來數年，隨著許多新型原物料和新型機械的引進，成千上萬公司，甚至整個行業，如沒跟上時代腳步，則它們的市場會日漸萎縮。電腦用於追蹤紀錄，以及放射用於製造加工，也將使企業的基本經營方式發生重大變化。有些公司會留意這些趨勢，同時根據自己的觀察，設法大幅提升營業額。這類公司中，可能有一些公司的管理階層，繼續在日常營

運工作上維持最高的效率標準，並運用同樣良好的判斷力，在影響長期未來的事務上保持領先地位。幸運的持股人很可能發大財。

除了企業管理階層眼光改變和研究崛起等影響力量，還有第三個因素同樣能給今天的投資人多於過去數十年的機會。本書稍後——談何時應買賣股票——似乎比較適合討論景氣週期對投資政策有什麼樣的影響。但此時似應討論這個主題的一部分。這是持有若干類別的普通股占有較大優勢的原因，因為美國聯邦政府的基本政策有所轉變，主要是1932年後的事。

在那年之前和之後，不管他們做了多少事，兩大黨執政時經濟若有榮面，總往自己臉上貼金，別人也歌功頌德。同樣的，景氣不振時，他們通常同時受到反對黨和一般大眾撻伐。不過，1932年以前，刻意創造龐大的預算赤字，以支撐疲弱不振的工商業，在道德上是否合理，以及是否具備政治智慧一事，兩黨負責任的領導人總是慎重以對。除了設立麵包配給站和免費餐廳，凡是對抗失業成本遠高於此的辦法，不管哪個政黨執政，都不會認真考慮。

1932年以後，政策一百八十度轉彎。民主黨對平衡聯邦預算的關心，可能不如共和黨，也可能不亞於共和黨。但艾森豪總統以降，前財政部長韓弗萊（Humphrey）可能除外，負責任的共和黨領導人一再指出，要是企業景氣大幅轉差，他們毫不猶豫會降低稅負，或者做其他必要，但會使赤字增加的事，以恢復景氣榮面和消除失業。這和經濟大蕭條之前奉行的教條

大相逕庭。

即使這種政策上的轉變沒有為人普遍接受，其他一些轉變卻帶來大致相同的結果，但速度可能沒那麼快。威爾遜（Wilson）總統任內，所得稅的徵收才合法。直到1930年代，此事才對經濟發生重大影響。早年時，聯邦歲入多來自關稅和類似的貨物稅。這些稅收隨著景氣的榮枯而溫和波動，但大體上相當平穩。相反的，今天約80%的聯邦歲入來自企業和個人所得稅。這表示工商業景氣若普遍大幅衰退，聯邦稅收也會相對減少。

在此同時，農產品價格支撐和失業補助等各種措施，立法通過。在企業景氣下降會使聯邦政府的稅收大幅減少之際，法律強制政府在這些地方提高支出，政府的花費勢必急劇提高。除此之外，為了扭轉不利的企業景氣趨勢而減稅，增加公共建設和借錢給各種艱困行業，情勢變得日益明顯，也就是如果經濟蕭條果真發生，聯邦赤字輕而易舉便會高達每年250億到300億美元。這種赤字會導致通貨膨脹率上揚，一如戰爭支出造成的赤字，於戰後導致物價竄升。

這表示，經濟蕭條真的發生時，為期可望比以前的一些嚴重蕭條短。繼之而來的，幾乎肯定是通貨膨脹率進一步上揚，導致物價普遍上漲，而這在過去，對某些行業有幫助，但傷害其他一些行業。在這種一般性的經濟背景之下，企業景氣循環的威脅，可能和過去財務疲弱或邊際公司的持股人受到的威脅一樣嚴重。但對財力雄厚或有借款能力以度過一兩年艱困期的

成長型公司的持股人來說，在今天的經濟環境下，業績即使下挫，也只是持股市值暫時萎縮，不像1932年以前那樣，必須深思投資本身受到根本性的威脅。

另一個來自這種內在通貨膨脹傾向的基本金融趨勢，已經根深蒂固於美國的法律，以及大家普遍接受的政府經濟責任觀念中。對嚴格遵守長期抱牢準則的一般投資散戶來說，債券成了不理想的投資對象。數年來利率上升的趨勢，到了1956年秋，漲勢更為激烈。高評等債券的價格因此跌到廿五年來最低，金融圈內許多人高聲疾呼，認為應從價格處於歷史性高檔的股票，轉而投資這些固定收益證券。債券極高的收益率相對於股票的股利報酬率——和正常狀況下的比率相較——似乎強烈支持這種做法的正確性。短期內，這種做法遲早可能證明有利可圖。因此中短期投資人——也就是進出時機觸覺敏銳，善於判斷何時做必要的買進和賣出動作的「操作者」——可能大受吸引。這是因為如果景氣大幅衰退，幾乎肯定會導致貨幣市場利率下降，債券價格相對上漲，而股價很難上揚。這樣的說法引導我們做成結論，認為高評等債券可能有利於投機客，不利於長期投資人。這似乎正和一般人在這個問題上的想法相抵觸。不過，瞭解了通貨膨脹的影響之後，為什麼這種事可能發生，便顯得相當清楚。

紐約第一國民市銀行（First National City Bank of New York）1956年12月在一封信中，列出一張表，說明1946到1956年十年內全球性貨幣購買力貶值的現象。表內包括自由世界十六個主要國家，每個國家的貨幣價值都顯著萎縮，從瑞士程度

輕微，到智利極其嚴重；前者十年期間結束時，能買到十年前85%的東西，後者十年內則喪失95%的價值。美國的跌幅是29%，加拿大35%。也就是，這段期間內，美國每年的貨幣貶值率是3.4%，加拿大是4.2%。相對的，這段期間之初，利率相當低，美國政府公債提供的收益率，只有2.19%。這表示，如果考慮貨幣的實質價值，持有這種高評等固定收益證券的投資人，實際上每年承受1%以上的負利率（或損失）。

但假使投資人不是在這段期間之初利率相當低時買進債券，而是十年後利率相當高時買進。紐約第一國民市銀行也在同一篇文章中，針對此事提供數字。他們估計，十年期間結束時，美國政府公債的報酬率是3.27%，投資不但還是沒有報酬，甚至略微虧損。可是這篇文章發表後六個月，利率急劇上升到3.5%以上。投資人如有機會在這段期間之初，獲得四分之一世紀以來最高的投資報酬率，最後情形如何？絕大部分的例子中，他還是無法獲得實質投資報酬。許多例子中，他實際上發生虧損。這是因為幾乎所有的這種債券買主，必須就領取的利息繳交最低20%的所得稅，才能計算真正的投資報酬率。許多例子中，債券持有人的稅率很高，因為只有最初2,000到4,000美元的應稅所得適用20%的稅率。同樣的，如果投資人在這個歷史性最高報酬率的水準購買免稅地方公債（municipal bonds），由於這些免稅證券的利率較低，依然無法提供任何實質投資報酬率。

當然了，這些數字只適用於這一段十年的期間。但它們的確指出，這是全球性的現象，任何一國不太可能藉政治趨勢加

以扭轉。債券當做長期投資工具的吸引力，真正重要的地方在於能否期待未來出現類似的趨勢。在我看來，仔細研究整個通貨膨脹的機制，可以很清楚地看出，通貨膨脹大幅攀升源於總體信用擴增，而此事又是政府龐大的赤字使得信用體系的貨幣供給大增造成的。贏得二次世界大戰帶來的龐大赤字，種下了惡因。結果是：戰前的債券持有人如維持當時的固定收益證券部位，則投資的實質價值已損失逾半。

我們的法律，以及更重要的，大家普遍認為經濟蕭條時期應做的事，導致兩種情況裡面的一種不可避免。這事前面解釋過。這兩種情況，一是企業營運保持不錯，出色的股票表現繼續優於債券，另一是經濟嚴重衰退。如是後者，債券的表現會暫時優於最好的股票，但接下來政府大幅製造赤字的行動，導致債券投資真正的購買力再次大跌。經濟蕭條幾乎肯定會製造另一次通貨膨脹急升；這種令人心慌意亂的時期中，決定何時應該賣出債券極其困難，我因此相信，在我們複雜的經濟中，這種證券主要適合銀行、保險公司、其他機構投資，因為它們有資金上的義務，必須加以對沖，或者，適合抱持短期目標的投資人投資。對長期投資人來說，它們無法提供足夠的利益，抵消購買力進一步減退的可能性。

繼續討論之前，宜先簡短彙總研究過去、從投資觀點比較過去與現在的主要差異得出的各種投資線索。這樣的研究指出，運氣特別好，或者觀察力特別敏銳的人，偶爾能找到一家公司，多年來營業額和盈餘成長率遠超過整體行業，而能獲得很高的投資報酬。研究進一步指出，當我們相信自己已找到這

樣一家公司時，最好長期抱牢不放。它強烈暗示我們，這樣的公司不見得必須年輕，規模小。相反的，不管規模如何，真正重要的是管理階層不但有決心推動營運再次大幅成長，也有能力完成他們的計畫。過去給了我們另一個線索，也就是這樣的成長往往和他們曉得如何在各個自然科學領域組織研究工作有關，好在市場上推出經濟上有價值，而且通常相互關聯的產品線。我們可以很清楚地看出，這種公司的共同特性，是管理階層不因重視長期規劃，而在日常任務的執行上稍有鬆懈；他們仍會把平常的營運工作做得很好。最後，我們覺得十分放心，因爲廿五或五十年前存在很多絕佳的投資機會，今天，這樣的機會可能更多。

第二章
「閒聊」有妙處

我們應該注意什麼事情，上一章所談種種，就一般性的描述來說，有其幫助。但要當做實務上的指引，藉以找到傑出的投資對象，顯然助益很小。它從大方向勾勒投資人應買哪種證券，但投資人如何才能找到特定的公司，開啓大幅增值之門？

有個方法，馬上可以看出它本身合乎邏輯，卻欠缺實用性。假設某人具有充分的才能，擅長於各個管理面向，能檢視一公司組織中的每個單位，並詳細調查高階主管的素質、它的生產作業、銷售組織、研究活動，以及其他每一個重要的職能，形成有價值的結論，曉得這家公司有無很好的成長和發展潛力。

這種方法看起來似乎很有道理。遺憾的是，有幾個理由可以說明為什麼它對一般投資人通常沒有太大的用處。首先，只有少數人具備必要的高階管理技能，能做這樣的事。可是這類人士大多忙於高階和高薪的管理職務，既沒時間也沒意願，以這種方式占用自己的時間和精力。此外，即使他們有意願，則美國真正有成長實力的公司，到底有多少家願意讓外人獲得所有必要的資料，以做成資訊充分的決定，值得存疑。以這種方式取得的一些知識，對現有和潛在的競爭對手十分寶貴，不容流落到對資料提供公司不負責任的某人手中。

　　幸好，投資人可以走另一條路。運用得當的話，這個方法能提供線索，讓投資人找到十分出色的投資對象。由於找不到更好的辭彙，我姑且稱這種做法為「閒聊」法。

　　以下詳細介紹這個方法的過程中，一般投資人會有一個重要的反應。也就是說，不管這種「閒聊」法可能對別人多有用處，對他絕對不管用，因為他根本沒有太多的運用機會。我曉得大部分投資人沒辦法為自己做太多必做的事，好從投資資金中獲得最高的報酬率。不過，我還是認為他們應徹底瞭解需要做什麼事，以及為什麼要做。只有這麼做，他們才能選擇專業顧問，提供最好的助益。只有這麼做，他們才能正確地評估顧問所做事情的品質。此外，一旦他們不只瞭解能做到什麼事，也瞭解如何做到，則投資顧問已經為他們做的一些有價值的事情，有時他們能夠錦上添花，獲得更多利潤，而叫他們驚異不置。

　　企業界的「耳語網」是件很奇妙的事。熟悉一家公司特定面向的人，你可以從他們具有代表性的意見切面，獲知每一家公司在業內的相對強弱勢，而且資訊之準確，令人咋舌。大部分人，特別是如果他們肯定自己不致禍從口出時，喜歡談論他們從事的工作領域，並且暢談競爭對手。你不妨找一個行業的五家公司，問每一家公司一些聰明的問題，如另外四家公司強在哪裡，弱在哪裡。全部五家公司極其詳盡和準確的畫面，十之八九可因此獲得。

　　不過競爭對手只是其中一個資訊來源，不見得是最好的資

訊來源。從供應商和客戶口中，也能打聽到他們來往的對象，到底是什麼樣的人，而且所獲資訊之豐富，一樣叫人稱奇。大學、政府和競爭公司的研究科學家，也能從他們身上獲得很有價值的資訊。同業公會組織的高階主管是另一個資訊來源。

尤其是同業公會組織的高階主管，但在相當大的程度內，其他群體也一樣，有兩件事十分重要。到處打聽消息的投資人，必須能夠十分確定，他的資訊來源絕不會曝光。此後他必須嚴守這個政策，否則提供資訊惹來麻煩的顧忌，將使別人不敢表達不利的意見。

潛在的投資人尋找高獲利公司時，還有另一群人能提供很大的幫助。但如投資人不善用判斷力，而且沒和別人做很多交互查證的工作，以確認自己聽到的事的確可靠，則這群人可能害處多於益處。這群人包括以前的員工。這些人對前雇主的強弱勢，往往擁有一針見血的觀點。同樣重要的是，他們通常樂於一談。但不管對錯，這些以前的員工可能覺得他們沒來由便遭解雇，或者因為言之成理的不滿因素而離開原來的公司，所以務必仔細探討為什麼那些員工離開你所研究的公司。只有這麼做，才有可能確定他們內心的偏見有多深，並在聽取以前的員工所說的話時，考慮這件事。

研究一家公司時，如果不同的資訊來源很多，就沒理由相信獲得的每一份資料彼此相互吻合。實際上，你根本不必指望會有這樣的事。真正出色的公司，絕大多數的資訊十分清楚，連經驗不多、但曉得自己正尋找什麼的投資人也能區辨哪些公

司值得進一步調查。下一步是接觸該公司的高階主管，設法填補整個畫面仍存在的空白。

第三章
買進哪支股票

尋找優良普通股的十五個要點

投資人如想找到一種股票，幾年內可能增值幾倍，或在更長的期間內漲得更高，則應曉得哪些事情？換句話說，一家公司應具備什麼特質，才最有可能為它的股票創造這種成績？

我相信，投資人應關心十五個要點。一家公司未能完全符合的要點如果很少，則有可能是很好的投資對象。未能符合的要點如果很多，我不認為吻合理想中值得投資的定義。有些要點和公司的政策有關；其他一些則和政策的執行效率有關。有些要點涉及的事項，主要應從公司的外部資訊來源加以確定，其他一些最好直接詢問公司內部人士。這十五個要點是：

要點一：這家公司的產品或服務有沒有充分的市場潛力，至少幾年內營業額能夠大幅成長？

一公司的營業額靜止不動，甚至每下愈況時，並非不可能獲取僅此一次的不錯利潤。成本控制得當帶來營運上的經濟效益，有時能夠提升純益，推升公司股票的市場價格上揚。許多投機

客和逢低承接者渴望尋求這種僅此一次的利潤。但希望從投資資金獲取最大利得的投資人，對這種機會的興趣不大。

另一種情況有時能提供高出許多的利潤，但一樣引不起後者的興趣。這種情況發生於環境改變後，短短幾年內營業額大幅提高，但之後停止成長。電視機商業化後，許多製造商便出現這種顯著的現象。幾年內，營業額大幅成長。現在，有電力可用的美國家庭中，約90%都有電視機，營業額曲線再呈平疲。就這個行業中的許多公司來說，很早就買進股票的人賺到很高的利潤。接下來，隨著營業額曲線止漲回軟，許多這類股票的吸引力亦然。

即使最出色的成長型公司，也不能期望每年的營業額都高於前一年。在另一章，我會試著說明，為什麼商業研究正常的錯綜複雜性和新產品行銷的問題，往往導致營業額成長趨勢出現不規則的忽起忽落現象，而非年復一年平滑順暢地提高。工商業景氣循環反覆無常，也嚴重影響逐年的比較。所以說，不應以年為基礎，判斷營業額有無成長，而應以好幾年為一個單位。有些公司不只未來幾年的成長可望高於正常水準，更長的期間內也可望如此。

數十年來始終如一，不斷有突出成長率的公司，可以分成兩類。由於沒有更好的用語，我稱其中一類「幸運且能幹」，另一類「因為能幹所以幸運」。兩類公司的管理階層都必須很能幹才行。沒有一家公司光因運氣不錯，而能長期成長。它必須擁有，而且繼續擁有傑出的經營才能，否則將無法妥善掌握

好運氣，並保衛自己的優勢競爭地位不受他人侵蝕。

美國鋁業公司（Aluminum Company of America）是「幸運且能幹」的例子。這家公司的創辦人懷有遠大的夢想。他們正確地預見到他們的新產品將有重要的商業用途。不過他們和其他任何人，當年都沒看到接下來七十年鋁製品形成的整個市場規模。該公司是技術發展和經濟情勢的受益者，而非開創者。這才是它經營成功的主要因素。美國鋁業公司擁有且繼續展現高超的才能，鼓勵和掌握這些趨勢。不過即使環境背景，如空中運輸臻於完美之境，帶來的影響沒有完全超乎美國鋁業開啓廣泛新市場的掌控能力，該公司還是會成長——但速度較慢。

美國鋁業公司很幸運，發現自己置身的行業，比管理階層當年構思的富於魅力的行業還好。這家公司許多早期的股東，因為抱牢持股而賺到不少錢，當然人盡皆知。連後來才新加入股東名單的一些人，也賺了不少，只是知道的人沒那麼多。撰寫本書第一版時，美國鋁業公司的股價比1956年創下的歷史性高價低約40％。不過，就算這個「低」價，仍比十年前，也就是1947年能夠買到的平均中價高約500%。

杜邦公司（Du Pont）為另一類成長型股票的例子——這類公司我稱之為「因為能幹所以幸運」。杜邦公司本來不生產尼龍（nylon）、賽璐仿（cellophane）、人造螢光樹脂（Lucite）、氯丁橡膠（neoprene）、奧龍合成纖維（orlon）、米拉（milar），或其他多種令人矚目的產品。多年來，杜邦生產的是爆破藥粉。和平時期，公司的成長主要和採礦業的成長並肩齊步。最近幾

年，它的成長率可能略高於此，因為鐵路建設增加，為它帶來額外的營業收入。這家公司優異的商業和財務判斷力，加上出色的技術能力，目前每年的營業額超過20億美元。以上所說產品本來不可能在這麼巨大的業績中占有顯著地位。杜邦運用原來的藥粉業務學得的技能和知識，不斷推陳出新，產品源源不絕上市成功，成了美國企業偉大的成功故事之一。

投資新手乍看一眼化學業，可能認為那實在是幸運的巧合，因為業務上其他許多層面投資評等通常最高的公司，也在業內生產那麼多很吸引人的成長型產品。這樣的投資人未免倒果為因，就像沒見過世面的年輕女子，第一次歐洲行回來，告訴朋友說，就那麼湊巧，大河往往流經那麼多大城市的心臟地帶。研究杜邦、道氏化學（Dow Chemical）、永備（Union Carbide）等公司的歷史，可以很清楚地看出，就營業額曲線來說，這些公司屬於「因為能幹所以幸運」一類。

通用美國運輸公司（General American Transportation）可能是「因為能幹所以幸運」類公司中最顯著的例子之一。五十多年前，這家公司成立時，鐵路設備業似乎是成長空間寬廣的好行業。但最近幾年，很難找到一些行業，持續成長的前景比它差。可是當鐵路業的展望改變，貨車廂製造業的前景日益轉淡之際，過人的創新能力和足智多謀，維持這家公司的收益穩定攀升。管理階層不以此為滿足，開始善用從基本業務學得的一些才能和知識，踏進其他不相關的產品線，提供進一步的成長潛力。

　　一家公司如果未來幾年的營業額可望急劇成長，則不管它比較像是「幸運且能幹」的公司，或像「因為能幹所以幸運」的公司，都可能給投資人帶來財運。不過，從通用美國運輸公司等例子，可以清楚地看出一件事。不管是何者，投資人都必須時時留意，觀察管理階層目前以及未來是不是一直很能幹；若非如此，營業額將無法繼續成長。

　　對投資人來說，正確研判一家公司長期的營業額曲線，極其重要。膚淺的判斷會導向錯誤的結論。例如，我提過收音機－電視機股價沒有持續長期上升，只在美國人家庭購買電視機時，營業額突然大幅成長。不過近年來，若干收音機－電視機公司出現了一個新趨勢。它們運用自己在電子業的長才，進入其他電子領域建立起龐大的事業，如通訊和自動化設備。這些工業電子產品，以及一些軍事電子產品，可望穩定成長很多年。在一些公司，如摩托羅拉（Motorola），這些產品的重要性已超過電視機。同時，若干新技術發展帶來新的可能性，到1960年代初，現有的電視機機型將不但難看且落伍，一如原來掛在牆壁、以曲槓操作的手搖式電話，於今已不入流。

　　一個潛在的發展，也就是彩色電視機，可能為一般大眾過度期待而視為已經成真。另一個是電晶體開發和印刷電路帶來的直接衝擊。（譯註：本書1958年初版。）那將是種螢幕式的電視機，大小和形狀與我們現在掛在牆上的大型圖畫幾無兩樣。目前笨重龐大的外殼將成過去。這些發展如果大量商業化成功，現有電視機生產業者中，一些技術能力最強的公司，營業額可能再次突飛猛進，增幅和維持的時間可能高於它們幾年

前所經歷者。這些公司將發現，除了工業和軍事電子產品業務穩定成長外，這方面營業額的衝刺會有錦上添花的效果。它們的營業額將大幅成長，凡是希望獲得最高投資利潤的人，都應該優先考慮這一點。

提這個例子，不只用以說明肯定將發生的事，更且用以指出哪些事情能夠輕而易舉發生。這麼做，是因為我相信談到一家公司未來的營業額曲線時，有一點應時時牢記在心。如果一家公司的管理階層十分出色，而且整個行業將有技術上的變遷，開發研究進步神速，則精明的投資人應提高警覺，留意管理階層有沒有能力妥善處理公司事務，於將來創造理想中的營業額曲線。這是選擇出色投資對象應考慮的第一步。

第一版寫下這些話以來，就摩托羅拉公司而言，有趣的可能不是什麼事情「肯定發生」或「可能發生」，而是已經發生。那時我們還不到1960年代初，也就是最接近我所說，有可能發展出新的電視機機型，淘汰1950年代的舊機型。這事還沒發生，近期的未來也不可能發生。但此時讓我們看看機敏的管理階層做了哪些事，掌握技術上的變遷，創造出往上攀升的營業額曲線；前面我說過，營業額曲線上升，是出色投資的先決條件。

摩托羅拉公司讓自己成為雙向電子通訊領域十分傑出的領導者，而且現在似有幾無止盡的成長率。雙向電子通訊器材起初是做為警車和出租汽車的專用品，後來貨車運輸公司、各種送貨車隊的業主、公用事業公司、大型營造計畫和管線也競相採用這種多用途的設備。在此同時，經過幾年所費不貲的開發

努力，這家公司建立起獲有利潤的半導體（電晶體）事業部，似乎將在這個行業急劇成長的趨勢中取得一席之地。它在立體音響唱機的新領域中成爲要角，而且這個新銷售收入來源的重要性和金額日增。但和全國首屈一指的家具製造商（醉客舍〔Drexel〕）形成相當獨特的風格結盟，高價位電視機的銷售額突飛猛進。最後，它以小錢併購另一家公司，踏進助聽器材領域，而且可能開發其他新型的專用器材。簡言之，下個年代某個時候，重大的刺激因素可能促使它原來的收音機－電視機產品線再次大幅成長。這事還沒發生，短期內也不可能發生。可是管理階層已再度掌握利用組織內部的資源和才能，公司的成長蓄勢待發。股票市場對這件事有所反應嗎？初版寫完時，摩托羅拉的股價是45 1/2美元，今天是122美元。

　　投資人注意到這種機會時，利潤可能有多少？我們從剛談過的這個行業舉實例來說明。1947年，華爾街一位朋友正調查萌芽中的電視機工業。他研究了一年中大部分時候十來家主要電視機製造商的情形，結論是這個行業的競爭將很激烈，主要公司的地位將大幅變動，而且這個行業中一些股票具有投機性魅力。不過，調查過程中，映像管使用的玻璃真空管嚴重缺貨。經營最成功的製造商似乎是康寧玻璃廠（Corning Glass Works）。進一步探討康寧玻璃廠的技術面和研究面之後，可以清楚地看出，這家公司非常有資格，爲電視機工業生產玻璃真空管。估計可能的市場規模後發現，這將是康寧公司主要的新業務來源。由於其他產品線的展望普遍不錯，這位分析師建議散戶和機構投資人買進這支股票。這支股票那時的價格約20美元，後來一股分割成兩股半。在他買進之後十年，股價上漲

到100美元以上，等於老股250美元以上。

　　要點二：管理階層是不是決心繼續開發產品或製
　程，在目前富有吸引力的產品線成長潛力利用殆
　　盡之際，進一步提高總銷售潛力？

有些公司因為目前的產品線有新需求，未來幾年的成長展望很好，但依公司的政策和經營計畫，產品線不再進一步開發，則優渥的利潤可能曇花一現。它們不可能在十年或廿五年內，源源不斷帶進利潤，而這正是公司財務成功最穩當之路。到了這個時點，科學研究和發展工程開始進入整張畫面。企業界主要必須靠這些方法，才能改善舊產品和開發新產品。管理階層如不滿意成長曇花一現，而希望成長不絕如縷時，通常會這麼做。

　　企業界的工程或研究努力，如能在相當大的程度內，投入和公司目前營運範疇有若干關係的產品，則投資人的收穫通常最大。這個意思不是說，理想的公司可能沒有很多事業部門，而且產品線相當不同。它的意思是，一公司的研究如能圍繞每一個事業部，如很多樹木各從自己的樹幹長出樹枝，成果通常比一家公司從事許多不相干的新產品好得多；後者的新產品研製成功後，公司勢將踏入與現有事業無關的幾個新行業。

　　乍看之下，要點二似乎只是要點一的重複。其實不然。要點一講的是事實，用以評估一公司的產品目前存在的銷售成長潛力。要點二談的是管理階層的態度。這家公司是否體認到，總有一天，公司幾乎肯定會成長到目前市場的潛力極限，如要

繼續成長，未來某個時候可能必須另行開發新市場？一家公司必須在要點一有好評等，同時在要點二有正面積極的態度，才有可能吸引投資人最大的興趣。

要點三：和公司的規模相比，這家公司的研究發
　　　　展努力，有多大的效果？

對很多股票公開上市公司來說，取得數字，瞭解每年花在研究發展支出上的金額有多少，不是很困難。這些公司幾乎都會報告每年的營業總額，只要運用最簡單的算術，把研究金額除以總銷售額，就能曉得一公司的營業額中有多少百分率用於研究發展。許多專業投資分析師喜歡比較一公司和同業的研究支出。有時他們會拿這個數字和業界平均值比較，方法是把許多同類公司的數字加總起來，取其平均值。從這個數字，就能得出結論，曉得一公司的研究努力相對於競爭對手的多寡，以及投資人買一家公司的股票時，每股研究支出金額是多少。

這類數字可以當做粗略的量尺，找到有用的線索，曉得一家公司的研究支出是不是高得異常，或者另一家公司的研究支出不夠。但除非進一步取得很多資料，否則這種數字容易產生誤導。其中一個理由是，哪些項目應列為研究發展費用，哪些項目則排除在外，各公司的做法差距很大。一公司可能把某種工程費用列為研究發展支出，大部分主管官員卻期期以為不可，不覺得那真能算是研究費用，因為該公司不過把現有產品略加修改，以因應某特定訂單的要求——換句話說，那只是銷售工程費用。相反的，另一家公司可能把某種全新產品試作工

廠的運轉費用當做生產成本，而非研究支出。大部分專家會稱
此為純正的研究功能，因為它和新產品生產知識的取得有直接
關係。如果所有的公司都以類似的會計基礎，報告研究發展支
出，則各知名公司相對的研究發展支出數字，看起來會和金融
圈常用的數字很不一樣。

　　企業各項主要營運活動中，以研究發展領域的成本效益差
距最大。即使管理最優良的公司，彼此的差異，比率可高達二
比一。這個意思是說，有些經營良好的公司，花在研究上的每
一塊錢，最終獲得的效益，是其他公司的兩倍之多。把經營普
通的公司納入，則最佳和普通公司間的差異更大。個中原因主
要在於新產品和製程能夠突飛猛進，不能再只靠一位天才，而
必須結合受過高度訓練的工作團隊，而且人人各有所長。其中
一人可能是化學家，另一人是固態物理學家，第三人是冶金學
家，第四個人是數學家。每一位專家的技能，只是產生優異結
果的一部分。這裡也需要領導人，協調背景那麼不同的許多人
群策群力，為共同的目標努力。因此，某公司研究人員的數目
或聲望，和另一家公司以工作團隊方式運作而獲得的效果比起
來，可能相形失色。

　　協調技術能力各有所長的研究人員，結合成緊密的工作團
隊，並激勵工作團隊中的每位專家發揮最大的生產力，以取得
最佳的研究成果，這事做起來十分複雜，但不是管理階層唯一
需要的能力。每個開發專案，在研究人員和十分熟悉生產、銷
售問題的人員間，做密切和詳盡的協調，也一樣重要。對管理
階層來說，如何讓研究、生產和銷售人員建立起緊密的關係，

不是容易的事。若非如此,最後構思出來的新產品往往不是無法低價生產,便是在設計時欠缺最迷人的銷售魅力。如此研究開發出來的產品,通常禁不起更有效率的競爭對手一擊。

研究支出要獲得最大的成效,最後需要另一種協調。這是和高階管理人員的協調。或許這麼說比較好:高階管理人員應瞭解商業研究的基本特質。景氣好的年頭,開發計畫沒辦法擴張,景氣差的年頭,則遭大幅刪減,因為公司不肯急劇提高總成本,以達成應有的目標。一些高階管理人員喜愛的「緊急」(crash)計畫,偶爾可能有其必要,但往往過於昂貴。緊急計畫所以發生,在於研究人員一直著手的專案突然叫停,轉而集中心力在新的任務上。就那時候來說,新任務可能比較重要,但往往不值得因為它們,使原來的專案受到干擾而中斷。成功的商業研究的精髓,是只選報酬金額可望達研究成本好幾倍的任務。不過,一旦某個專案開始著手,基於預算上的考量和專案本身以外的其他因素,而加以縮減或加速,難免導致總成本相對於能夠獲得的利益上升。

有些高階管理人員似乎不瞭解這一點。我曾見過成功的小型電子公司高階主管對業內一家巨擘的競爭不以為意。這種態度叫人驚訝。他們不擔心規模大得多的公司有能力生產競爭性產品,並非起於他們不尊敬大公司個別研究人員的能力,或者不曉得大公司不惜耗費巨資研究發展可能獲得什麼成果。相反的,他們知道大公司一向經常喊停,擱置正常的研究專案,插入緊急計畫,以完成高階管理人員因急迫感而訂定的立即性目標。同樣的,幾年前,我聽說一位優秀的技術性同事私底下

勸告畢業班學生不要到某家石油公司找工作，原因不言可喻，但不希望有人到處張揚此事。這是因為那家公司的高階管理人員，喜歡雇用技術熟練的人，做正常情況下需要五年才能完成的專案。而後到了約三年，公司對某特定專案失去興趣，將之束諸高閣，結果不但浪費公司的金錢，也害員工一事無成，在技術成就上難著有聲譽。

國防合約的龐大研究開銷，要如何評估，使得研究開發的投資評估更顯複雜。很多這方面的研究支出，往往不是執行研究工作的公司費用，而是掛在聯邦政府帳上。有些國防業的轉包商也為承包商做很多研究。這些轉包商供應產品給承包商。投資人應視這方面所有的研究支出，和公司自行支出做研究一樣重要？如果不然，如何和公司本身的研究相互比較？和投資領域中其他許多層面一樣，這些問題沒辦法用數學公式回答。每個個案都不一樣。

國防合約的利潤率低於政府部門以外的商業活動，而且往往有這樣的特性：某種新武器的合約必須根據政府的藍圖競標。這表示，政府主辦的研究工作，發展出來的產品，有時不可能帶來穩定、重複性的業務，但民間的研究做得到這一點，因為專利和顧客的口碑通常能源源不絕帶進收入。基於這些理由，從投資人的觀點來說，政府主辦的各種研究專案，經濟價值差別很大，雖然就國防努力的效益而言，這些專案的重要性大致相當。從下面所舉理論上的例子，或許可以看出為什麼在投資人眼中，三個專案的價值大異其趣：

有個專案可能研製出重要的新武器，但不具軍事以外的用途。這種武器的權利全為政府擁有，而且一旦研製出來，生產過程十分簡單，原先做研究的公司投標承攬生產合約時，相對於其他公司，不具競爭優勢。在投資人眼裡，這種研究努力幾乎沒有任何價值。

另一個專案可以生產相同的武器，但製造技術相當複雜，沒有參與原始開發工作的公司，將很難生產。對投資人來說，這種研究專案具有中等價值，因為能從政府部門持續不斷取得業務，只是利潤可能不高。

另一家公司可能執行這種武器的工程研發工作，並從中學得一些原理和新技術，可直接應用在利潤較高的經常性商業產品線上。投資人可能認為這種研究專案有很高的價值。近年來，一些公司展現高度的才華，找到複雜和具技術特性的國防工作，經營十分成功。政府花錢，它們卻從研究中取得技術知識，而且能夠合法運用到利潤較高、與現有商業活動有關的非國防領域上。這些公司把國防單位亟需的研究成果呈交政府，但同時以很低的成本，或者根本不需要成本，取得相關的非國防研究利益。它們本來必須自己花錢才能取得這些利益。投資德州儀器公司（Texas Instruments, Inc.）股票賺大錢的一個原因，很可能和這個因素有關。1953年，德州儀器公司的股票在紐約證券交易所首次掛牌交易，價格是5 1/4美元，四年內漲了約500％；同一年，安培斯公司（Ampex）的股票也首次公開發行，持股人同期內賺了約700％，漲幅高於德州儀器，也可能和這個因素有關。

　　最後，判斷企業的研究組織相對的投資價值時，還有另一種活動必須評估。正常情況下，這種活動根本不被視為開發研究——似乎和開發研究沾不上邊的市場調查。市場調查被視為開發研究和銷售的橋樑。高階管理人員必須提高警覺，慎防花大錢，研究發展炫麗的產品或製程，一旦臻於完美境地，的確有市場存在，可惜市場規模太小，難有利潤。所謂市場規模太小而無利潤，我的意思是說，這樣的市場中，銷售額不夠大，無法回收研究成本，投資人去賺那種蠅頭小利划不來。市場調查研究組織如能把公司的重大研究專案，從技術上即使成功，也難以回收成本，轉為迎合更廣大的市場，獲得三倍大的報酬，則可大幅提高持股人投資該公司科技人力的價值。

　　如果計量量數——如每年的研究支出或擁有工科學位的員工人數——只是粗略的指南，而非判斷一公司是否為優秀研究組織的最後依據，則謹慎的投資人如何取得這方面的資訊？同樣的，「閒聊」法能夠發揮神奇的作用。一般投資人除非去嘗試，否則不相信提出一些聰明的問題，到處詢問研究人員，包括公司內部人士，以及同業、大學、政府相關領域的人士，談某公司的研究活動，能拼湊出一幅完整的畫面。一個比較簡單，但往往有效的方法，是仔細探討一段期間內，例如過去十年，研究單位的成果對一公司的營業額或淨利有多大的貢獻。這樣一段期間內，和活動規模相比，研究單位如能源源不斷推出高利潤的新產品，則只要根據同樣的一般性方法繼續運作，將來可能仍有等量齊觀的生產力。

要點四：這家公司有沒有高人一等的銷售組織？

在這個競爭激烈的年代，即使公司的產品或服務十分出色，但如果不善於行銷，銷路終有極限。沒有銷路，企業不可能生存。顧客因為滿意而為公司帶來重複性的營業收入，是經營成功的第一個判斷準繩。不過，企業的銷售、廣告和配銷組織的相對效率，大部分投資人對它們的重視程度，遠不如對生產、研究、財務或企業活動其他主要部門的注意，連小心謹慎的投資人也不例外。

這種現象的存在，可能有個原因。比較一公司的生產成本、研究活動或財務結構與競爭對手的優劣時，我們很容易建構簡單的數學比率，藉以提供某種指引。但是談到銷售和配銷的效率，即使意義雷同，計算比率卻困難得多。至於研究，我們已知道，這種簡單的比率太過粗淺，只能做為第一個線索，告訴我們應該觀察什麼。不久我們就會討論它們相對於生產和財務結構的價值。但是不管這種比率是否真如金融圈所認為的那麼有價值，投資人的確喜歡利用這些比率。由於銷售努力沒有那麼容易公式化，許多投資人並未加以正視，可是決定投資是否真有價值時，它具有基本上的重要性。

同樣的，我們可以利用「閒聊」法解決這個困難。一公司營運活動的所有面向中，從公司外部打聽銷售組織的相對效率，最容易做到。競爭對手和顧客知道答案。同樣重要的是，他們很少不敢表達自己的看法。小心謹慎的投資人花時間探討這個問題，通常可以滿載而歸。

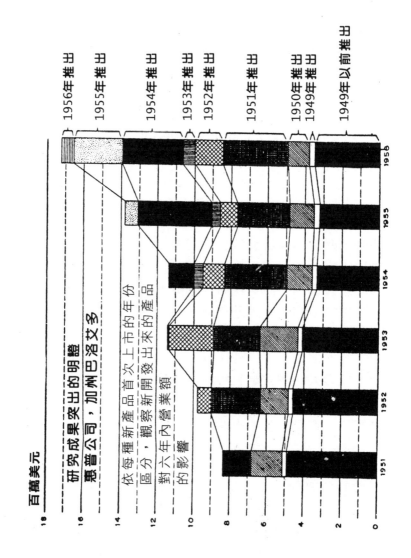

百萬美元

研究成果突出的明鏡

惠普公司，加州巴洛艾多

依每種新產品首次上市的年份

區分，觀察新開發的產品

對六年內營業額

的影響

　　關於相對銷售能力，我給的篇幅少於相對研究能力。這不
表示我覺得它比較不重要。以今天激烈競爭的世界來說，很多
重要的事情攸關企業經營成功。但是優異的生產、銷售、研究
或可視爲成功的三大支柱。說其中之一比另一重要，就像說心、
肺、消化道裡面的一個是維持人體正常運轉最重要的器官。人
要生存，所有的器官都不可或缺，而且所有的器官都必須健康，
才會身強體壯。不信，不妨看看你身邊已證明是傑出投資對象
的公司。你能找到有些公司不是積極的配銷努力和不斷改善的
銷售組織兩者兼具嗎？

　　我已提過道氏化學公司，而且可能一提再提，因爲這家公
司多年來給予股東很高的報酬，我相信它是理想的保守型長線
投資對象。在大眾心目中，這家公司和研究成果突出幾乎劃上
等號。但我們不知道的是，這家公司甄選、訓練銷售人員時，
和甄選、訓練研究化學家一樣小心翼翼。年輕的大學畢業生成
爲道氏的業務員之前，可能受邀到密德蘭（Midland）數趟，
好讓他和公司雙方儘可能確定他擁有的背景和個性，適合待在
公司的銷售組織。接下來，在他拜訪第一位潛在顧客之前，必
須接受專業訓練，爲期短則幾個星期，長則持續年餘，以便做
好準備，面對更爲複雜的銷售工作。這只是他接受訓練的開端；
公司投注很大的心力，不斷尋找更有效率的方式，爭取、服務
以及交貨給顧客。

　　道氏和化學業其他傑出公司是否與眾不同，那麼重視銷售
和配銷？當然不是。在另一個相當不同的行業中，國際商業機
器公司（International Business Machines；IBM）給予股票持有

人優渥的報酬（講得保守一點）。IBM一位高階主管最近告訴我，一般業務員全部的受訓時間，三分之一待在公司贊助的學校中！比率如此之高，主要原因在於公司希望業務員隨時瞭解一日千里的科技最新動態。我相信，這是另一個證據，顯示經營最成功的公司，十分重視必須不斷改善業務人員的素質。一公司的製造或研究技能強，能夠取得若干賺錢的業務，但配銷組織能力弱，則高利潤將如曇花一現。這樣的公司相當脆弱。一公司如要長期穩定成長，強大的銷售人力不可或缺。

要點五：這家公司的利潤率高不高？

我們終於談到一件重要的東西，本身是種數學分析，許多金融圈人士認爲它是良好投資決策的骨幹。從投資人的觀點來說，營業收入導致利潤增加才有價值。如果多年來利潤一直不見相對增加，則營業額再怎麼成長，也無法創造合適的投資對象。檢視一公司利潤的第一步是探討它的利潤率（profit margin），也就是說，算出每一元的營業額獲有多少分的營業利潤（operating profit）。數字算出來，馬上可以看出不同的公司差別很大，即使同一行業的公司也不例外。投資人不應只探討一年的利潤率，而應探討好幾年的利潤率。整個行業欣欣向榮之際，幾乎所有的公司都有高利潤率——以及高利潤金額。不過，我們也能明顯看出，景氣好的年頭，邊際公司——也就是利潤率較低的公司——利潤率成長的幅度幾乎總是遠高於成本較低的公司；後者的利潤率也提高，只是提高的幅度沒那麼大。因此，景氣非常好的年頭中，體質疲弱公司的盈餘成長率往往高於同行中體質強健的公司。但是我們也應記住，一

且景氣轉差，前者的盈餘也會下降得比後者快。

由於這個理由，我相信投資邊際公司，絕對無法獲得最高的長期利潤。一家公司的利潤率極低，但考慮長期投資的唯一理由，在於可能有強烈的跡象，顯示該公司正從根本發生變化。例如，利潤率正在改善，但和業務量暫時擴增無關。換句話說，平心而論，這家公司不能算是邊際公司，因為購買股票的真正原因，是該公司經營效率高，或開發出新產品，已使它脫離邊際公司之林。一家公司如出現這樣的內部變化，而且其他方面也值得長期投資，則可能是非常理想的購買對象。

至於歷史較悠久和規模較大的公司，真正能夠讓你投資賺大錢的公司，大部分都有相對偏高的利潤率。通常它們在業內有最高的利潤率。至於年輕的公司，有時一些老公司也一樣，有一件重要的事偏離這個準則──不過一般來說，那只是表面上偏離，實質上沒有偏離。這種公司有時刻意動用所有的利潤，或者一大部分利潤，以加速成長。這些本來可以放進口袋的利潤，用於進一步加強研究或促銷。這種情況中，重要的是百分之百確定它真的花錢促進研究、推動促銷，或者加強其他任何活動，好為將來打下基礎。這是利潤率縮水或不存在的真正理由。

投資人最要注意的地方，是確定導致利潤率下降的活動量，不只是為取得高成長率所需的活動量，實際上還要做更多的研究、促銷等。果真如此，則利潤率明顯欠佳的公司，反而可能是絕佳的投資對象。但除了刻意拉低利潤率，以進一步加

速成長率的這些公司，希望長期大賺的投資人，最好遠離利潤率低的公司或邊際公司。

要點六：這家公司做了什麼事，以維持或改善利潤率？

購買股票要賺錢，不是看購買當時這家公司有哪些事情普遍為人所知。相反的，能不能賺錢，要看買進股票之後需要知道的事情。因此，對投資人來說，重要的不是過去的利潤率，而是將來的利潤率。

我們生存的這個年代中，利潤率似乎不斷受到威脅。工資和薪水成本年年上漲。許多公司現在訂有長期勞動合約，未來幾年的薪資漲幅都已確定。勞動成本上揚，導致原物料和進貨價格對應上漲。稅率趨勢，特別是不動產和地方稅率，也似乎穩定攀升。

在這種背景下，各公司的利潤率趨勢將有不同的結果。有些公司似乎站到幸運的位置，只要提高價格，就能維持利潤率。它們所處的行業，產品需求通常很強，或者因為競爭性產品的售價漲幅高於它們的產品。不過在我們的經濟中，以這種方式維持或改善利潤率，通常只能保持相當短暫的時間。這是因為額外的競爭性產能會創造出來。這些新產能足以抵消增加的利益，隨著時間的流逝，成本增幅不再能夠轉嫁到價格漲幅上。接著利潤率開始下滑。

1956年秋便有一個急轉彎的顯著例子。當時幾個星期內鋁

市場從供不應求，轉爲廠商競相拋售。在那之前，鋁價隨著成本而上揚。除非產品的需求成長得比產能快，否則價格漲幅就不會再那麼快速。同樣的，若干大鋼廠一直不願提高一些稀有鋼品的價格到「市場能夠忍受的極限」，部分原因反映了它們長期以來的想法，也就是因爲有能力把成本的漲幅轉嫁到價格的漲幅上，而致利潤率上升的現象，都很短暫，除非有其他的理由。

同樣在1956年下半年，大煉銅廠採取的措施或許最能說明這種做法的長期危險性。這些公司十分自制，甚至於將價格壓低在全球性的水準以下，以防價格漲得太高。不過，銅價還是漲到夠高的水準，抑制了需求，並吸引新的供應產能加入。蘇伊士運河關閉使得西歐的消費益形不振，供需情勢失衡相當嚴重。要是1956年的利潤率沒有那麼好，或許1957年的利潤率就不會那麼糟糕。整個行業的利潤率因爲價格一再上漲而升高時，對長線投資人來說，不是好兆頭。

相反的，其他一些公司，包括這些行業中的若干公司，不是靠提高價格，而是藉遠富創意的方法，提升了利潤率。有些公司因爲維持資本改善或產品工程部門，做得很成功。這些部門唯一的職能，是設計新的設備，以降低成本，抵消或部分抵消工資日漸上升的趨勢。很多公司不斷檢討作業程序和方法，研究哪些地方可以提高經濟效益。就這種活動而言，會計職能和紀錄的處理，一直是特別有收穫的地方。運輸方面也是一樣。運輸成本的漲幅高於大部分的費用，因爲和大多數的製造活動比起來，大部分運輸形式中，勞工成本所占比率較高。警覺心

高的公司使用新型貨櫃、採用以前沒用過的運輸方法，甚至把貨品置於分廠，以免交互送貨，因而降低了成本。

　　這些事情無法一日之間完成。它們都需要仔細研究和事前詳加規劃。想要投資的人應注意企業所採降低成本和提升利潤率的新觀念是否富有創意。在這裡，「閒聊」法可能有若干價值，但遠不如直接詢問公司內部人士。幸好，大部分高階主管都樂於詳談這方面的事情。這方面做得最成功的公司，很有可能是以同樣的知識建立起公司，將來可望繼續以建設性的態度做事。他們極有可能爲股東創造最高的長期報酬。

要點七：這家公司的勞資和人事關係是不是很
好？

大部分投資人可能沒有充分體認良好的勞資關係能帶來利潤。很少人看不出惡劣的勞資關係造成的衝擊。任何人只要稍微瀏覽財務報表，經常性、久懸不決的罷工對生產造成的影響，便躍然紙上。

　　不過，人事關係良好和人事關係乏善可陳的兩種公司間，獲利力差異的程度，遠大於罷工的直接成本。如果員工覺得受到雇主公平對待，整個工作環境便大不相同，高效率的領導階層可以大幅提高單位員工的生產力。此外，訓練每位新進員工需要相當高的成本。因此，員工流動率過高的公司，必須負擔這方面不必要的成本，而管理良好的企業不必爲這種事煩惱。

　　但是投資人如何判斷一公司勞資關係和人事關係的良窳？

這個問題沒有簡單的答案，找不到一套通則適用於所有的情況。我們能做的事，是觀察很多因素，然後從拼湊起來的綜合畫面加以判斷。

目前工會勢力普遍存在，公司內部尙無工會組織者，勞資和人事關係可能優於一般水準。若非如此，則工會很早以前便組織起來。例如，投資人可以相當肯定，在工會勢力龐大的芝加哥，摩托羅拉公司（Motorola）至少說服很多員工，相信公司真的有意願和能力，善待員工。在工會勢力逐漸抬頭的達拉斯，德州儀器公司也是如此。公司員工沒和國際性工會掛鉤，唯一的理由是公司的人事政策執行得很成功。

相反的，企業內部有工會組織，無疑是勞資關係不睦的徵兆。有些公司的員工全部參加工會，但勞資關係很好，因爲它們曉得必須和工會互敬互信。同樣的，罷工接連不斷和拖延不決，正是勞資關係惡劣的明證，但完全沒有罷工，不見得表示勞資關係本質上良好。有些時候，沒有發生罷工的公司，很像懼內的老公。沒有衝突，婚姻生活不見得幸福美滿，因爲當事人只是害怕衝突。

爲什麼有些員工對某些雇主異常忠誠，對其他一些雇主則痛恨有加？個中理由往往一言難盡，不容易釐淸頭緒，投資人最好觀察顯示員工整體感覺的比較性資料，不必注意導致他們出現某種感覺的每一種背景因素。不少數字可以顯示基本員工素質和人事政策的好壞，其中之一是一家公司相對於同一地區另一家公司的員工流動率高低。同樣重要的是應徵某家公司工

作的人數相對於同一地區其他公司應徵人數的多寡。在勞工未見供過於求的地區，如有很多人希望到某家公司工作，則從勞資和人事關係良好的角度來說，這樣的公司通常值得投資。

不過，除了這些一般性的數字，投資人還可以注意一些明確的細節。勞資關係良好的公司，通常盡一切努力儘速化解員工的不滿。管理階層拖很久才處理員工的小抱怨，而且不認為那有什麼重要，則星星之火恐怕終有燎原之虞。除了評估解決怨訴的方法，投資人可能也需要密注意工資級距。在公司所在地支付的工資高於平均水準，但盈餘也高於平均水準的公司，勞資關係可能不錯。如果公司的盈餘有很大一部分源於支付低於所在地標準水準的工資，投資人如買它的股票，遲早可能嚐到嚴重的苦果。

最後，投資人應瞭解高階管理人員對待基層員工的態度。有些管理人員嘴裡講得天花亂墜，實際上不認為對普通員工必須負起責任，也不關心他們。他們最關心的是，營業收入流入低階員工的比率，不能高於強悍的工會施壓強求的水準。他們根據公司營業收入或盈餘展望的略微變化，隨意大量雇用和解雇員工。員工眷屬可能受影響，生活困難，但他們不覺得自己有責任。他們沒做什麼事，讓一般員工覺得公司需要他們，才能經營下去。他們沒做什麼事，讓一般員工覺得有尊嚴。管理階層抱持這種態度的公司，通常不是最理想的投資對象。

要點八：這家公司的高階主管關係很好嗎？

如果和低階員工關係良好很重要，則在高階人員之間創造正確的氣氛也十分要緊。這些人的判斷力、創造力和群策群力，能夠成事，也能敗事。由於他們舉足輕重，工作壓力往往很大。所以有些時候，高階主管人才因爲摩擦或彼此懷恨，而掛冠離去，或者並未卯足全力做事。

高階主管氣氛良好的公司，能提供最佳的投資機會。這樣的公司中，高階主管對總裁和董事長有信心。這表示，從最低階層往上，每位員工都感受到，公司的陞遷是以能力爲依歸，不能靠結黨成群。擁有控制權的家族成員，不會陞遷到更有能力的人才頭上。公司會定期檢討調整薪水，高階主管因此主動更加努力。薪水至少和業界、當地的標準看齊。除了最基層的工作，只有在組織內部找不到適合陞遷的人才時，管理階層才會引用外人。高階管理人員瞭解，只要人們在一起工作，難免結黨成群和發生人際間的摩擦，但不能忍受有人不肯在團隊中攜手合作，好把這種摩擦和結黨成群的現象降到最低。只要和公司不同責任階層的高階主管稍微閒聊，直接問幾個問題，投資人通常就會知道高階主管間的氣氛是不是融洽。企業偏離這些標準愈遠，愈不可能成爲絕佳的投資對象。

要點九：公司管理階層的深度夠嗎？

小公司可以做得非常好，而且如果其他因素都合適，則在真正能幹的一人管理領導之下，多年內這家公司有可能是很好的投

資對象。不過，人的能力畢竟有其極限，即使是規模較小公司的投資人，也應該預防關鍵人物不在其位可能帶來災難。現今傑出小公司的投資風險沒有表面上看起來那麼大，因為最近有個趨勢，也就是擁有許多管理人才的大公司常會買下規模較小的公司。

但是值得投資的公司，必須能夠繼續成長。一家公司遲早會到達某種規模，除非開始在某種深度內培養高階主管人才，否則將沒有能力掌握進一步的機會。這一點，因不同的公司而異，視它們從事何種行業以及一人管理公司的才幹而定。這事通常發生在每年總營業額升抵1,500萬到4,000萬美元之際。如要點八所述，這時投資某家公司的股票時，高階主管間的氣氛良好格外重要。

當然了，要達成要點八所談的事情，必須深入培養合適的管理階層才行。但是除非另外實施若干政策，否則沒辦法培養出這樣的管理人才。其中最重要的是授權。如果從最高階層到基層，每個層級的主管沒有以別出心裁和有效率的方式，配合個人的能力，獲得實權，以執行指派的任務，優秀的主管人才便有如身強體壯的動物被關在牢籠裡，無法舒活筋骨，盡情揮灑。他們沒辦法發揮長才，因為根本沒有充分的機會去運用。

高階管理人員如事必躬親，插手日常的營運事務，這樣的組織很難成為極富吸引力的投資對象。高階主管雖然本意良善，但跨越自己授予部屬的權限，將使他們經營的公司嚴重偏離優良投資對象之林。不管一兩個主管處理所有瑣碎事務多能

幹，一旦公司到達某種規模，這樣的高階主管會在兩方面碰到難題。公司一大，太多的瑣碎事務將令他們分身乏術，無法一一處理。公司也沒辦法培養幹才，處理仍在成長中的業務。

判斷一公司的管理深度是否合適時，還有另一件事值得投資人注意。高階管理人員是否虛心歡迎並樂於評估員工提出的建議，即使這些建議有時嚴厲批判目前的管理實務？今天的企業環境競爭如此激烈，改善和變革的需求如此強烈，要是高階管理人員因為驕矜自滿或無動於衷，未能探索值得開採的新點子金礦，這樣的公司可能不適合投資人垂青。公司亟需的年輕主管也不可能培養出來。

要點十：這家公司的成本分析和會計紀錄做得多好？

如果不能夠準確和詳盡地細分總成本，顯示每一小步營運活動的成本，沒有一家公司有辦法長期經營得十分成功。只有這麼做，管理階層才曉得什麼事情最需要注意。只有這麼做，管理階層才能判斷他們有沒有適當地解決需要注意的每一個問題。此外，最成功的公司不只生產一種產品，而是生產很多產品。如果管理階層無法確切知道每種產品相對於其他產品的真正成本，勢必束手無策。他們幾乎不可能訂定價格政策，確保獲得最高的總利潤，同時制止過度的競爭。他們將無從得知哪種產品值得特別著力推廣和促銷。最糟的是，有些表面上成功的活動，其實可能正在賠錢，使得整體利潤每下愈況，而非節節上升，但管理階層不知道這件事。這種情況下，幾乎不可能做出

聰明的規劃

雖然投資的時候，企業的會計控制十分重要，但小心謹慎的投資人通常很少看清他想投資的公司全貌，曉得成本會計和相關活動的真實面貌。在這一方面，「閒聊」法有時能指出做事掉以輕心的公司。除此之外，能告訴我們的東西不多。直接詢問公司裡面的人，對方通常回答得十分真誠，相信成本資料非常適當。他們往往提出詳細的成本資料表，用以證明他們所說不假。但是重要的不是詳細的數字，而是它們之間的相對準確性。就此而言，小心謹慎的投資人通常最好同時承認這個課題很重要，以及他本身能有力限，沒辦法給予適當的評估。在這些限制之下，他通常只能依賴一般性的結論，也就是如果一公司經營能力的大部分層面遠高於一般水準，這方面的表現也可能遠高於一般水準，但前提是高階管理人員體認到專業會計控制和成本分析很重要。

> 要點十一：是不是有其他的經營層面，尤其是本行業較為獨特的地方，投資人能夠得到重要的線索，曉得一公司相對於競爭同業，可能多突出？

依定義，這個問題有不分青紅皂白的味道。這種事情勢必每家公司差別很大——在某些行業顯得十分重要的東西，在其他行業，則不怎麼要緊，或者根本不值一提。例如，零售業最重要的工作，也就是公司處理不動產事務的能力——如承租物的品質——至關緊要。但在其他很多行業，擁有這方面高超的能力，則沒那麼重要。同樣的，對某些公司來說，處理信用的能力很

重要，但其他公司沒那麼重要，或者不必理會。這兩件事，我們的老朋友，亦即「閒聊」法，通常能讓投資人把畫面看得更清楚。如果探討的問題很重要，值得深入研究，則他獲得的結論，往往能用數學比率加以驗證，如單位銷售的相對承租成本，或信用損失比率。

很多行業中，總保險成本相對於銷售額的比率很重要。有些時候，一家公司的總保險成本比同等規模的競爭對手低35%，利潤率將高出不少。有些行業中，保險是相當大的因素，足以影響盈餘，研究這些比率，並和知識豐富的保險業人士討論，投資人將受益良多。要曉得某家公司的管理階層表現多出色，這些資料雖屬輔助性質，卻能透露很多內情。單單因為比較擅長於處理保險事務，不能降低保險成本，這和擅長於處理不動產事務而降低平均租金不同。相反的，它們主要反映了處理人事、存貨和固定財產的整體能力，因而減少發生意外、毀損和浪費的整體數量，從而能夠降低保險成本。從保險成本的高低，可以明顯看出某個行業中哪家公司經營得不錯。

專利權也因不同的公司而有很大的差異。對大公司而言，專利權多通常有額外的好處，但不表示它有基本上的強勢。專利權多，通常可以防止公司若干部門的營運活動遭遇激烈的競爭。正常情況下，公司相關部門的產品線將因此享有較高的利潤率。這又進一步提升所有產品線的平均利潤率。同樣的，專利權強大，有時能讓一公司享有獨家權利，以最簡單或最便宜的方式，生產某種產品。競爭對手必須走更遠的路，才能到達相同的地步，使得專利權擁有人占有明顯的競爭優勢，但這種

優勢通常不大。

在專業技術知識普及的這個年代，大公司受專利權保護的領域，絕大部分情況下，只及於公司一小部分的營運活動。專利權通常只能阻止少數競爭對手獲得同樣的成果，但無法阻止所有的競爭對手。基於這個原因，許多大公司根本不想透過專利權結構將競爭對手關在門外，反而收取相當低廉的費用，授權競爭對手使用它們的專利，並希望別人也以同樣的態度對待它們，允許它們使用別人的專利。在製造技術、銷售和服務組織、顧客的口碑，以及對顧客問題的瞭解等方面，要維持競爭優勢，需要著力的地方，遠多於專利權的保護。其實，大公司維持利潤率的主要手段如果是靠專利保護，通常是投資弱勢而非強勢的表徵。專利權沒辦法無限期提供保護。專利保護不再存在時，公司的獲利可能大打折扣。

年輕的公司剛開始建立生產、銷售和服務組織，而且處於拓展客戶口碑的初期階段，情況大不相同。要是沒有專利，它的產品可能遭根基穩固的大公司抄襲；大公司可能運用它們既有的客戶關係通路，置年輕的小型競爭對手於死地。因此對於剛在行銷獨特產品或服務的小型公司，投資人應密切檢視它們的專利狀況。專利權保護的範圍到底有多廣，應從足資信賴的來源取得資訊。獲得某種產品的專利是一回事，得到保障，阻止他人以略微不同的方式生產又是另一回事。不過就這一方面而言，從工程研究下手，不斷改善產品，遠比靜態的專利權保護占優勢。

　　比方說，幾年前，西岸一家年輕電子製造商和今天比起來，規模小得多時，推出一種很成功的新產品。有人向我說，業內一家大公司卻以「依樣畫葫蘆的抄襲手法」，用自己的知名品牌行銷。依這家年輕公司設計師的看法，那家大型競爭對手矯正了小公司工程設計上的所有錯誤，再結合原有產品的優點，推出自己的產品。小型製造商消除原有產品的缺點，推出改良型產品之際，大公司正好也推出產品。大公司的產品賣得不好，於是從那個領域撤退。我們見過無數這樣的例子，也就是最有效的根本保障方式，來自工程設計保持領先地位，不是靠專利權。投資人至少應十分小心謹慎，不要太強調專利權保護的重要性，但也要曉得，評估某項投資是否理想時，專利權保護偶爾是個重要因素。

　　要點十二：這家公司有沒有短期或長期的盈餘展
望？

有些公司的經營方式是追求眼前最大的利潤，有些則刻意抑制近利，以建立良好的口碑，因而獲得較高的長期整體利潤。這方面常見的例子，是對待客戶和供應商的態度。一家公司可能老是以最嚴苛的態度對待供應商，另一家則可能在供應商為確保可靠的原物料來源，或在市況轉變、供給十分緊俏時，為確保獲得高品質的零組件，以致交貨意外多出費用，而樂於支付比合約高的價格。對待客戶的差異也同樣顯著。有些公司願意在老客戶出乎意料碰到困難時，不厭其煩和多花錢照顧它們的需求，因此在某些交易上獲得較低的利潤，但長期可望得到遠高於以往的利潤。

「閒聊」法通常可以相當清楚地反映這些政策上的差異。想要獲得最高利潤的投資人，應留意在盈餘上眼光放遠的公司。

> 要點十三：在可預見的將來，這家公司是否會因為成長而必須發行股票，以取得足夠的資金，使得發行在外股數增加，現有持股人的利益將因預期中的成長而大幅受損？

一般談投資的書，都花很大的篇幅，探討公司的現金存量、企業組織架構、發行各種證券所占資本比率等，所以讀者很可能會問，為什麼談財務面的這個要點，在十五個要點中，所占篇幅不多於十五分之一？個中理由在於本書的基本信念是，聰明的投資人不應光因價格便宜就買普通股，而必須在有大賺的可能性時才買。

本章所談其他十四個要點，很少公司能在全部十四個要點，或幾乎全部的要點上，獲得很高的評價。符合這個標準的任何公司，很容易按當時適合本身規模的利率水準借到錢，而且借到本行業最高百分率的債務。這樣的公司一旦借錢到舉債上限——當然是根據它未來的營業收入成長、利潤率、管理階層素質、研究發展以及本章討論的其他各個要點，有資格借到上限或接近上限——需要更多資金時，還是能以某種價格，發行股票，籌措資金，因為投資人樂於參與這種企業。

因此，如果投資人只找傑出的公司投資，則真正要緊的是

這家公司的現金加上進一步借款的能力，是否足以應付未來幾年的需求，以掌握美好的前景。果真如此，而且如果這家公司願意借錢到上限，則普通股投資人不用擔心較久以後的事。假使投資人已經對當時的情勢做過適當的評估，則未來幾年如果公司發行股票，籌措資金，價格會遠高於目前的水準，投資人根本不必擔心此事。這是因為短期融資會使盈餘增加，幾年後需要進一步籌措資金時，盈餘增加會推升股價到比目前高出很多的水準。

但如目前的借款能力不足，發行股票籌措資金便有必要。這種情況下，投資對象是不是有吸引力，必須仔細計算。也就是，投資人應計算：籌措資金後，盈餘可能增加，目前的普通股持有人將受益，但因發行在外股數也增加，股權稀釋，利益將受損。和發行普通股一樣，發行可轉換優先證券的股權稀釋效果，計算得出來。這是因為可轉換優先證券訂有條款，允許將來行使轉換權利的價格，通常比發行時的市價高一些──從10％到20％不等。由於投資人不應對10％到20％的小漲幅有興趣，而應尋求幾年內十倍或百倍於此數的漲幅，所以轉換價格通常可以不予理會，並以新發行優先證券完全轉換為基礎，計算稀釋效果。換句話說，計算普通股發行在外真正的股數時，最好假定所有的優先可轉換證券都已經轉換，而且所有的可轉換權證、選擇權等都已行使。

如果買進普通股之後幾年內，公司將發行股票籌措資金，而且如果發行新股之後，普通股持有人的每股盈餘只會小幅增加，則我們只能有一個結論，也就是管理階層的財務判斷能力

相當差，因此該公司的普通股不值得投資。除非這種現象很嚴重，否則投資人不應單因財務因素上的考量而卻步，因為一公司如果仍在其他十四個要點上獲得很高的評價，將來可望有傑出的表現。相反的，為了從長期投資獲得最高的利潤，即使財務面很強或者現金很多，投資人也不應選擇其他十四個要點中任何一點評價不佳的公司。

　　要點十四：管理階層是不是只向投資人報喜不報
　　憂？諸事順暢時口沫橫飛，有問題或叫人失望的
　　　　事情發生時，則「三緘其口」？

即使是經營管理最好的公司，有時也會出乎意料碰到困難、盈餘萎縮、產品需求轉向別處。另外，年復一年不斷透過技術研究，設法產銷新產品和新製程的公司，可望讓投資人獲得極高的利潤，投資人應買進這樣的公司。依平均數法則，有些新產品或新製程勢將慘敗，所費不貲。有些則會在試車工廠最後測試階段的早期意外延誤，花費不少冤枉錢。連續好幾個月，這些預算外的成本相當沈重，即使原本審慎規劃的整體盈餘預測值，也終告無效。連最成功的企業，也無法避免這種叫人失望的事情。坦誠面對，加上良好的判斷力，會知道它們只是最後成功的成本之一。它們往往是公司強勢的跡象，而非弱勢的徵兆。

　　管理階層面對這些事情的態度，是投資人十分寶貴的線索。碰到壞事，管理階層不像碰到好事那樣侃侃而談，「三緘其口」的重要理由有好幾種。他們可能沒有錦囊妙計，解決出

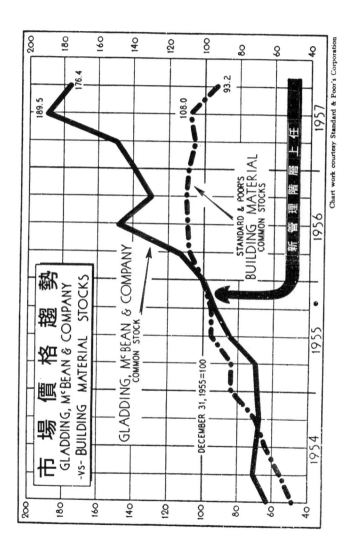

乎意料的難題；管理階層可能已經心生恐慌；他們可能不覺得
對持股人有責任，不認爲一時的橫逆有必要向持股人報告。不
管是什麼樣的理由，凡是保留壞消息或設法隱匿壞消息的公
司，投資人最好不要納入選股考量對象中。

要點十五：這家公司管理階層的誠信正直態度是 否無庸置疑？

公司的管理階層遠比持股人更容易接觸公司的資產。控制公司
經營大權的人，有無數方法，能在不違法的情形下，假公濟私，
犧牲一般股東的利益，圖利自己和家族。其中一個方法，是給
自己——更不要說是親戚——遠高於正常水準的薪水。另一個
方法是用高於市價的價格，把自己擁有的財產出售或租給公
司。規模較小的公司中，這種做法有時難以察覺，因爲掌控經
營權的家族或重要幹部，有時買進不動產出租給公司的目的，
不是爲了獲取不當的利益，而是真心希望公司有限的營運資金
能用在其他目的上。

公司內部人圖利自己的另一個方法，是要求公司的供應商
透過某些經紀商出售產品給公司。這些經紀商的股東是這些內
部人或他們的親友，沒提供什麼服務，但收取一定的經紀手續
費。傷害投資人最深的做法，或許當屬內部人濫用職權，發行
普通股認股權。這個合法的方法，本來是用以酬庸能幹的管理
人員，但他們可加以濫用，自己發給自己很多股票；在立場公
正的外部人眼裡，獎酬數量已遠超過他們的貢獻。

　　面對這種濫用手法，只有一種方法能夠保護自己。也就是，投資對象限於管理階層對股東有強烈受託感和道德責任感的公司。這一點，「閒聊」法很管用。走筆至此，十五個要點已談完。一家公司在這十五個要點中，有任何一點不如人意，但其他要點得到很高的評價，則仍可視爲理想的投資對象。不過，不管其他所有的事務得到多高的評價，如果管理階層對股東有無強烈的受託感一事，令人深感懷疑的話，投資人絕不要認真考慮投資這樣一家公司。

第四章
要買什麼

應用所學選取所需

一般投資人在投資領域並非專家。如果是男士，和本身的工作相比，他只騰出少許時間或精力處理投資事務。如果是女士，則和平常料理家務相比，花在投資上的時間和精力同樣很少。結果，典型的投資人通常慢慢吸收到很多如真似假的知識和錯誤的看法，以及一些胡言亂語，對投資成功的真諦一知半解。

這樣的觀念中，最普遍和最不真確的一個，和一般人心目中，投資奇才必須具備的特質有關。如果就此事進行民意調查，我想，這樣一位專家的綜合形象，是個深思熟慮的書呆子，擅長於處理會計數字。這位學者狀的專家整天孤坐獨處，沒人打擾，鑽研資產負債表、企業的盈餘報表以及交易統計數字。從這些資料中，他以卓越的智慧和對數字的深入瞭解，取得一般人無法獲得的訊息。埋首研讀的結果，將得到寶貴的知識，曉得出色的投資對象在哪裡。

和其他很多常見的誤解一樣，這幅心理上的畫像不夠準確，使它變得很危險，對想從普通股獲得最大長期利益的人不

利。

前面一章談過，如果不想純靠運氣，選到投資大贏家，則應探索十五個要點；其中一些要點主要得靠埋首做數學運算才能確定。此外，如同本書開始時提過的，投資人如果擁有充分的技能，則長期投資獲得若干利潤——偶爾甚至賺到大錢——的方法不只一種。本書目的不在點出每一種賺錢方法，而在於指出賺錢的最好方法。所謂最好的方法，是指以最低的風險獲得最高的總利潤。一般大眾心裡的成功投資人形象，是很懂會計和統計數字的人。如果他們夠努力的話，會找到某些顯然是便宜貨的股票。其中一些可能真的很便宜，但其他一些股票，公司未來經營上可能陷入困境，光從統計數字看不出來，因此不但不能算是便宜貨，和幾年後的價格比起來，目前的價格其實太高。

在此同時，即使是真正的便宜貨，便宜的程度畢竟有其極限，往往需要很長的時間，價格才能調整到反映真實的價值。就我的觀察來說，這表示在一段長到足以做公平比較的時期內——如五年——技巧最純熟的統計數字逢低承接者最後獲得的利潤，和運用普通智慧，買進管理優異的成長型公司股票的人比起來，實在是小巫見大巫。當然，這考慮了成長型股票投資人所買股票未如預期理想而發生損失的情況，以及逢低承接者同比例未如理想的便宜貨造成的損失。

成長型股票所得利潤高出許多的原因，在於它們似乎每十年就能增值好幾倍。相反的，我們很難看到便宜貨的價值低估

達50％。這個簡單算術的累積效果很明顯。

走筆至此，想要投資的人可能必須開始修正他的看法，不能對找到合適投資對象所需的時間抱有錯誤的見解，更不用說找到它們必須具備若干個人特質。也許他認為每個星期花幾個小時，在舒適的家裡，大量研究文字資料，便能打開利潤之門。他就是抽不出時間去尋找、耕耘合適的人脈，找一些聰明人聊聊，好在普通股的投資上獲得最適當的利潤。或許他有時間，但個性上還是不願找人一談，因為以前和這些人不是很熟。此外，和他們談話還不夠；必須引起他們的興趣和信心到某種程度，才會把自己知道的事情告訴你。成功的投資人本性上通常對企業經營問題很感興趣。因此，如果他想向某人索取資料，討論問題的方式，很容易引起對方發生興趣。當然了，他必須有相當不錯的判斷力，否則蒐集到的全部資料可能形同廢紙。

投資人可能有時間、意願和判斷力，投資普通股仍無法獲得最大的成果。地理位置也是個因素。比方說，投資人如住在底特律市內或附近，將有機會瞭解汽車零配件公司，而住在奧勒岡州的投資人，即使同樣勤奮或能幹，卻沒有相同的好機會。目前許多大公司和行業的配銷組織都屬全國性質（即使生產活動不見得如此），散布在大部分主要城市，住在大工業中心或近郊的投資人，通常有很多機會，練習尋找傑出長期投資對象的藝術。相當遺憾，投資人如住在偏遠地區，遠離這些產銷中心，則不然。

不過，偏遠地區的投資人，或其他可能沒時間、意願、能

力，自行尋找傑出投資對象的大多數投資人，絕對不可能因為這一點而無法投資。其實，投資事務非常專業、錯綜複雜，沒有理由非要個人處理自己的投資不可，一如沒有理由強迫個人當自己的律師、醫生、建築師或汽車技工。如果一個人對以上所說的特定領域有興趣，就應該去執業，否則，根本不必成為專家。

重要的是，他必須相當瞭解有關的原則，如此才能找到真正的專家，而非找到一竅不通或冒充內行的人。從某些方面來說，認真仔細的外行人，選到傑出的投資顧問，比選到同樣優秀的醫生或律師容易。但從其他方面來說，則困難得多，因為近來投資這個領域發展得比其他專業領域快很多。因此，無數觀念尚未具體成形，畫出一條大家能夠接受的界線，區分真正的知識和故弄玄虛的胡言亂語。投資理財這個領域，還沒有一道門檻，用以篩除不學無術和能力不夠的人，一如法律或醫學的領域。連一些所謂的投資主管機關，也還沒就基本原則取得共識，所以不可能設立學校，訓練投資專家，就像傳授法律或醫學知識的名校那樣。政府主管單位因此更不可能發放執照給具有必要知識背景的人，由他們指導別人投資，正如各州發放執照給合格者執業當律師或醫生的做法。沒錯，美國很多州的確有發放投資顧問執照。不過這種情形中，我們只聽過，不給執照的理由是背信詐欺或未能履行債務，而非欠缺必要的訓練或技能。

所有這些事情，產生的不合格財務顧問比率，可能高於法律或醫療等領域。但由於某些補償性因素存在，本身不善於投

資理財的個人，選到能幹的財務顧問，可能比選到同樣出色的醫生或律師容易。觀察哪位醫生執業時造成的死亡率最低，不是選擇優秀醫生的辦法。從辯護案件勝訴和敗訴的紀錄，也不能看出律師的相對能力。幸好大部分醫療過程並非立即攸關生死，而且好律師可能根本不想對簿公堂。

投資顧問的情形則相當不同。經過一段夠長的時間，便有相當多的紀錄反映投資顧問的投資才能。偶爾可能需要五年的時間，才能看出他們的真正價值。通常不需要這麼長的時間。經驗不到五年的所謂顧問，可能自己當老闆，也可能在別人那裡當夥計。投資人把儲蓄託付這樣的人，一般情況下，未免愚不可及。所以說，談到投資，想選專業顧問的人，沒理由不要求閱讀別人也能取得、內容翔實的投資紀錄。拿這些投資紀錄和同期內的證券價格比較，便能瞭解投資顧問的能力好壞。

投資人最後選定某些個人或組織，託付投資理財重責大任之前，還有兩件事要做。其中一件很明顯非做不可，也就是必須確定投資顧問的誠信正直毫無問題和瑕疵。另一件事則比較複雜。市場價格下跌期間內，某位財務顧問可能有遠高於平均水準的操作紀錄，但這也許不是因為他能幹，而是他把個人管理的一大部分資金，拿去投資高評等債券。有些時候，價格長期上漲，另一位顧問可能因為喜歡買風險高的邊際公司，而有高於平均水準的操作成績。前面討論利潤率時說過，這種公司通常只在這種時期有好表現，此後表現便相當差勁。第三位顧問可能在兩種時期都有好表現，因為他總是設法研判證券市場未來的走勢。這麼做，可能一段時間內有很好的成績，但幾乎

不可能永遠如此。

投資人挑選顧問之前，應設法瞭解他的基本理財觀念爲何。投資人應只挑基本觀念和自己相同的顧問。當然了，我相信本書闡述的觀念，基本上應遵守。從理財舊時代走過來的許多人，信奉「買低賣高」的做法，一定很不同意這個結論。

投資人如希望獲得長期厚利，則不管請投資顧問代勞，或者自己操作，有件事必須自己決定。我認爲，幾乎所有的普通股投資，目標都應該放在長期賺得厚利上。投資人必須做這個決定，因爲最能符合前章所述十五要點的股票類別，投資特性可能有很大的差異。

天平的一邊是大公司，進一步大幅成長的前景十分亮麗，財務狀況非常良好，根基深植於經濟沃土中。它們屬於「機構型股票」的大類，也就是保險公司、專業受託人，以及類似的機構型買主會買這種股票，因爲它們覺得自己可能誤判市場價格，萬一被迫在價格走低之際賣出股票，將損失一部分原始投資資金。買進這種股票，因公司競爭地位從目前的水準下滑，致蒙受損失的風險較低。

道氏化學公司（Dow Chemical Company）、杜邦（Du Pont）和國際商業機器公司（International Business Machines）是這類成長型股票（growth stock）的好例子。我在第一章提過，1946到1956年十年內，高評等債券的投資報酬率乏善可陳。這段時間結束時，三支股票──道氏、杜邦和IBM──價值都是期初售價的五倍左右。從當期收益的觀點來說，十年內，這

些股票的持有人都未受損傷。例如，就當期市價而言，道氏向以報酬率偏低著稱，但在這段期間之初買進道氏股票的投資人，到了期末，從當期收益的角度來看，表現很好。雖然買進時，道氏的報酬率只有約2 1/2%（這段期間內，所有股票的收益率都很高），僅僅十年後，它的股利增加，或將股票分割好幾次，以十年前的投資價格計算，投資人享有的股利報酬率介於8%到9%間。更重要的是，對類似這三支股票的傑出公司來說，這段十年期間沒有什麼特別不一樣的地方。好幾十年中，除了1929到1932年的大空頭市場，或二次世界大戰等偶爾出現的暫時性影響因素之外，這些股票一直有極為出色的表現。

天平的另一端也非常值得長期投資。它們往往是相當年輕的小型公司，每年總營業額可能只有100萬到600萬或700萬美元，但它們擁有展望可能十分美好的產品。為符合前面所說十五個要點，這些公司通常同時擁有傑出的經營管理人員和同樣能幹的科技人才，搶先進軍前景看好的新領域或經濟效益高的領域。1953年股票首次公開上市的安培斯公司（Ampex Corporation））可能是這類公司很好的例子。四年內這支股票的價值上漲了七倍以上。

這兩個極端之間，有許多未來看好的其他成長型公司，介於1953年年輕、高風險的安培斯公司，和今天根基穩固的道氏、杜邦和IBM之間。假使現在要選購股票（參考下一章），投資人應買哪一種？

到目前為止，年輕的成長型股票最有可能上漲。有些時

候，十年內可以上漲數十倍之多。但技巧純熟的投資人，也難免偶爾犯錯。投資人千萬不能忘記，要是投資這類普通股犯下錯誤，丟出去的每一塊錢可能消失不見。相反的，如果根據下章所述的原則買股票，則投資歷史較悠久、根基較穩固的成長型股票，縱使因為整體股市出乎意料下跌而有損失，也屬暫時性質。這類大型成長股的長期增值潛力，遠低於小型、年輕的公司，但整體而言，是非常值得投資的對象。即使最保守的成長股，至少也會增值到原始投資的數倍之多。

因此，任何人拿一筆對自己和家人攸關重大的錢去冒險時，應遵守的原則相當明顯。這個原則是，「大部分」資金投入的公司，即使不像道氏、杜邦或IBM那麼大，至少應該比較接近這類型的公司，而不是年輕的小型公司。所謂「大部分」資金，到底是占總投資資金的60%或100%，要看每個人的需求或需要而定。膝下無子的某位寡婦，如果總資產有50萬美元，或許可以把全部資金拿去買較保守的成長股。另一位寡婦的投資資金是100萬美元，但有三個子女，則為了替子女著想，希望資產能夠增值——可是不希望危及目前的生活水準——則可能拿15%的資金，投入精挑細選的年輕小型公司。一位企業人士如有妻子、兩個小孩，目前可以投資的資金是40萬美元，收入夠多，繳納所得稅後，每年能存1萬美元，有可能拿現有40萬美元全部投資較為保守的成長股，但每年1萬美元的新儲蓄用於購買風險較高的股票。

不過所有這些例子中，投資較為保守的股票，長期增值幅度必須夠大，足以彌補投資風險較高的股票，萬一血本無

歸的損失。在此同時，審慎選擇的話，風險較高的股票可能
大幅提高總資本利得。如果這樣的事發生，同樣重要的是，
年輕高風險公司由於本身不斷發展成熟，可能終有一天成長
到股票不再帶有以前那麼高的風險，甚至可能進步到機構投
資人開始購買的地步。

　　小額投資人的問題有點麻煩。投資大戶往往能夠完全漠
視股利報酬率，動用所有的資金以獲取最高的成長潛力。以
這種方式投資之後，他還是能從那些股票獲得得足夠的股利，
支應理想中的生活水準，或者股利收入和其他正常收入加起
來，能讓他過那種生活水準。但是不管收益率多高，大部分
小額投資人沒辦法靠投資報酬過活，因為他們持有的股票總
值不夠多。所以對小額投資人來說，面對當期股利報酬的問
題時，通常必須二選一：現在開始每年有幾百美元的收入，
或者未來某日，獲得數倍於此的收入。

　　就這件很重要的事做成決定之前，有個問題，小額投資
人應正面面對：用於投資普通股的資金，只能是真正多餘的
資金。這不表示，超過日常生活開銷所需的資金，都應用於
投資。除了十分異常的狀況，他應有數千美元以備不時之需，
足以支應急病或其他意外緊急事故的花費，之後才考慮購買
普通股等具有內在風險的東西。同樣的，打算花在某種特定
用途的資金，如送孩子上大學，絕對不該拿到股票市場冒險。
考慮了這類事情之後，才應投資普通股。

　　接下來，小額投資人多餘資金的運用目標，必須考量個

人的選擇和本身特殊的處境，包括其他收入的多寡和性質。年輕男士或女士、有特別值得關愛的子女或其他繼承人的中老年投資人，可能願意犧牲每個月30美元或40美元的股利收入，好在十五年後取得十倍於此的收入。相反的，沒有親近繼承人的老年人，當然希望馬上獲得較多的收入。另外，平常收入相當少，而且財務負擔沈重的人，除了好好應付眼前迫切的需要之外，可能別無選擇。

但是對絕大部分的小額投資人來說，立即獲得收入是否重要，純屬私人問題，可能主要要看每位個別投資人的心理動機。依我個人之見，眼前少量的額外收入（稅後）和未來幾年有高收入，而且可能讓子女富有比起來，食之無味。其他人對這件事的看法也許大不相同。本書所述投資程序，是針對投資大戶，以及在這個問題上看法和我相同的小額投資人；他們希望根據所說的原則，找到聰明的方法，實現前述的可能成果。

任何人投資時運用這些原則能否成功，取決於兩件事。其一是運用這些原則時的技巧良窳，另一當然是運氣好不好。目前這個時代中，某個研究實驗室明天可能有始料未及的發現，但這個實驗室和你已經投資的公司無關。這個時代中，五年後毫無關聯的研究發展，可能使你投資的公司盈餘增為三倍或減半。所以就任何一筆投資來說，運氣好壞顯然扮演吃重的角色。資金規模中等的投資人，相較於資金很少的投資人占有優勢，道理便在這裡。如果你能精挑細選幾樣投資，則運氣好壞大致可以相互抵消。

　　不過，對偏愛幾年後獲得高額收入，而不求今天擁有最高報酬的投資大戶和小額投資人而言，最好記住，過去卅五年，各金融機構做過無數研究，比較了兩種做法的成果：所買普通股提供高股利收益率，以及所買股票的收益率低，公司著眼於未來的成長和資產再投資。就我所知，每一份研究都指出相同的趨勢：五年或十年期內，成長型股票的資本增值幅度遠高於另一種股票。

　　更叫人驚訝的是，同一時段內，這類股票通常會提高股利，雖然和那時已經上漲的股價比起來，報酬仍然偏低，但和當初只看收益率挑選出來的股票相比，這時它們的原始投資股利報酬比較高。換句話說，成長股不只在資本增值方面表現出色，一段合理的時間內，因為公司不斷成長，股利報酬也有同樣不俗的演出。

第五章
何時買進

前面幾章試圖指出投資成功的核心，在於找到未來幾年每股盈餘將大幅成長的少數股票。因此，到底有沒有理由挪出時間和精力偏離這個主題？何時買進的問題相較之下，不是沒那麼重要嗎？一旦投資人肯定他已找到一支好股，任何時候不都是很好的買進時機嗎？這些問題的答案，部分取決於投資人的目標，也和他的個性有關。

舉個例子來說明。由於事後檢討一向不費吹灰之力，所以我們拿近代金融史上的極端實例來解釋。1929年夏，也就是美國有史以來最嚴重的股市崩盤之前不久，精挑細選買進幾家公司的股票。假以時日，這些股票終會帶來不錯的報酬。但廿五年後，投資人使出渾身解數，挑出合適的公司，之後再多花點力氣，瞭解成長股買進時機的少數簡單原則，則這些股票的漲幅，將遠高於1929年夏買進股票的漲幅。

換句話說，買到正確的股票，並抱牢夠長的時間，總會帶來一些利潤。通常它們會創造可觀的利潤。不過，要獲得最高的利潤，也就是如前所述的那種驚人利潤，則應考慮進出時機的問題。

　　我覺得，傳統上選取買進股票時機的方法，表面上說得頭頭是道，其實十分愚蠢。依傳統的方法，投資人必須先蒐集一大堆經濟資料，從這些資料，得出一般企業中短期景氣狀況的結論。比較老練的投資人，除了研判景氣狀況，通常還會預測未來的資金利率走向。接著，如果所有的預測都指出背景狀況不會大幅惡化，則結論是想買的股票或許可以放手去買。有些時候，地平線上似乎烏雲湧現，運用這種通用方法的人，會延緩或取消買進想買的股票。

　　我反對使用這種方法，不是因為它在理論上不合理，而是目前人類預測未來景氣趨勢的經濟學知識尚嫌不足，實務上不可能應用這種方法。預測正確的機率不夠高，實在不適合以這種方法為基礎，拿儲蓄去冒險投資。或許情況不見得永遠如此，五或十年內可能改觀也說不定。目前，能力強的人試著利用電腦，建立錯綜複雜的「輸出－輸入」模式，也許將來某一天，有可能相當精確地預知未來的景氣趨勢。

　　這樣的事情出現時，投資普通股的藝術或許必須改頭換面。不過，這事沒出現前，我相信預測景氣趨勢的經濟學，不妨視為有如中世紀的煉金術，不能和今天的化學相提並論。那時的煉金術和今天的景氣預測一樣，基本原理剛從一堆神秘的符咒中現身。但是煉金術的這些原理，沒有進步到可以做為安全的基礎，據以採取行動。

　　如同1929年，經濟偶爾會脫離常態，投機歪風盛行。即使以我們目前對經濟無知的狀態來說，也有可能相當準確地猜出

將發生什麼事。不過我懷疑，猜對的年頭，平均十年會超過一年。未來的比率可能更低。

典型的投資人已經習於聽信經濟預測，可能開始過份信任這些預測的可靠性。果真如此，我建議他去找二次世界大戰結束後任一年的《商業金融年鑑》（Commercial & Financial Chronicle）過期刊物檔案。事實上，即使他曉得這些預測難免犯錯，去查這些檔案對他或許仍有幫助。不管選看哪一年，他會找到很多文章，裡面有知名經濟和金融權威人士對未來展望的看法。由於這份刊物的編輯似乎刻意平衡內容，讓樂觀和悲觀的意見並陳，所以在過期刊物中找到相反的預測不足爲奇。叫人稱奇的是這些專家看法分歧的程度。更令人驚訝的是，有些論點強而有力，條理分理，叫人折服，後來卻證明是錯的。

金融圈不斷嘗試根據隨機和可能不完整的事實資料，臆測未來的經濟情勢，而且所花心血之多，令人不禁想問：要是只花少數心血，用在可能更有用的事情上，會有什麼樣的成就？我老愛拿經濟預測和煉金術時代的化學相互比較。顯然沒辦法做好的事，卻有那麼多人耽溺其中，這種行爲或許也可拿來和中世紀比較。

那段期間內，大部分西方世界人士不必有那麼多慾望，也不用承受那麼多苦難，主要原因出在人們把相當多的精力投入徒勞無功的事物上。人們花了很多時間辯論有多少天使能停留在一根針頭上。試想：要是騰出一半的思慮，探索如何消弭飢餓、疾病、貪婪，情況會如何？今天投資圈花了很多心力，試

圖預測未來的景氣循環趨勢，如果騰出其中一部分心力，用在更有生產力的目的上，或許能產生驚人的成就。

那麼，如果傳統上有關近期經濟展望的研究，不能提供正確的方法，讓我們確定合適的買進時機，有什麼辦法能告訴我們這件事？答案和成長股本身的特性有關。

雖嫌重複，我們還是要挪出一點時間，複習前一章所說，十分理想的投資對象具備的特質。這類公司通常在某些技術方面走在非常前端。它們正在實驗室開發各種新產品或製程，並透過試車工廠，初步商業化生產。這些事情必須花錢，金額不一，難免消耗其他業務的利潤。商業生產的初期階段，為了生產足夠的新產品數量，以獲取理想的利潤率，必須額外增加銷售費用。這個開發階段立即出現的損失，甚至可能高於試車工廠的花費。

對投資人而言，這些事情有兩個層面格外重要。其一是新產品開發週期的時間表不可能十分確定，另一是即使經營管理絕佳的企業，也有開發失敗的時候，而且這是經營事業難以避免的成本。拿運動比賽來說，連棒球聯盟中最出色的冠軍隊伍，也有打輸球的時候。

談到普通股的買進時機，開發新製程最值得密切注意的地方，或許在於全面性的首座商業化工廠何時開始生產。即使使用舊製程或生產舊產品的新廠房，試產期可能還是要六到八個星期，而且相當花錢。時間必須這麼長，才能調整設備達到理想的運轉效率，並消除無法避免的「臭蟲」；這些臭蟲常會侵

入錯綜複雜的現代化設備中。如果製程屬於革命性的發展，則昂貴的試產期所需時間，可能遠超過公司中看法最悲觀的工程師的估計值。等到問題終於解決的時候，筋疲力盡的持股人還是沒辦法期待立即獲得利潤。他們仍須再等好幾個月，資金進一步耗損，因為公司必須挪用舊產品線更多的盈餘，發動特別的銷售和廣告攻勢，好讓新產品為消費者接受。

做這些努力的公司，其他舊產品的營業收入可能繼續成長，因此一般持股人不會看到利潤有所流失。不過實際的情形往往相反。經營管理良善的公司中，實驗室正在研發絕佳新產品的消息一傳出，買主便會蜂擁而來，推升該公司的股票價格。試車工廠運轉成功的消息傳出，股價漲得更高。很少人想到一個舊比喻，說試車工廠的運轉，有如在崎嶇的鄉間小路上，以10哩的時速開車。商業化量產工廠的運轉，則有如在同樣的道路上以100哩的時速開車。

接下來，月復一月，商業化量產工廠的困難慢慢浮現之後，始料未及的費用支出導致每股盈餘重挫。廠房營運陷入困境的消息傳開。沒人能保證問題何時可以解決。本來積極買進的人，失望之餘，大量賣出，股價隨之下跌。困頓期拖得愈久，市價跌得愈深。最後，廠房終於運轉順暢的好消息出現，股價連續彈升兩天。不過接下來一季，特別的銷售費用導致純益進一步下降，股價跌到多年來的最低水準。整個金融圈都曉得該公司的管理階層犯下大錯。

這個時候，這支股票也許很值得買進。一旦額外的銷售努

力創造出足夠的銷售數量，第一座量產工廠終於獲有利潤之後，正常的銷售努力往往足以繼續推動營業收入上升好幾年。由於使用的技術相同，第二座、第三座、第四座、第五座廠房建廠運轉，幾乎沒有延誤，而且不必負擔第一座工廠冗長的試車期間發生的特殊費用。到了第五座工廠全能運轉之際，公司規模已成長得相當大，業務蒸蒸日上。這時，另一種全新產品的整個週期重新上演一次，但公司整體的盈餘不致受到拖累，股票價格也不會出現同樣的下跌走勢。投資人已在正確的時機買到合適的股票，能夠成長好幾年。

　　當年的第一版中，我用以下的文字描述這種機會。我用到的例子，那時還算相當新穎。我說：

　　「1954年國會選舉前不久，一些投資基金掌握了當時的情勢。在那之前好幾年內，美國氰胺公司（American Cyanamid）在市場上的本益比遠低於其他大部分主要化學公司。我相信這是因為金融圈普遍認為，雖然該公司的Lederle事業部是全球最傑出的製藥組織之一，但規模相對較大的工業和農業化學部門，構成一個大雜燴，工廠費用支出沈重，效率低落；這些廠房是百業欣欣向榮的1920年代，典型的『股市』合併熱潮期間拼湊起來的。一般人普遍認為這不是理想投資對象具備的特質。

　　「但是大多數人沒有注意到，新上任的管理階層堅定果斷地縮減生產成本、裁汰冗員和冗物、精簡組織，只是沒有大張旗鼓。大家只注意到這家公司『正下豪賭』──以它的規模來說，竟在路易斯安納州霍提爾（Fortier）斥巨資蓋了一座很大

的有機化學新工廠。這座廠房的工程設計很複雜,預估的損益平衡點日期落後好幾個月才出現,自然不足為奇。但霍提爾廠的問題繼續存在,美國氰胺的股票雪上加霜。這個時候,前面所提的那些投資基金見到買點已到,以平均45 3/4美元的價格買進。由於1957年股票一股分割成兩股,等於目前的股票價格每股為22 7/8美元。

「此後情況如何?這家公司已經歷一段充分的時間,開始從1954年產生異常成本的一些管理活動中獲益。霍提爾廠已有獲利。(目前的)普通股每股盈餘從1954年的1.48美元,提高為1956年的每股2.10美元,1957年可望再略微提升,而這一年大部分化學業(不是製藥業)的利潤都不如前一年。至少同樣重要的是,『華爾街』業已認清美國氰胺的工業和農業化學事業值得機構投資人投資。結果,這支股票的本益比大幅改觀。不到三年的時間內,盈餘成長37%,市值增加約85%。」

寫下這些文字之後,金融圈對美國氰胺公司的評價不斷提高,而且這種情況似乎會持續下去。1959年的盈餘可望超過1957年2.42美元的前一歷史最高紀錄,所以股票市價穩定攀高。目前價格約為60美元,自本書第一版推薦買進這支股票以來,五年內盈餘增加約70%,市值上升163%。

很高興能以這種快樂的筆調結束討論美國氰胺公司。不過在本修正版的序中,我曾提到,本修正版要做忠實的紀錄,而不是只紀錄到目前為止看起來最準確的紀錄。你可能注意到,本書第一版中,我提到1954年「某些基金」買進美國氰胺公司的股票;這些基金已經不再持有這支股票,1959年春賣出持股

的平均價格是49美元左右。當然了，這個價格遠低於目前的市價，但仍有約110％的獲利。

這種獲利率水準和賣出決定毫無關聯。賣出決定的背後有兩個動機。其一是另一家公司的長期展望似乎更好。下一章會討論賣出有理的這個原因。雖然時間還不夠長，足以提供證據，做成結論，但到目前為止，比較兩支股票的市場價格，賣出行動似乎正確。

不過，改變投資決定的第二個動機，事後看來比較欠缺說服力。那是相對於最出色的競爭同業，美國氰胺的前景令人憂慮。美國氰胺的化學（不是製藥）事業未如預期，利潤率大幅提升，並建立賺錢的新產品線。除了這些因素叫人關切，該公司企圖在競爭極為激烈的紡織業打進亞克力纖維市場，可能增加不少成本，前景相當不明確。這種想法或許正確，但事後來看可能仍是錯誤的投資決定，因為Lederle製藥事業部的遠景明亮。股票賣出之後，它的遠景更為清楚。中期來看，Lederle的獲利能力有可能進一步躍升，主要是因為（1）推出展望相當不錯的新抗生素，以及（2）一種口服「天然」小兒麻痺疫苗可望出現龐大的市場；在這個領域，這家公司一直是領導廠商。這些發展使得情勢變得有問題，只有將來才能證明脫售美國氰胺股票的決定可能沒有犯下投資錯誤。由於研究可能犯下的錯誤，比回顧過去的成功，獲益更多，我建議——雖有狂妄之虞——任何想精進投資技巧的人，不妨把後面幾段畫起來，看完下一章「何時賣出」之後，再重看這幾段。

接下來容我再談另一個最近的例子，用以說明本書第一版提過的這種買進機會。我說：

「1957年下半年，食品機械化學公司（Food Machinery and Chemical Corporation）的情況有點類似。一些大型機構買主喜歡這支股票已有一段時間。不過，更多人似乎覺得，雖然他們有興趣，但一些事情，需要看到有利的證據，才會去買股票。要瞭解為什麼有這種態度，必須看一下當年的若干背景環境。

「二次世界大戰以前，這家公司只生產各式機械。由於經營管理優異，開發工程設計也一樣優異，食品機械公司成了戰前獲利十分可觀的投資對象之一。戰爭期間，除了製造公司相當拿手的軍需品，還建立起多元化的化學事業。這麼做，目的是希望透過消費性產品的生產，穩定機械事業週期性榮枯的衝擊。消費性產品的銷售能夠持續擴張好幾年，因為可以利用公司做得十分成功的機械和軍需品事業部類似的研究方式。

「到了1952年，食品機械公司收購另外四家公司，改成四個（現在是五個）事業部。把軍需品部門加進去，合起來的銷售額略低於總銷售額的一半，如果只考慮正常的非國防事業，則略高於一半。收購之前和收購之後幾個年頭內，這些化學單位的變動很大。其中之一在某個快速成長的領域居龍頭老大地位，利潤率高，技術能力在業內無人能出其右。另一個單位則苦於廠房老舊、利潤率低、士氣差。所有的化學單位平均而言，和真正的化學業領導公司還差上一大截。有些化學單位生產中間產品，但不生產基本原物料。有些化學單位有很多低利潤原物料，但幾乎不從這些原物料生產利潤率較高的產品。

「從所有這些事實，金融圈做成若干相當肯定的結論。機械事業部——每年的內部成長率是9%到10%（和整體化學業相當），年復一年，展現他們有能力設計和銷售富有創意和商業上有價值的新產品，而且在各自的領域蓋了成本最低的工廠——是評價最高的投資對象。但在化學事業部有更高的整體利潤率和展現其他內在價值之前，很少人願意投資整家公司。

「在此同時，管理階層積極設法解決這個問題。他們做了什麼事？他們採取的第一個行動，是經由內部升遷和對外招募人才，建立高階管理團隊。新的團隊花錢把舊廠現代化、籌建新廠以及推動研究發展。如果完全不談正常情況下資本化的廠房支出，根本不可能在不提高目前費用水準的情況下，進行大規模的現代化和擴廠計畫。1955、1956、1957年異常的費用支出，並沒使那段期間的化學業務盈餘下降，頗令人稱奇。盈餘持穩的事實，強烈顯示過去所做的事有其價值。

「無論如何，如果專案計畫審慎規劃，則已經完成的工作帶來的累積效果，遲早會超過仍在花費的異常支出。如果1956年的研究支出沒有比1955年的水準高約50%，則早在1956年，這樣的事情或許不會發生。即令1955年，化學事業的這些研究支出也沒有遠低於業界的平均水準，機械事業的研究支出則遠高於大部分同業。雖然研究支出持續處於偏高的水準，1957年下半年，盈餘可望躍增。年中時，該公司設於西維吉尼亞州南查爾斯頓（South Charleston）的現代化氯製品工廠，本來預計上線生產，但是發生化學業常見的意外問題，幸好這家公司的其他現代化和擴張計畫多已完成，1958年第一季盈餘才會躍增。

　　「我猜想，在盈餘改善、化學事業利潤率成長，並持續上揚一段期間之前，機構投資人通常目光如豆，未能見及表面底下發生的事情，大多會遠離這支股票。要是真如我所想，1958和1959年情況明朗之後，這段期間某個時候，金融圈的看法會改變，體認到幾年前基本面已經開始改善的事實。到那時候，股票價格會上漲，部分原因是每股盈餘已經上升，但更重要的是投資人普遍重新評估這家公司的內在素質，使得本益比改變。股價可能持續上漲好幾年。」

　　我相信，過去兩年的紀錄強烈顯示上面的說法正確。投資人首次普遍體認到表面底下發生的事情，也許是在景氣近於蕭條的1958年。這一年，幾乎所有的化學和機械公司的獲利都大幅衰退，食品機械公司報告的每股盈餘卻達2.39美元，創歷史新高紀錄。前幾年，整體經濟景氣較好時，盈餘仍略低於1958年。人們認為，化學事業部門終於到了能與機械事業部門平起平坐的地步，不再是邊際投資，而是很理想的投資。寫下這段文字時，1959年全年的盈餘數字還沒發表，但已報告的頭九個月獲利比1958年同期激增，進一步確認化學事業部長期的組織結構調整努力，終於開花結果，而且收穫豐碩。同時，軍需品事業部的主要產品，從以前使用鋼鐵生產人員裝甲車和輕裝備兩棲坦克式車輛，轉為可以空投的鋁製產品，因此1959年的盈餘增幅顯得格外突出。就最近的過去或可預見的將來而言，軍需品事業部對1959年的總獲利沒有重大的貢獻，可是一個重要的獲利新高峰已經出現。

　　市場對所有這些事情有什麼樣的反應？1957年9月底，本

書第一版完成時，這支股票的價格是25 1/4美元。今天，股價升抵51美元，漲幅達102%。整個情況看起來，我在第一版所提，金融圈「體認到幾年前基本面已經開始改善的事實」一事，似乎開始應驗。

其他事情也證實這個趨勢，而且可能多加一把勁。1959年，麥格羅·希爾出版公司（McGraw-Hill Publications）採用一種新做法，決定每年給化學業一個傑出管理成就獎。為決定這個榮耀的第一年得主，他們選了十分有名和知識淵博的十位成員，組成一個小組。其中四人代表知名大學企業管理研究所，三人來自持有大量化學類股的大型投資機構，三人是著名化學業顧問公司的高階主管。廿二家公司獲得提名，十四家到場說明。這個管理成就獎沒有落到業內巨擘頭上；這些公司中，有幾家的管理階層極受華爾街推崇。相反的，食品機械公司的化學事業部獲此殊榮，而僅僅兩年前，大部分機構投資人還認為這家公司是相當不理想的投資對象，許多機構投資人後來仍這麼認為！

為什麼這種事情對長期投資人那麼重要？首先，不管整體工商業景氣趨勢如何，它能強烈保證這樣一家公司未來的盈餘會成長好幾年。消息靈通的化學業人士不會把業內這種獎項授給沒有研究部門，以繼續開發高價值新產品的公司，和能在獲有利潤的情況下生產這些產品的化學工程師。第二，這種獎項會在投資圈留下好印象。正如我在本書第一版針對這家公司做結時提到的，盈餘的上升趨勢對股價產生影響，加上每一塊錢的盈餘受市場重視的程度同樣與日俱增，再也沒有其他事情比

這件事對持股人更有利了。

除了推出新產品和複雜的工廠開始運轉出現問題，其他事情發生時，也有可能是買進傑出公司股票的大好良機。舉例來說，中西部一家電子公司以勞資關係十分融洽著稱，可是單單由於規模成長，公司就不得不調整對待員工的方式。很不幸的，個人相互影響下，導致勞資摩擦、怠工式的罷工、生產力低落，而這家公司不久前才因勞資關係良好和勞工生產力高而普受好評。該公司本來很少犯錯，偏偏在這個時候犯下錯誤，誤判某種新產品的市場潛力。結果盈餘急劇下挫，股價也一樣。

非常能幹和足智多謀的管理階層馬上擬定計畫，矯正這種狀況。雖然計畫幾個星期內就能做成，但付諸實施產生效果所需的時間，遠長於此。這些計畫的成果開始反映到盈餘上時，股價到達或可稱之為買點A的價位。但所有的利益充分實現在盈餘報表上，花了約一年半的時間。這段期間快結束時，第二次罷工發生。解決此事，是公司重振效率，恢復競爭力，最後一件該做的事。這次罷工沒有拖得很久。不過，短暫且損失不大的罷工發生，消息傳到金融圈，說該公司的勞資爭議愈演愈烈。雖然公司高階主管大量買進，股價還是下跌。可是價格沒有跌太久。從進出時機的觀點來說，這是另一個正確的買進機會，或可稱之為買點B。願意深入表層去觀察真正發生什麼事的人，能以便宜的價格，買到價格會上漲好幾年的股票。

我們來看看，投資人如在買點A或買點B買進這支股票，可望獲得多大的利潤。我不打算拿最低價格來計算；只要一張

每個月的高低價格表，就可看出在這兩個買點，股價曾跌到多低的價位。這是因為在最低點，換手的股票只有幾百股。投資人如能買到最低點，則運氣的成分居多。相反的，我要在一個例子中使用略高於最低點的價格，另一個例子中使用高於最低點數美元的價格。兩個價位都有數千股可買和換手。任何腳踏實地審情度勢的人，能夠輕易買到的價格，我才用來說明。

在買點A，這支股票僅僅幾個月內便從前一個高點下跌24％左右。約一年內，在這個價位買進的投資人，市值增加55％到60％間。接著罷工潮帶來買點B。股價回跌約20％。很奇怪，罷工結束後，它還處在那個價位數星期之久。這時，某大投資信託一位很聰明的員工向我說明，他覺得當時的情勢再好不過，也十拿九穩，曉得將發生什麼事。不過，他不會向公司的財務委員會推薦買進這支股票。他說，一些委員一定會向華爾街的朋友查證，不只駁回他的建議，還會指責他害他們挪出時間，注意一家管理懶散、勞資關係問題沒希望解決的公司！

幾個月後，我寫這段文字時，這支股票的價格已比買點B上漲50％，也就是比買點A漲了90％以上。更重要的是，這家公司的前景十分明亮，從每個角度看，未來幾年將有很高的成長率，一如異常且暫時性的不幸遭遇帶來買點A和B之前幾年的情況。在這兩個時點買進股票的人，都在正確的時機買到正確的公司。

簡言之，投資人應買進的公司，是在非常能幹的管理階層領導下做事的公司。他們所做的一些事情勢將失敗，其他一些

事情偶爾遭遇始料未及的問題，之後才否極泰來。投資人心裡應該十分清楚，曉得這些問題都屬暫時性質，不會永遠存在。接著，如果這些問題導致股價重跌，但可望在幾個月內解決問題，而非拖上好幾年，則考慮在這個時候買進股票可能相當安全。

並不是公司經營出問題才有買點。有些行業，如化學生產，需要投入大量的資金才能創造一美元的營業收入，有時會有另一種買進良機。這種情況的數學運算方式如下所述：一座新廠或好幾座工廠需要1,000萬美元才能蓋好。這些廠房全面運轉之後一兩年內，公司的工程師前往現場詳細檢討，建議再支出150萬美元。他們指出，總資本投資增加15％，工廠的產量將比以前的產能提高40％。

很明顯可以看出，由於這些廠房已獲有利潤，而且只要多花15％的資金成本，便能增加40％的產銷數量，同時一般性的間接費用幾乎沒有增加，額外40％產量的利潤率將很高。如果這項計畫的規模很大，足以影響公司整體的盈餘，則在獲利能力提升反映到市場價格之前不久，買進這家公司的股票，也一樣是在正確的時機買到正確的公司。

以上所舉例子有什麼共同點？那就是適合投資的公司，盈餘即將大幅改善，但盈餘增加的展望還沒有推升該公司的股票價格。我相信，這樣的情況出現時，適合投資的公司便處於合適的買點。相反的，如果這樣的事沒發生，只要買進的是出色的公司，長期而言投資人仍能獲利。不過這時最好多點耐性，

因爲需要較長的時間才能獲利，而且和原始投資金額比較，獲利率遠不如另一種情況。

這是不是表示一個人如果有點錢可以投資，一發現如第三章所定義的正確股票，以及如本章指出的好買點，則應完全忽視未來可能出現的景氣循環趨勢，把所有的錢投資下去？在他投資之後不久，經濟蕭條可能來襲。即使最好的股票，不巧碰到正常的景氣蕭條期，股票價格從高峰跌落40%到50%也相當常見。那麼，完全忽視景氣週期不是很冒險？

我覺得，投資人對這種風險可以泰然處之，因爲他在相當長的時期內，手中一堆持股都是精挑細選出來的。挑選得當的話，這些股票現在應已有相當大的資本利得。但現在，可能因爲他相信手上的某種證券應該賣出，或者由於某些新資金流進手中，有錢買新的股票。除非碰到十分罕見的年頭，也就是股市的投機性買氣熾熱，而且重大的經濟風暴訊號響個不停（如1928和1929年的情形），我相信這種投資人應該不理會整體景氣或股市趨勢的臆測之詞。反之，合適的買進機會一出現，就應投入適當的金額買進股票。

他不該去猜測整體景氣或股市可能往哪個方向走，而應有能力判斷他想買進的公司相對於整體景氣會有什麼樣的表現，同時，判斷錯誤的機率很低。這一來，一起步他便占了兩項優勢。首先，他把賭注放在他十分肯定的事情上，不是放在只憑猜測的事情上。此外，根據定義，他只買基於某種理由，中短期獲利能力將大幅提高的公司，所以得到第二股支撐力量。如

果景氣狀況持續良好，則新現的獲利能力終於為市場肯定時，他持有的股票會漲得比一般股票多；萬一不幸在大盤下跌之前不久買進股票，則同樣新現的盈餘，應能阻止所買股票跌得和同類其他股票一樣重。

但是許多投資人的處境都不快樂，因為手中持股不是在精挑細選的情況下，以低於目前的價格買得十分安心。或許這是他們第一次有錢投資。或許他們的投資組合中有債券和相當靜態的非成長型股票，但願歷經波折，將來終能轉換成賺到更多錢的股票。如果這類投資人有了新資金，或在長期的景氣榮面和股價上漲多年之後，想要轉為投資成長股，他們可以忽視景氣可能蕭條的風險？要是後來他發現全部或大部分的資金套牢在長期漲勢的高點，或在大跌之前不久買進，一定難展歡顏。

這真的會製造問題。但是解決這個問題的方法，不是特別困難——和股市有關的其他很多事情一樣，只需多點耐心便可以解決。我相信，這類投資人一發覺自己確實找到一或多支合適的普通股，就應開始買進。不過，買進之後，進一步加碼的時機應慎思。他們應做好計畫，幾年之後，才把最後一部分可用的資金投資下去。這麼做，萬一這段期間內市場重挫，他們仍有購買能力，可以掌握跌勢，趁機買進。如果股價沒有下跌，而且早先買進的股票選得很適當，則至少手中有一些漲幅不錯的股票。這麼做有緩衝作用，要是在他們處境最糟的時候——也就是在最後一部分資金完全投資下去之後——股價碰巧重跌，則早先買進的股票的漲幅，即使不能完全抵消新買股票的跌幅，也應能抵消一大部分。這麼一來，原始投資資金不致嚴

重耗損。

投資紀錄尚難滿意的投資人，以及有足夠資金可以再買進的投資人應該這麼做，理由同樣重要。這類投資人用光所有資金之前，有機會以務實的作風，展現他們或他們的顧問擅長於運用各種投資技巧，以合理的效率運作。要是沒取得這樣的紀錄，則至少在投資人獲得警訊，修改他的投資技巧，或者找到別人替他處理這些事情之前，所有的資產不致一頭栽入。

所有類型的普通股投資人可能應該謹記一件事。目前金融圈一直憂慮，而且念茲在茲的是景氣下挫有使正確的投資行動化為烏有之虞。這件事是廿世紀中葉的此刻，景氣現狀只是至少五股強大力量中的一股。所有這些力量，不是影響群眾心理，便是透過經濟體系的直接運作，可以對整體股價水準產生極強的影響。

另外四股影響力量是利率趨勢、政府對投資和私人企業的整體態度、通貨膨脹的長期趨勢，以及——可能是所有力量中最強的一種——新發明和新技術影響舊行業。這些力量很少在同一時間把股價拉往同一個方向，而且沒有任何一股力量的重要性必然長期遠高於其他任何一股力量。這些影響力量十分複雜和多樣化，乍看之下風險最高的做法反而最安全：確定某家公司值得投資時，放手去投資便是。因為推測而產生的恐懼或希望，或者起於揣測而獲得的結論，不應令你卻步。

第六章
何時賣出

以及何時不要賣出

投資人決定賣出普通股，有許多好理由。他可能要蓋棟新房子，或籌錢供孩子創業。從享受生活的觀點來說，類似的理由不勝枚舉，賣出普通股合情合理。在這些情況下賣出持股，動機出於私人因素，和財務上的考量無關，超出本書的範疇，不予討論。本書只談因為單一目標——從可用的投資資金中獲得最大的利益——而出售股票的情形。

我相信有三個理由，而且只有三個理由，才會出售根據前面討論過的投資原則，精挑細選買進的普通股。對任何人來說，第一個理由很明顯，就是原始買進動作犯下錯誤，而且情況愈來愈清楚，某特定公司的實際狀況顯著不如原先所想那麼美好。這種情況要妥善處理，主要得靠情緒上的自制。在某種程度內，也要看投資人能不能坦誠面對自己。

普通股的投資有兩個重要特性，一是妥善處理能帶來厚利，二是要能妥善處理，必須有高超的技能、知識和判斷力。由於獲取這些近乎夢幻般利潤的過程相當複雜，所以買進股票

難免犯下若干比率的錯誤。幸好，真正出色的普通股，長期利潤應足以彌補正常比率的錯誤造成的損失仍有餘。它們也應會留下很大的漲幅。如果儘早認清和接受所犯的錯誤，尤其如此。能夠這麼做，如有任何損失，應會遠低於買進錯誤的股票之後，長期抱牢產生的損失。更重要的是，套牢在不利狀況中的資金，可以釋放出來，用於購買其他精挑細選的好股，而帶來相當大的利得。

不過，有個複雜的因素，使得投資錯誤的處理更為棘手。這事和我們每個人的自尊心有關。沒有一個人喜歡自承犯錯。如果我們買進股票犯下錯誤，但賣出時能獲得些許利潤，就不會覺得自己當初做得很蠢。相反的，賣出時如發生小損失，我們對整件事會覺得相當不高興。這種反應十分自然和正常，卻可能很危險，會讓我們在整個投資過程中放任自我。投資人死抱很不想要的股票，寄望有一天能夠「至少打平」，因此損失的金錢，可能多於其他任何單一的理由。除了這部分實際上的損失，如果考慮發生錯誤時能夠當機立斷，認賠賣出，釋出資金，轉投資於合適的股票，並獲有利潤，則放縱自我的成本很高。

此外，連小損失也不願認賠賣出的行為，雖自然卻不合理性。如果投資普通股的真正目標，是幾年內賺數倍的利潤，則20%的損失和5%的利潤，兩者間的差距便微不足道。重要的不是損失會不會偶爾發生，而是可觀的利潤是不是經常沒有實現，使得投資人或他的顧問的投資理財能力備受質疑。

　　雖然損失不應導致投資人強烈自責或情緒失控，但也不應淡然處之。投資發生虧損，應仔細檢討，好從每個錯誤中學得教訓。導致買進普通股判斷錯誤的特定因素，如能徹底瞭解，就不可能因為誤判相同的投資因素，再犯另一次的買進錯誤。

　　現在來談根據第二章和第三章所說的投資原則買進的普通股，應該賣出的第二個理由。如果隨著時間的流逝，一家公司發生變化，符合第三章所述十五要點的程度，不再和當初買進時相近，就應賣出它的股票。投資人必須一直提高警覺的道理便在這裡。這可以說明為什麼持有某家公司的股票時，時時密切注意該公司相關事情的發展，十分要緊。

　　一家公司經營每下愈況，通常出於兩種原因：不是管理階層退步，就是該公司的產品不再像以前那樣，市場可望逐漸擴大。有些時候，管理階層退步，是因為經營成功影響了居於關鍵地位的一位或數位高階主管。耽於逸樂、洋洋自得和怠惰鬆懈，取代了以前的幹勁和才氣。新的高階主管班底不能向以前的管理階層的績效標準看齊時，常發生這樣的事。以前讓公司經營十分出色的政策，他們不再奉行，或者沒有能力持續執行。這些事情一發生，則不管股市大盤看起來多好，或資本利得稅多高，都應立即賣出受影響的股票。

　　同樣的，有些時候，多年來公司成長驚人之後，終於到達某個階段，市場成長展望耗竭。此後，它只能做得和整體業界差不多一樣好，成長率只能和全國的經濟成長率不相上下。這種變化可能不是源於管理階層退化。很多管理階層擅長於開發

相關或相近的產品，掌握利用各有關領域的成長機會。不過他們很清楚，踏進不相干的業務範疇，根本沒有任何特殊優勢。因此，如果一公司多年來在年輕的成長性行業中表現突出，但由於時移勢轉，市場成長潛力耗竭殆盡，股票和我們常提的十五要點標準嚴重脫節時，便應該賣出。

這種情況和管理階層退步比較，賣出動作或許可以不必那麼急迫。也許一部分持股可以保留到找著更合適的投資對象再脫手。但是無論如何，這家公司都不應再被視為理想的投資對象。至於資本利得稅，不管金額多高，很少應成為換股的障礙，因為換股之後，未來幾年的成長狀況，可能和被換掉的股票以前的表現一樣好。

談到未來會不會進一步成長的問題時，有個好方法，可用以檢定一公司是否不再適合投資。投資人不妨問自己：下一次景氣週期的高峰到來時，不管這之前可能發生什麼事，這家公司的每股盈餘（必須考慮股利和股票分割，但不考慮發行新股以籌措額外的資金）和目前的水準比較，增幅是不是至少和上次已知的景氣高峰期到目前水準的增幅一樣大？如果答案是肯定的，也許這支股票應抱牢不放。如果答案為否定，或許應該賣出。

當初如依照正確的原則買進股票，則賣出股票的第三個理由很少出現，而且只應在投資人十分有把握的情況下，才能有所行動。這個理由起於一項事實，也就是大好投資良機千載難逢。從進出時機的觀點來說，它們很少在剛好有資金可以投資

時找到。如果投資人有一筆錢能夠投資相當長的時間，並且找到難得一見的好股，可以投入資金，那麼他很有可能把一部分資金或全部資金，投入他相信成長前景美好、管理良善的公司。不過這家公司的平均年成長率，和後來發現，看起來更有吸引力的另一家公司預期中的成長率比較，相形失色。在其他一些重要層面上，已經持有股票的那家公司，看起來也望塵莫及。

如果證據很明顯，而且投資人對自己的判斷相當有把握，則換股買進遠景似乎更美好的股票，即使扣除資本利得稅，投資人所獲利潤可能仍然很可觀。一公司長期內平均每年成長12%，對持股人的財富應該很有幫助。但是這種成果和平均每年增值20%的公司比起來，值得不怕麻煩換股操作，也不必擔心資本利得稅的問題。

但是，隨時準備賣出某支普通股，希望把資金轉入更好的股票的做法，有待商榷。整幅畫面中，某些重要因素遭誤判的風險永遠存在。萬一發生這樣的事，換股操作可能不如原先預期那麼好。相反的，機敏的投資人如果抱牢某支股票一段時間，通常會知道它比較討人厭的特質和比較令人喜愛的特質。所以說，賣出相當令人滿意的持股，轉進更好的股票之前，有必要十分小心謹慎，設法準確評估整個情勢中的所有因素。

走筆至此，聰明的讀者可能已看出一個基本的投資原則。大體而言，似乎只有少數成功的投資人才瞭解這個原則：一旦某支股票審慎挑選出來，而且歷經時間的考驗，則很難找到理由去賣它。可是金融圈仍不斷提出建議和評論，列舉賣出優異

普通股的其他種種理由。這些理由站得住腳嗎？

　　最常見的理由，是相信整體股市某種幅度的跌勢呼之欲出。前面一章，我曾說過，由於擔心大盤可能如何而延後買進值得投資的股票，長期而言，是損失慘重的做法，因為投資人忽視了他相當肯定的強大影響力量，反而擔心沒那麼強的力量。但以目前人類的知識而言，他和其他每一個人對於後者，大致上只能依賴猜測。買進值得投資的普通股時，不應因為憂慮普通的空頭市場來襲，而受到過度影響，如果這個論點有理，則不應因為這種憂慮而出售優異股票的論點，更有道理。前一章提到的所有論點，同樣適用於此。此外，考慮資本利得稅的因素之後，投資人賣出這樣的股票賣得正確的機率，更為減弱。出色股票持有好幾年，應該會有很大的利潤，資本利得稅將使出售持股的成本更顯沈重。

　　還有另一個損失更大的理由，可以說明為什麼投資人絕對不要因為憂慮普通的空頭市場可能來襲，而脫售出色的股票。如果所選的股票的確是好股，那麼下一次多頭市場來臨時，應會看到這支股票創下的新高價，遠高於迄今締造的最高價。投資人如何曉得何時應買回股票？理論上，應在即將出現的跌勢之後買回。但是這無異於事先假定投資人知道跌勢何時結束。我看過很多投資人，因為憂慮空頭市場將來，而脫售未來幾年將有龐大漲幅的持股。結果，空頭市場往往未現身，股市一路扶搖直上。空頭市場果真來臨時，我從沒看過買回相同股票的投資人，能在當初的賣價以下買得。通常股價實際上沒跌那麼多，他卻還在苦苦等候股價跌得更深，或者，股價的確一路下

挫，他們卻因憂慮別的事情發生，一直沒有買回。

這又帶領我們到另一種常見的推理方式，使得善良但涉世未深的投資人錯失未來龐大的利潤。這個論點是，某支出色的股票價格漲得過高，因此應該賣出。還有什麼比這種說法更有道理？要是一支股票的價格過高，為何不賣出，而要死抱不放？

倉促做成結論之前，我們稍微深入表層探討這種說法對不對。價格到底多高才算過高？我們到底想要什麼？任何真正出色的股票，本益比（價格相對於當期盈餘的比率）會比獲利能力穩定但未見提升的股票高，而且理應如此。畢竟，要參與分享企業持續成長的利益，顯然值得多付出一些。我們說某支股票的價格過高時，意思可能是指它的售價相對於預估獲利能力的比率，高於我們相信應有的水準。或許我們的意思是，它的本益比高於前景類似的其他公司；這些公司未來的盈餘也有可能大幅提高。

這些說法，都試圖以很高的準確度衡量某些東西，但實際上我們不可能辦到。投資人沒辦法準確地指出某家公司兩年後的每股盈餘將有多少。他頂多只能用一般性和非數學式的語彙，判斷這種事情，如「大致相同」、「略微上升」、「上升很多」、「大幅上升」。其實，公司高階管理人員也沒辦法做得比他們好很多。要判斷幾年後平均盈餘有沒有可能大幅上升，他們和投資人的能力相當接近。但到底增加多少，或者到底哪一年會有這種增幅，通常必須猜測很多變數，根本不可能預測得很準確。

在這些情況下，一個人怎能判斷成長異常迅速的傑出公司股價過高？不要說他無法預測得很準，連勉強可以接受的準確度也難以達到。假設某支股票現在的價格不是常見的盈餘的廿五倍，而是盈餘的卅五倍。或許這家公司近期內將有新產品推出，但金融圈還沒能瞭解新產品真正的經濟價值。或許根本沒有任何這樣的產品。如果成長率很高，再等個十年，這家公司的規模將成長為四倍，則目前的股價可能高估35%，或者不可能高估35%，有那麼叫人提心吊膽嗎？真正要緊的是，未來價值將很高的部位，不要隨便攪動。

我們的老朋友資本利得稅再次在這個結論中插上一腳。成長股被人認為價格過高而建議賣出，則於出售時，持有人幾乎都必須繳納很高的資本利得稅。因此，除了冒險永遠失去一家公司的部位，沒辦法在未來好幾年繼續分享很高的成長率，我們還必須承擔可觀的稅負。下定決心相信那支股票的價格可能暫時漲過頭，不是比較安全和省錢嗎？投資那支股票，我們已有可觀的利潤。假使股價有一陣子跌得比目前的市價低35%，真的有那麼嚴重嗎？同樣的，保住部位不是比暫時失去一小部分資本利得的可能性重要嗎？

投資人有時還用另一種論點，而與本該上門的利潤錯失交臂。這個論點是所有不當看法中最荒謬的一個。他們認為，手中持股已有很大的漲幅。因此，單單因為股價已經上漲，大部分的上漲潛力可能已經耗盡，所以應該賣出，轉而買進還沒上漲的其他股票。我相信，投資人只應購買傑出的公司，而傑出的公司股票根本不會以這種方式運作。它們的運作方式，用下

述假設性的例子，或許說明起來最清楚明白：

設想你大學畢業那一天。如果你沒上大學，則不妨想成高中畢業那一天。就我們舉例說明的目的而言，大學或高中畢業都無關緊要。這一天，班上每位男同學亟需馬上用錢，每個人都向你提出相同的交易方式。如果你肯給他們一筆錢，金額相當於他們開始工作後十二個月內總收入的十倍，則在他們的餘生，每年收入的四分之一會交給你！最後我們假設，雖然你認為這種交易方式很棒，但你手上的錢只夠和三位同學達成交易。

這時，你的推理過程會很像投資人運用良好的投資原則選擇普通股。你會馬上開始分析你的同學，但不看他們與人相處多融洽，或者多有才氣，只看他們可能賺多少錢。如果班上同學很多，可能有相當多人一開始便被剔除，因為你對他們認識不夠清楚，沒辦法判斷他們的賺錢能力將有多高明。同樣的，這種比擬和運用智慧買進普通股很接近。

最後，你會選出三位同學和他們達成交易，因為你覺得他們未來的賺錢能力最強。十年過去了，三位同學中有一位表現十分突出。他在一家大公司工作，一再獲得擢升。公司內部已有傳聞，說總裁屬意於他，再等個十年，很有可能接任總裁的寶座。到時，這個職位將帶來很高的薪酬、認股權、養老福利給付。

這種情況下，一向建議人們賣出「漲過頭」的超級好股，獲利了結、落袋為安的股市報導作者，看到別人同意給你六倍

於原始投資金額的價碼，買你和同學的合約，會怎麼說？如有人建議你賣出這份合約，轉而和另一位同學締約，而他的年收入仍和十年前剛踏出校門時大致相同，你一定覺得，提出這種建議的人該去做腦部檢查。（財務上）成功的同學收入已經增加，而不成功的同學未來增加的空間仍大，這樣的說法可能相當愚蠢。如果你對自己的普通股認識一樣清楚，則我們常聽到賣出好股的許多論點，也一樣愚蠢。

你可能認為，這些話聽起來的確有道理，但畢竟同學不是普通股。沒錯，兩者間有一個很大的不同點，但這個不同點只能強化，而非減弱絕對不要因為價格漲幅已大，而且可能暫時過高，而賣出優異普通股的理由。這個不同點在於同學的壽命有限，可上馬上死亡，而且最後難免一死。普通股則沒有類似的壽齡限制。發行普通股的公司，可以甄選優秀的管理人才，訓練這些人才瞭解公司的政策、方法和技術，以保留和傳承公司的活力好幾個世代之久。杜邦這家公司已經邁進第二個世紀。道氏公司在才華洋溢的創辦人去世多年，依然屹立不搖。目前這個時代，人的欲望無窮，市場潛力驚人，企業的成長毫無限制，不像人有一定的天年。

本章背後的想法或許可以歸納成一句話：如果當初買進普通股時，事情做得很正確，則賣出時機是——幾乎永遠不會來到。

第七章
股利雜音

關於普通股的投資，在許多層面上，有不少牽強附會的想法和普遍接受的似是而非的說法，但每次談到股利的重要性，一般投資人混淆得更為嚴重。

這種混淆和似是而非的說法，甚至蔓延到平常和股利有關的各種習慣性遣詞用字上。有家公司一向不發放股利，或者發放很低的股利，後來總裁要求董事會開始大幅發放股利。該公司這麼做了。談到這件事時，總裁或董事會常說，現在該為持股人「做些事情」了。他們的看法是，不支付或不提高股利，等於沒為股東做什麼事。或許這種說法正確。但不是單單因為沒在股利的發放上採取行動，就沒替股東做什麼事。盈餘不以股利的形式發放，而用在建造新廠房、推出新產品線，或在老廠房裝設大幅節省成本的設備，管理階層為股東創造的利益，還是有可能遠高於從盈餘中提撥股利。投資人不管未發放股利的盈餘用途為何，只要股利率能夠增加，都視之為「受歡迎的」股利行動。基於更重要的原因，而減少發放股利或不發放股利，幾乎總是被投資人看成「不受歡迎的」行動。

投資大眾常把股利一事搞混，有個主要的原因，就是每次盈餘沒有發放給股東，而保留在企業中時，股東獲得的利益差

異很大。有些時候，保留盈餘對他毫無好處。有些時候，得到
的好處是負值。如果盈餘沒有保留下來，他的持股價值會下降。
但是保留盈餘感覺上無法提高他的持股價值，因此看起來對他
沒有好處。最後，持股人從保留盈餘受益匪淺的很多例子中，
同一公司不同類別的股東所得利益殊不一致，令投資人更為混
淆。換句話說，每次盈餘未以股利的形式發放時，應檢討這種
行動的用意，瞭解到底發生了什麼事。在這裡，稍微深入表層
去觀察，並詳細討論其中一些差異，可能有所幫助。

　　持股人何時無法從保留盈餘獲得好處？一種情形是管理階
層累積的現金和流動資產，遠超過目前和未來經營所需。管理
階層這麼做，可能沒有不良的動機。有些高階主管因為不必要
的流動性準備穩定增加，而產生信心和安全感。他們似乎不瞭
解自己的安全感，是建立在沒有給予股東財富上；股東應該有
權利以他認為合適的方式，運用這筆財富。今天的稅法傾向於
抑制這種罪惡，因此即使仍然發生，已不像以前那麼嚴重。

　　還有另一種更嚴重的狀況：盈餘保留在企業中，但持股人
往往沒有得到重大的利益。由於管理階層的素質有欠理想，留
在企業中的資金獲得的報酬率低於正常水準，保留盈餘只好用
於擴張欠缺效率的營運活動，而不是設法改善營運活動，便會
發生這樣的事。通常管理階層遲早會建立起更大但無效率的領
域，而且成功地給自己提高薪水，理由是他們做的事情多於以
往。結果，持股人最後得到的利潤微乎其微，或者根本沒有利
潤。

按照本書所說觀念去做的投資人，不可能受到這些情況影響。他會買進股票，是因為那些股票十分出色，不是只因它們很便宜。一家企業的營運活動欠缺效率，而且管理階層的素質低於標準，就沒辦法符合我們所說的十五要點。在此同時，符合前述要點的管理階層，幾乎肯定會為多餘現金尋找出路，不是只顧著累聚現金。

保留盈餘為企業亟需，為什麼有可能無法提高股東的持股價值？原因有二。其一是經常性或大眾的需求改變，迫使每一家競爭公司非得花錢在某些資產上不可，但這些資產沒辦法提高業務量，可是不花這些錢，生意卻可能流失。零售店裝設昂貴的空調系統，便是典型的例子。每一家相互競爭的商店都裝了這種設備之後，淨營業收入不會增加，但如某家商店不向競爭對手看齊，沒裝空調系統，可能發現炎熱的夏日裡門可羅雀。基於某些奇怪的理由，我們公認的會計制度和稅法，根本不區分這種「資產」和真能提高業務價值的資產，所以股東往往覺得受到不公平待遇，因為盈餘沒有轉移到他們手中，而且看不出保留在企業中的盈餘，使他的持股價值增加。

保留盈餘未能促使利潤提高，另一個更重要的原因，起於公認會計方法更嚴重的缺陷。處在我們這個貨幣購買力變動既快且巨的世界中，標準的會計處理方式卻似乎視貨幣價值為固定不變。會計師說，會計處理本來就是要做這種事。這種說法很有可能是對的，但假使資產負債表和上面所說資產的實質價值有任何關係，則因此產生的混淆，似乎和工程師、科學家只用兩度空間的平面幾何，在我們的三度空間世界做運算一樣。

　　現有的資產不再具有經濟實用價值時，折舊攤提額理論上應足以置換現有的資產。把折舊率仔細計算出來，而且資產的重置成本在它的可用壽期內保持不變，就會有這樣的事。但由於成本節節上升，總累積折舊額很少足以置換過時的資產。因此，如果公司希望繼續擁有以前擁有的東西，就必須從盈餘中多保留一些資金，補足其間的差額。

　　這類事情雖然影響所有的投資人，但對成長公司持股人的影響，通常低於其他任何類別的投資人。這是因為購買新資本資產（有別於僅僅置換現有和即將淘汰的資產）的速度通常很快，有比較多的折舊屬於最近購置的資產，而這些資產比較接近目前的價值。折舊攤提額中，屬於幾年前購置的資產比率較低；它們的成本遠低於今日。

　　詳述用於建置新廠和推出新產品的保留盈餘，在哪些地方對投資人有巨大的利益，未免有重複之嫌，但是某類投資人相對於另一類投資人獲益多少，則有仔細探討的價值，理由有二。整個金融圈老是誤解這件事。正確瞭解這件事，便能輕而易舉評估股利的實質意義。

　　我們假想一個例子，用以探討人們對誰從股利中獲益最多的一些錯誤觀念。管理良好的XYZ公司過去幾年的盈餘穩定成長，股利率維持相同。四年前，它拿出盈餘的50%發放股利，四年來，獲利提高不少，現在支付相同的股利，只需動用今年盈餘的25%。有些董事要求提高股利。其他一些董事則指出，公司從來不曾見過那麼多大好機會，可以拿保留盈餘去投資。

他們進一步表示，只有維持原來的股利率，而非提高，才可能好好把握所有美好的機會。只有這麼做，公司才能取得最高的成長率。到底應該怎麼做，雙方爆發激烈的爭辯。

這個時候，一定有位董事講出金融圈最常見的似是而非論調：XYZ公司不提高股利，就是犧牲小股東，圖利大股東。這句話背後的理論是，大股東的稅率級距理當較高，繳納稅款之後，餘款占股利的百分率會遠低於小股東。因此，大股東不喜歡提高股利，但小股東很希望股利增加。

事實上，XYZ公司的某些個人於股利提高後比較有利，還是應該留下更多資金以挹注未來的成長，和他的所得多寡不太有關係。這事取決於每位股東是不是會挪出部分所得，增加投資。所得稅率級距較低的數百萬持股人，每年都會挪出一些錢，不管多少，以增加投資。如果他們這麼做，而且如果必須繳稅（情形很可能如此），那麼用小學算術算得出來，運用公司的保留盈餘，可以掌握所有美好的機會時，董事會提高股利反而有損他們的利益。相對的，股利提高可能對某位大股東有利，因為他急著用錢；稅率級距高的人，也難免有急需。

現在來說明何以如此。任何人只要有足夠的多餘資金投資普通股，所得幾乎肯定相當高，至少必須按最低的所得稅率納稅。因此，個人股利免稅額50美元扣除後，即使持股最低的投資人，也必須就其他股利所得繳納最低20%的稅率。此外，買進股票必須付給經紀商手續費。由於零股收取的費率較高，以及有最低手續費規定等不利因素，小額買進時，這些成本所占

比率，遠比大量買進時高。這一來，可用於再投資的實際資金，會遠低於所領股利的80%。如果持股人適用的稅率級距較高，股利增加部分可用於再投資的百分率會減低。

當然了，有些特殊股東類別，如大學和養老基金，不必繳納所得稅。也有一些個人，股利所得低於50美元的免稅額，但是這些持股人的總股數很低。對這些特殊持股人而言，上面所說的情況有點不一樣。至於絕大多數持股人，不管持股多寡，都沒辦法避免股利必須繳稅的基本事實。如果他們的所得都儲蓄下來，而非花掉，同時資金能用於投資正確的普通股，則所投資企業的管理階層把增加的盈餘拿去再投資，而不是提高發放股利，對他們比較有利。

股東獲得的好處——資金百分之百留在公司為他們效力，而不是領得股利，繳交所得稅和經紀商的各項費用之後，大打折扣——不限於此。選到正確的普通股，不是簡單容易的事。如果公司認為增加發放股利為好事，則投資人當初選股時一定做得很聰明。所以說，請這批優秀的管理人員運用保留下來的額外盈餘，另做其他投資，風險比較低，以免自己必須再冒犯下嚴重錯誤的風險，另尋同樣突出的新投資對象。考慮要保留或發放盈餘增加部分的公司愈是優秀，這個因素愈重要。連不用繳納所得稅和沒有把全部所得花掉的持股人也發現，公司保留資金以掌握值得投資的新機會，對他們帶來的利益，不亞於必須繳納所得稅的持股人獲得的利益。

根據以上所說，股利的真正意義開始浮現。對那些希望善

用資金以獲得最大利益的人來說，股利不像金融圈很多人所說的那麼重要。不管是買進機構型成長股的保守型投資人，或是願意而且有能力冒更高風險以獲得更高報酬的人，情況都是如此。有時人們會說，高股利報酬率是種安全因子。這種說法背後的理論是，高收益股票已提供高於平均水準的報酬，所以價格不可能過高，也不可能跌很多。沒有什麼事情能悖離真理。關於這個主題，我看過的每一份研究報告都指出，發放高股利的股票中，價格表現差勁的數目，遠多於發放低股利的股票價格表現差勁者。本來相當優秀的管理階層，如果選擇增加發放股利，不把增加的盈餘再投資於企業中，而犧牲美好的機會，就像農場管理人急著把能夠賣掉的肥壯牲畜送到市場，不肯繼續養到能賣到最高價的時候。

前面所談是提高股利的公司，不是針對配發任何股利水準的公司。我曉得，偶爾有些投資人不需要任何所得，但幾乎所有的人都偶爾有需要。傑出的公司碰到大好成長良機時，很少見到管理階層沒辦法在發放若干股利之後，仍有能力——保留其餘的盈餘，以及透過發行優先證券籌措資金——取得足夠的現金，以把握美好的成長機會。每位投資人都必須決定，相對於本身的需求，有多少資金能投入成長很高，但未發放股利的公司。但最重要的是，所買的股票，不能只強調發放股利，以致於限制了成長實現的機會。

這件事帶領我們觸及可能最重要，但很少人討論的股利層面。這是規律性或可靠性的問題。聰明的投資人必須自己做好計畫。他會往前看，觀察自己有沒有能力拿所得資金去做什麼

事。他或許不在意所得會不會馬上增加，但希望獲得保障，確保所得不致減少，並因此出乎意料擾亂他的計畫。此外，他必須自己做成決定，在會把大部分或全部盈餘再投資的公司，以及成長不錯，但速度較慢，盈餘再投資比率較低的公司間，有所選擇。

由於這些理由，股東關係政策訂得高明，而且因為這種政策以致股價本益比偏高的公司，思考方向通常能避免把財務人員和財務副總裁搞得昏頭轉向。他們訂好股利政策之後，就不會改變。他們會讓股東知道這個政策。他們可能大幅調整股利，但很少調整政策。

這個政策是以盈餘應保留多少比率，才能獲得最高的成長率為基礎。較年輕和成長迅速的公司，可能很多年都不發放股利。接著，當資產折舊回流金額較高時，盈餘中的25%到40%會發放給股東。歷史較悠久的公司，股利配發比率因不同的公司而異。但是上述兩個例子都不以大致相同的比率左右實際發放的金額。因此，每一年的股利金額都和前一年不同。這正是股東所不樂見，因為如此一來，他們很難做長期規畫。他們希望能大致依某個比率訂定一個固定數字，並且定期發放——每季、半年或一年一次。隨著盈餘成長，配發金額有時會提高到以前的比率。但是只有在下述情況才這麼做：（a）有足夠的資金，可以善用管理階層發現到的所有美好的成長機會，以及（b）考慮了將來景氣轉差的所有合理可能性，或者其他成長機會出現之後，仍有充分的理由相信這種新的定期性股利率可以維持下去。

　　管理階層如堅持應以十分審慎的態度提高股利，而且只在很有可能繼續維持下去的時候，才提高股利，這樣的股利政策，最受有眼光的投資人激賞。同樣的，只有在最糟的緊急情況中，才能降低股利。很多企業財務主管同意偶爾一次大幅提高股利，這種做法很叫人驚訝。這種出乎意料加發股利的行動，幾乎未能對股票市價產生永久性的影響，他們還是執意這麼做——由此應可看出，這種政策和大部分長期投資人的願望背道而馳。

　　不管股利政策訂得聰明還是愚蠢，只要公司始終如一維持原來的政策，通常遲早能引來一群喜歡那種政策的投資人。許多投資人仍然喜歡高報酬率，不管這種政策是否對自己最有利。有些人喜歡低報酬率，有些人則喜歡不發股利。有些人喜歡很低的報酬率，加上每年定期少量發給一些股票股利。有些人不喜歡股票股利，只喜歡低報酬率。如果管理階層依照自己的自然需求，選定某種政策，通常會吸引到一群股東，喜歡並期望這種政策維續下去。聰明的管理階層如希望公司的股票營造出投資聲望，則會尊重投資人期望政策持續下去的心聲。

　　訂定股利政策和餐館經營政策很像。優秀的餐館業業主有可能以高價政策把餐館經營得很好，也有可能以最低廉的價格供應最美味的菜色，把餐館經營得有聲有色。不管是賣匈牙利菜、中國菜、義大利菜，他都有可能經營得很成功。每一種菜都有可能引來一批顧客群。顧客上門之際，總是期望吃到某種菜色。不過，即使他的才能很強，要是某天賣昂貴的菜，隔日出便宜的菜，後來在沒有預警的情況下，又賣外國菜，便很難

建立顧客群。一家公司的股利政策如變動個不停，也很難吸引到長久的股東群。它的股票不是最好的長期投資對象。

只要股利政策始終如一，投資人便能在獲有若干保障的情況下規劃未來。整個投資過程中，股利一事便沒有那麼重要，不必費盡唇舌探討各種股利政策的相對好壞。金融圈內一定有很多人不贊成這種看法，但他們沒辦法解釋為什麼不少股票展望未來，只能提供低於平均水準的收益，持股人卻大嚐甜頭。前面已經提過幾支這樣的股票，洛姆哈斯（Rohm-Haas）是另一家典型的公司。這支股票1949年首次公開上市，一群投資銀行家大量買下外國財產託管（Alien Property Custodian）持有的股票，並公開轉售。公開上市價格是41.25美元，現金股利只有1.00美元，但另有股票股利。許多投資人覺得，由於收益低，這支股票不是理想的保守型投資對象。但是這一天以後，該公司繼續配發股票股利，並經常每隔一段時間就提高現金股利，但收益仍然很低，而且股價遠高於400美元。1949到1955年，洛姆哈斯公司原來的持股人每年領得4%的股票股利，1956年是3%，因此資本利得高於十倍。

其實，想要挑到出色股票的人，對股利一事的關心，應降到最低，不要花太多心思。股利這件人們討論甚多的問題，最奇特的地方，或許在於最少去煩惱它的人，最後卻得到最高的股利報酬。這裡值得再說一次：五到十年的一段期間內，最高的股利不是來自高收益股票，而是來自收益相當低的股票。能力突出的管理階層經營的事業獲利可觀，雖然繼續實施原來的政策，只從當期盈餘配發低比率的股利，股利金額卻比高收益

股票愈來愈高。這種合理和自然的趨勢將來爲什麼不能持續下去？

第八章
投資人五不原則

1. 不買處於創業階段的公司。

投資成功的準要訣,是找到正在開發新產品和製程,或者正在開拓新市場的公司。剛創立或即將起步的公司,往往試著做這些事。許多這類公司成立的目的,是開發多彩多姿的新發明。很多公司創立,是為了參與成長潛力雄厚的行業,如電子業。另一大群新公司,則為了開採礦物或其他天然財富——這個領域的成功果實可能十分甜美。由於這些理由,營運尚未獲利的年輕公司,乍看之下似乎具有投資價值。

還有一種論調往往能夠提高投資人的興趣:現在就買進首次公開上市股,才有機會「進入一樓」。某家經營成功的公司,目前股票首次公開上市的本益比只有幾倍,因此,為什麼要坐等別人把錢賺走?相反的,為什麼不用尋找出色老公司同樣的研究和判斷方法,去尋找正在推銷股票的傑出新企業?

從投資的觀點而言,我相信,有個基本問題,使得尚未商業營運至少兩三年以及一年獲有營業利潤的公司,和根基穩固的老公司——即使是規模很小的公司,年營業額不超過100萬美元——分屬完全不同的類別。就老公司而言,經營事業所有

的主要職能都已在運作。投資人能夠觀察這家公司的生產、銷售、成本會計作業程序、管理團隊的運作情形，以及營運上其他所有的層面。或許更重要的是，他能取得其他高明觀察者的意見，因為他們定期觀察該公司一些或全部的相對優點或缺點。相對的，一家公司如仍處於創業階段，投資人或其他任何人只能看它的運作藍圖，並猜測它可能出現什麼問題，或可能擁有什麼優點。這事做起來困難得多，做出錯誤結論的機率也高出許多。

事實上，不管投資人的能力多強，這事做起來極其困難。和判斷對象限於老公司相比，從創業階段的公司中挑選理想投資目標的「安打率」很低。年輕創業公司往往由一兩個人主導，他們在若干經營事務上才華洋溢，但欠缺其他同樣不可或缺的才幹。他們可能是卓越的推銷員，但缺乏其他經營能力。他們有可能是發明家或生產高手，卻完全不知道即使最好的產品也需要高明的行銷技巧搭配。投資人很少能夠說服這些人，相信他們本身或他們的年輕組織缺少其他的技能。投資人更難向他們指出，哪裡能找到這些人才。

由於這些理由，不管創業公司乍看之下多吸引人，我相信這些公司應留給專業團體去投資。專業團體有優秀的管理人才，在創業公司營運開展之際，一發現弱點，便能提供支援。一般投資人沒辦法供應這種人才，並說服新的管理階層相信有必要善用這種協助，如果硬要投資創業公司，到頭來往往發現夢想破滅。老公司裡面多的是絕佳的投資機會，一般投資散戶應嚴守原則，絕不要買進創業公司，不管它看起來多有魅力。

2.不要因為一支好股票在「店頭市場」交易，就棄之不顧。

未上市股票相對於證券交易所上市股票的魅力，和一類股票相對於另一類股票的市場性（marketability）有很密切的關係。每個人都應該確實瞭解市場性的重要性。正常情況下，買進的股票大部分應限於賣出的理由——可能起於財務上的考量，也可能起於私人因素的考量——一出現便能脫手。但在這一方面，何者能提供適當的保障，何者不能，投資人似乎混淆不清。未在證券交易所上市的股票是否適合投資，更令他們困惑。這些股票通常稱為「店頭」（over-the-counter）股。

他們混淆不堪的理由，在於廿五年來普通股投資從根本發生變化——這些變化使得1950年代的市場，和叫人難忘的1920年代有很大的不同。1920年代大部分時候，以及之前的所有期間，股票營業員服務的客戶，是數目相當少的有錢人。大部分買盤的數量都很大，往往一買就是幾千股。買主的動機通常是以更高的價格賣給另一人。當時的風氣可說是賭博，不是投資。融資買進——也就是借錢買股票——是當時人們接受的做法。今天所有買盤中，現款買進的比率很高。

這些年來發生了很多變化，改變了過去多彩多姿的市場。高所得稅和遺產稅是其一。更重要的影響力量，是美國各個階層的所得年復一年持續拉近。非常富有和非常貧窮的人，每一年都愈來愈少。每一年，中產階級人數不斷增加。這使得大量股票的買盤穩定萎縮，少量股票買主則成長得很快。此外，另

一類股票買主，也就是機構買主，急劇增加。投資信託、養老基金和分紅信託，甚至某個程度內的大銀行信託部門，並非只代表少數大買主。相反的，他們是專業經理人，受託處理無數小額買主匯聚一處的儲蓄。

因果相生之下，我們的法律和機構有了基本上的變化，對股市產生影響。政府創設證券管理委員會（Securities and Exchange Commission），以防堵過去賭風甚熾的股票市場產生的炒作和股友社集團操縱股票的歪風。各項法律規定實施之後，融資買進萎縮，遠不如過去視爲常規時的盛況。但最重要的一件事，已在前面某章討論過，亦即今天的公司和以前大爲不同。由於前面已經解釋過的理由，今天的企業組織，設計得遠比以前適合做爲投資管道，追求長期的成長性，而非搶進殺出的工具。

所有這些事情，深深改變了市場。毫無疑問，情況大有改善──卻是犧牲市場性之後的改善。一般股票的流動性（liquidity）降低而非提高。雖然經濟急速成長，以及股票分割的動作似無休止，紐約證券交易所（New York Stock Exchange）的成交量卻見減少。至於規模較小的交易所，成交量則幾乎消失不見。賭徒、搶進殺出的買主，甚至於容易受騙上當的人，試著贏過集體炒作的股友社，這種情形對經濟健全毫無益處。但他們有助於市場買賣容易。

我不想玩文字遊戲。不過，我們必須曉得，這些事情導致「股票營業員」（stock broker）日趨沒落，或可稱之爲「股票

推銷員」（stock salesman）的一群人則崛起。就股票來說，營業員是在標售市場中工作。他必須從某人那裡拿一張買進委託單；這個人已經決定好採取哪種投資行動。營業員將這張委託單和他自己或其他營業員的賣出委託單撮合。這個過程不會太花時間。如果拿到的委託單進出的股數很多，雖然營業員處理每一張股票收取很低的手續費，全年下來還是有可觀的利潤。

推銷員則與他不同，必須花費長時間，說服客戶採取某些投資行動。一天能夠運用的時間就那麼多。因此，要賺到與營業員等量齊觀的利潤，必須收取較高的服務手續費。要是推銷員服務的對象是很多小客戶，不是少數大客戶，更需如此。在今天的經濟環境中，小客戶是大部分推銷員必須服務的對象。

證券交易所的運作方式，主要仍須依賴股票營業員，而非股票推銷員。他們的手續費率已經上升，但漲幅只和其他大部分的服務差不多。相對的，店頭市場是以相當不同的原理運作。每一天，全國證券自營商協會（National Association of Security Dealers）指定的會員，在地區性報紙上刊登一長串交投較熱絡的未上市證券報價；當地持股人對這些股票的買賣有興趣。他們和每一種證券交投最熱絡的店頭自營商密切連繫，而編纂出這些報價。這些報價和證券交易所提供的數字不同，不是實際交易的價格範圍。他們做不到這一點，因為沒有一個集中的結算所，可以向它報出交易價格。相反的，這些報價是進價（bid）和出價（ask），理論上是指任何有興趣的金融自營商願意買進每種股票的最高價格，和願意賣出股票的最低價格。

仔細檢查幾乎總能發覺，進方或買方的報價很接近提供報價時的股票實際買價。出方或賣方的報價比買進報價高，差價通常是證券交易所中以同樣價格出售股票所收手續費的數倍。這個差價經過計算，目的是讓店頭自營商以進價買入，支付推銷員適當的手續費，以酬庸他們花時間銷售證券，並在攤銷一般間接費用後，仍有合理的利潤。另一方面，如果客戶，特別是大客戶，找上同一家金融自營商，出價買進某支股票，這時就不需負擔推銷員的手續費，通常能以進價加上相當於證券交易所的手續費買得股票。一位店頭自營商這麼說過：「買進的一邊，我們有個市場。賣出的一邊，我們有兩個市場。我們有零售和批發市場，部分取決於買進的數量，部分取決於賣出的數量和涉及的服務。」

這套制度碰到厚顏無恥的自營商，明顯會遭到濫用。其他制度也是一樣。但如投資人挑選店頭自營商時，和選擇其他任何專家為他效勞一樣審慎，這套制度會運作得非常好。一般投資人沒有時間，也沒有能力自己挑選證券。自營商在嚴密的督導下，允許他們的推銷員只能銷售某些證券，這種做法等於讓推銷員獲得投資諮詢顧問。因此，值得投入相關的成本。

但對比較精明老練的投資人而言，這套制度的真正好處不在買進股票方面，而在於提高未上市股票的流動性或市場性。這些股票能給自營商夠高的獲利率，值得他們努力經營，所以很多店頭自營商保有平常買賣的股票一定的庫存量。市場上有五百股或一千股股票可買時，他們通常樂於買進。碰到他們喜歡的股票供售的數量較大時，他們往往會舉行銷售會議，特別

花點心力去推動這些股票在市場上流通。正常情況下,他們做這件事會要求特別的銷售手續費。不過這表示,如果某支店頭股票經常有兩家或更多家優良的店頭自營商買賣,通常會有充分的市場性,滿足大部分投資人的需求。視供售數量的多寡,自營商可能要求特別的銷售手續費,好在市場上買賣大量股票。不過,由於手續費只占銷售價格相當低的比率,投資人希望出售的股票,能在不使市場重跌的情況下,轉換成現金。

這和證券交易所上市股票的流動性相比如何?答案主要要看哪種股票和在哪個證券交易所上市。在紐約證券交易所上市的較大型和交投較熱絡的股票,即使在今天的環境中,還是有個夠大的標售市場存在,因此正常情況下,除非是非常大量的股票,否則所有的股票都能以低廉的一般手續費賣出,不致壓低價格。至於在紐約證券交易所上市,交投較清淡的股票,市場性依然不錯,但當巨量賣出委託單出現,並收取正常的手續費時,有時價格會重跌。在小型交易所上市的普通股,依我之見,市場性問題往往相當嚴重。

各證券交易所體認到這種狀況,已經採取因應行動。今天,交易所認為某筆上市股票的賣出委託單太大,不能以平常的方式交易時,可能允許使用「特別賣出」(special offerings)的機制。這表示,這筆賣出委託單會讓所有的會員知道,而且銷售這些證券可以收取較高的手續費;手續費率已有明文規定。換句話說,賣出數量過大,營業員沒辦法以營業員的身分處理時,便以夠高的手續費,酬庸他們以推銷員的身分銷售這些股票。

今天，所有這些做法，拉近了上市和未上市股票市場明顯的差距。目前愈來愈多的買盤是由推銷員處理，不經只收受委託單的營業員。這不表示從市場性的觀點來說，紐約證券交易所交投熱絡的知名股票，相對於比較好的店頭股票占有優勢。但比較好的店頭股票，流動性往往高於美國證券交易所和各區域性證券交易所上市的許多公司股票。我想，規模較小的證券交易所的相關人士一定十分不同意我的說法。不過，我相信，請個立場公正的人士研究實情，會指出這個看法正確。近年來許多中小型公司成長之後，不願在規模較小的交易所上市股票，原因便在這裡。相反的，它們先選擇店頭市場，再等公司規模成長到某個水準，適合在「大盤」（big board）——也就是紐約證券交易所——上市股票。

簡言之，談到店頭證券，投資人應遵守的原則，和上市證券沒有太大的不同。首先，你應十分肯定已選到正確的證券。接下來，確定你已找到能幹和盡忠職守的營業員。如果這兩件事都做得很好，就不需擔心所買的股票是在「店頭」交易，還是在交易所上市。

3. 不要因為你喜歡某公司年報的「格調」，就去買該公司的股票。

投資人沒有經常仔細分析為什麼他們買某支股票，卻不買另一支股票。如仔細分析，可能很驚訝，因為他們常受公司致股東年報中的遣詞用字和格式影響。年報的格調可能反映管理階層的哲學、政策或目標，一如經過稽核的財務報表應準確反映一

段期間的業績。但年報也可能反映公司的公共關係部門在大眾心目中塑造公司形象的能力。我們沒辦法判斷總裁署名的文章真的由他親手執筆，或是公共關係部門員工代為捉刀。美不勝收的照片和色彩艷麗的圖表，不一定反映管理團隊才能出眾、同心協力、士氣高昂。

讓年報的一般性遣詞用字和格調影響買進普通股的決定，就像見到看板上的廣告很吸引人，就去買某樣產品。或許買回家的產品，用起來的確像廣告說的那麼好，但也有可能不然。對於低價產品，用這種方式購買也許說得過去，因為買了之後才曉得到底買得對不對，損失不大。但是對於普通股，很少人那麼有錢，能憑一時衝動買股票。我們最好記住：今天的年報通常都經精心設計，以爭取股東的好感。不要光看外表，而應深入觀察事實，十分重要。其他的銷售工具也都傾向於展現公司「美好的一面」。它們很少平衡和完整地討論企業經營上的真正問題和困難，而且往往過於樂觀。

那麼，如果投資人不讓自己對年報格調的好感過度影響他的後續行動，則反其道而行好不好？他應讓不良的感覺影響他嗎？通常不可以，因為同樣的，這就好像試著從外包裝評斷一只盒子的內容。不過這一點有個重要的例外，也就是當年報的內容未能適當揭露投資人覺得很重要的資訊或問題時。這麼做的公司，通常不可能提供投資成功需要的背景資料。

4.不要以為一公司的本益比高，便表示未來的盈
　　餘成長已大致反映在價格上。

我們常見一種錯誤的投資推理會使投資人付出慘重的代價，因
此值得特別注意。為了說明這件事，假設一家叫做XYZ的公司，
多年來一直十分符合我們前面所說的十五要點。卅年來，它的
營業額和盈餘不斷成長，而且一直有夠多的新產品正在開發，
強烈顯示未來也能有等量齊觀的成長。金融圈普遍讚賞這家公
司卓越的表現。因此，多年來，XYZ公司的價格是當期盈餘的
廿到卅倍，約為道瓊卅種工業股價指數採樣股平均本益比的二
倍。

今天這支股票的本益比正好是道瓊指數採樣股的二倍，也
就是每一美元盈餘的市場價格，為道瓊指數採樣股每一美元盈
餘平均市場價格的二倍。XYZ公司管理階層剛發表預測，說他
們預期未來五年盈餘將增為二倍。以目前已有的證據來說，這
個預測相當可信。

可是做成錯誤結論的投資人數目卻多得叫人吃驚。他們
說，由於XYZ公司的本益比是一般股票的二倍，而且因為需要
五年的時間，XYZ公司的盈餘才會增為二倍，XYZ目前的股價
已經反映未來的盈餘。他們十分肯定股價過高。

沒人能反駁，一支股票的價格如果已經反映五年後的盈
餘，未免顯得過高。這種錯誤的推理，起於假設五年後XYZ公
司的本益比會和道瓊指數採樣股的平均本益比一樣。卅年來，

這家公司因為種種因素，經營十分出色，本益比一直是其他股票的二倍。這個紀錄，令對它有信心的人蒙受利益。如果同樣的政策持續下去，五年後管理階層會推出另一組新產品，未來十年盈餘的成長情形，將一如今天新產品提高公司的盈餘，以及其他產品五年前、十年前、十五年前和廿年前對公司盈餘的貢獻。如果這樣的事會發生，為什麼這支股票五年後的本益比不能是其他普通股票的二倍，就像今天和以前那麼多年的情形？果真如此，而且所有股票的本益比保持在原來的水準附近，XYZ公司五年後盈餘倍增，也會使得它在這五年內市場價格增為二倍。準此，這支股票目前的價格保持在平常的本益比上，根本不能說已經反映未來的盈餘！

這事不是很明顯？可是看看你身邊，有多少所謂精明老練的投資人把自己搞混，不曉得思考一支股票的價格反映未來的成長時，如何運用本益比做判斷。如果公司的背景發生變化，情況更為嚴重。現在來談另一家叫做ABC的公司。這兩家公司各方面幾乎完全相同，但ABC年輕得多。兩年來，它的傑出基本面才受金融圈肯定，因此現在的本益比也是道瓊卅種工業股價指數採樣股平均值的二倍。許多投資人似乎不可能理解，一支股票過去沒有那麼高的本益比，而現在本益比那麼高，反映的可能是它的內在價值，並非不合理地反映未來的成長。

關於這一點，重要的是徹底瞭解一家公司的經營特質，特別是考慮幾年後的可能情形。如果未來盈餘急劇成長只是曇花一現，而且公司的事業特質是目前的盈餘成長來源用光之後，等量齊觀的新來源無法開發出來，情況則很不一樣。這時高本

益比確實反映了未來的盈餘。這是因爲目前的衝勁結束之後，股價將回跌，本益比會下降到與其他普通股一樣高的水準。但是如果這家公司高瞻遠矚，不斷開發新的獲利來源，而且如果所處行業未來可望有相近的成長衝力，五或十年後的本益比肯定將遠高於一般股票，就和今天的情形一樣。這種股票的本益比反映未來的程度，往往遠低於許多投資人相信者。這也是爲什麼有些股票乍看之下價格顯得過高，仔細分析之後，卻是非常便宜的股票。

5.不要錙銖必較。

以上所用都是假設性的例子，爲的是把一些事情說清楚。這裡要用個真實的例子。廿多年前，有位紳士在大部分地方都展現高超的投資能力，想買紐約證券交易所上市的某支股票一百股。他決定買進的那一天，這支股票以35 1/2美元收盤。隔天價格又是如此。但這位紳士不願以35 1/2美元買進。爲了省50美元，他下了35美元的買進委託單，拒絕提高價格。這支股票此後未曾跌到35美元。約廿五年後的今天，這支股票的前景似乎特別明亮。這些年來，把股利和股票分割算進去，目前的價格遠高於500美元。

換句話說，爲了節省50美元，這位投資人至少少賺了46,500美元。不過，毫無疑問，這位投資人仍有可能賺了這46,500美元，因爲他還有這家公司的其他股票，而且是以更低的價格買進。由於46,500美元是50美元的930倍，因此這位投資人必須省下50美元930次才能打平。很明顯的，採取這種對自己十分不

利的理財行動，無異於精神異常。

這個例子絕對不算極端。我故意選多年來漲勢落後大盤的這支股票，而不選領先漲勢的股票。如果上面所說那位投資人選了紐約證券交易所上市的其他五十支成長股裡面的任何一支，則可能為了節省50美元，失掉3,500美元的價值，損失比46,500美元更為慘重。

對於只想買幾百股的小額投資人來說，原則很簡單。如果想買的股票看起來是合適的股票，而且目前的價位似乎很吸引人，以「市價」買進便是。多花1/8、1/4，或1/2美元，和沒買到這支股票失之交臂的利潤相比，實在微不足道。要是想買的股票沒有這種長期的成長潛力，我相信投資人一開始就不應該去買它。

至於資金較多，想買數千股的投資人，問題沒有那麼簡單。除了非常少數的股票，大部分股票的供應通常有其極限，即使按當時的市價只買想買數量的一半，也很可能導致報價大幅上揚。價格突然上漲，又會帶來兩項影響，使得買進股票更為困難。價格激漲本身，可能足以促使別人也產生興趣，競相買進。另外，本來計劃賣出的一些人，惜售之心油然而生，期望漲勢持續下去。這時，巨量買主該怎麼面對這種情況？

他應去找營業員或證券自營商，把自己到底想買多少數量告訴他們。他應告訴營業員，儘可能買進股票，但授權他不理會小筆供售數量，以免買進之後引來很多人競相叫進。最重要的是，他應讓營業員完全放手在高於最近價格的某一價位以下

買進。至於高出多少，必須和營業員或自營商磋商，並考慮想要買進的數量、那支股票平常的成交量、投資人多急著買進股票，以及其他任何有關的特別因素。

　　投資人可能覺得，他找不到具有良好判斷力或做事謹慎的營業員或自營商，可以託付這種重責大任。果真如此，他應該馬上去找一位足資信賴的營業員或自營商。畢竟，做這種事正是營業員或證券自營商交易部門的主要職能。

第九章
投資人另五不原則

1.不要過度強調分散投資。

沒有一種投資原則比分散投資或多樣化（diversification）更受人推崇。（有人挖苦說，這個觀念很簡單，所以連股票營業員都懂！）可能正因如此，一般投資人很少有機會練習多樣化不足的做法。「把所有的蛋放在同一個籃子」的可怕下場，大家知之甚詳。

　　但很少人充分想到過猶不及的壞處。把蛋放到太多籃子裡，一定會有很多蛋沒放進好籃子，而且我們不可能在蛋放進去之後，時時盯著所有的籃子。比方說，持有普通股市值達25萬或50萬美元的投資人中，投資股票種類達廿五種以上的比率高得嚇人。嚇人的不是廿五種以上的股票，而是絕大部分的例子中，只有少數持股是投資人或他的顧問十分瞭解的好股票。投資人被過分灌輸分散投資的重要性，害怕一個籃子裡有太多蛋，使得他們買進太少自己徹底瞭解的公司，買進太多自己根本不瞭解的公司。他們似乎從沒想過，買進一家公司的股票時，如果對那家公司沒有充分的瞭解，可能比分散投資做得不夠充分還危險。他們的顧問更不懂這層道理。

　　分散投資真的需要做到什麼程度？分散投資到什麼程度又太危險？這就像步兵架槍。步兵架兩支槍的穩定程度，一定不如架五、六支槍。但是五支槍的穩定程度不輸給五十支槍。但談到分散投資的問題，架槍和普通股間有一個很大的不同點。架槍的時候，必須架多少支槍才能穩定，和用哪一種步槍通常沒有關係。至於股票，股票本身的特質和實際需要的分散投資程度有很大的關係。

　　有些公司，如大部分大型化學品製造商，公司內部就有很大的分散投資程度。雖然它們的所有產品都叫化學品，其中許多化學品可能具有完全不同行業中產品的大部分特性。有些可能有完全不同的製造問題。它們可能和不同的競爭對手一較長短，賣給不同類型的客戶。此外，有些時候，單是一種化學品，客戶群卻分布很廣的行業，產品本身就有很大的內部多樣化效果。

　　一公司管理人員的廣度和深度——指一公司脫離一人管理的程度——在決定需要多大的分散投資保護時，也是很重要的因素。最後，如果持有高度景氣循環行業的股票——亦即股價會隨著景氣良窳而激烈起伏——和比較不受間歇性波動影響的股票比起來，需要用較高的分散投資程度來平衡。

　　由於股票內部多樣化的程度不一，我們很難訂定一套一成不變的鐵則，說一般投資人分散投資最少需要到達什麼程度，才能獲得最佳的成果。各行業間的關係，也是應考慮的因素。比方說，一位投資人持有十種股票，每種股票的數量相同，但

其中八種是銀行股。這種分散投資的做法可能很不恰當。反之，同樣這位投資人持有的每一支股票都處於完全不同的行業，則分散投資的程度可能遠高於真正需要者。

有鑑於每種情況都不同，而且沒有一套精確的準則可資遵循，以下的建議只當做粗略的指引，除了資金非常少的投資人，所有的人或可拿來當做最低分散投資需求的參考。

A.所有的投資或許可以只限於審慎選出來，根基穩固的大型成長股，前面已經提過的道氏、杜邦和IBM，便是典型的例子。這種情況中，投資人可以訂定目標，至少擁有五支這樣的股票。這表示，原始總投資金額中，任何一支股票不應超過20％，但不表示萬一某支股票成長得比其他股票快，十年後這支股票占他所有股票總市值的40％時，必須為這麼高的持股比率憂心。當然了，前提是他很瞭解手中的持股，而且這些股票的未來看起來至少和最近的過去一樣明亮。

投資人如依原始投資金額的20％去投資每家公司，應注意五家公司的產品線最多只能略微重疊。舉例來說，如果道氏是這五家公司裡面的一家，那麼我看不出有什麼理由，說杜邦不能是其中另一家。這兩家公司的產品線很少重疊或相互競爭。如果他想買道氏，以及在它的活動領域中和它很像的另一家公司，則一定要有充分的理由，這種投資才算聰明。擁有營運活動類似的這兩支股票，多年內獲利可能很可觀。但這種情況中，投資人應牢記在心：這樣的多樣化投資，本質上不適當，因此應時時提高警覺，注意可能影響整個行業的問題出現。

B.他投資的一些或全部股票，可能介於風險高的年輕成長公司和上面所說的機構型股票之間。這些公司有不錯的管理團隊，而非一人管理的公司，年營業額在1,500萬到1億美元之間，在業內的根基相當穩固。至少應考慮兩家這樣的公司，才能平衡每一家A類公司。換句話說，如果只投資B類公司，則可動用的資金中，每一家一開始應只占10％。這一來，全部就有十家公司。不過，這個大類中的公司，風險相差很大。內在風險較高的股票，只占原始投資的8％，而非10％，可能比較慎重聰明。不管如何，屬於這一類的每一支股票占原始總投資額的8％到10％──而非A類股票的20％──應能提供適當的最低分散投資架構。

對投資人來說，B類公司通常比A類機構型公司較難確認。因此，這裡值得簡短說明我曾有機會密切觀察，而且可視為典型例子的一兩家這樣的公司。

我們來看看本書第一版提到的這類公司，以及它們目前的狀況。我提到的第一家B類公司叫梅勒里公司（P. R. Mallory & Co.）。我說：

「梅勒里公司的內部多樣化程度驚人。它的主要產品是電子和電機業的零組件、特殊金屬、電池。比較重要的產品線方面，它都是各相關行業的重量級公司，在某些行業中則是最大的製造商。許多產品線，如電子零組件和特殊金屬，供應美國一些成長最迅速的行業，顯示梅勒里公司的成長應會持續下去。十年內，營業額成長約四倍，1957年達8,000萬美元左右，

約三分之一的增幅來自審慎規劃的外部收購行動。約三分之一來自內部成長。

「這段期間的獲利率，略低於B類公司被視為令人滿意的正常水準，但部分原因起於研究支出高於平均水準。更重要的是，公司已經採取措施，跡象開始顯示這個因素將大幅改善。在精力充沛的總裁領導之下，管理階層展現相當高程度的創意，最近幾年在管理深度方面也取得大幅進展。1946到1956的十年內，梅勒里的股票價值增加約五倍，價格經常是當期盈餘的十五倍左右。

「就投資層面來說，最重要的一個因素，或許不在梅勒里公司本身，而是預期它在梅勒里－謝爾隆金屬公司（Mallory-Sharon Metals Corporation）將有三分之一的股份。這家公司計劃由梅勒里－謝爾隆鈦公司（Mallory-Sharon Titanium Corporation）——梅勒里公司擁有一半的股權，也是梅勒里賺錢的一個轉投資事業——和國家蒸餾公司（National Distillers）同一行業中的原物料加工部門合併而成。跡象顯示新公司將是成本最低的一貫作業鈦製造商之一，因此在這個年輕行業可能出現的成長中，應會扮演重要的角色。在此同時，該公司1958年預料將推出第一個具有商業重要意義的鋯產品，而且組織內部對其他具有商業用途的新「奇妙金屬」，如鉭和鈮，已有相當豐富的技術知識。它擁有部分股權的公司不只在一種金屬，而是在一系列金屬上，可望成為全球領導廠商；這些金屬勢必在原子、化學和明天的導彈年代中，扮演愈來愈吃重的角色。因此，轉投資公司可能是十分重要的資產，對梅勒里本身的成長會有重大貢獻。」

　　約兩年後的今天，如果再寫這段文字，我會寫得有點不同。我會稍微降低持股三分之一的梅勒里－謝爾隆金屬公司可能做出的貢獻。我想，兩年前所說的每一件事，還是有可能發生。但是特別就鈦來講，我相信，這種金屬尋找和開拓龐大的市場所花時間，可能比兩年前所想要長。

　　另一方面，我傾向於強化對梅勒里本身說過的話，強化的程度和弱化它的關係企業的程度大致相同。這段期間內，我提過的管理階層深度增加的速度很快。梅勒里雖然是耐久財工業的零組件供應商，經營的業務卻會受景氣普遍重挫的傷害，但管理階層展現非凡的靈巧手腕，度過了1958年的經濟情勢，每股盈餘雖不及前一年創歷史新高紀錄的2.06美元，仍有1.89美元。1959年盈餘回升得很快，全年可望創每股2.75美元左右的新高紀錄。此外，這些盈餘是在若干較新的事業部門成本負擔雖然下降但仍沈重的情況中創下的。這表示，如果整體經濟情勢仍保持相當的榮面，1960年盈餘將進一步大幅成長。

　　本書所舉的例子，到目前為止表現沒有整體市場好，反而比整體市場差的股票很少，梅勒里是其中之一。但我認為，電子零組件業務方面，這家公司應付日本競爭對手，做得比若干同業成功；日本同業的威脅，可能是市場反應相對不佳的一個原因。另一個可能原因是金融圈大部分人士對不容易歸入某一行業，而是橫跨好幾個行業的公司較無興趣。或許隨著時間的流逝，這個現象會改變，特別是如果投資人逐漸體認到它的微型電池產品線也有可能打進若干急劇成長的領域；電子產品日趨小型化，微型電池產品應能追隨這股穩定的趨勢成長。無論

如何，本書出第一版時這支股票的價格是35美元，考慮之後發放兩次2%的股票股利之後，目前的價格是37 1/4美元。

再來看第一版提到的另一支B類股票：

「鈹公司（Beryllium Corporation）是B類股票投資的另一個好例子。這家公司的名稱有年輕公司的意涵，不知情的人會以為這支股票帶有相當高的風險，事實可能不然。它的生產成本很低，也是唯一的一貫作業公司，製造鈹銅和鈹鋁的萬能合金，也有一座加工廠，把這種萬能合金製成桿、條、板和擠出成型產品，在工具方面，則生產最終產品。1957年止十年內，總營業額增加約六倍，達1,600萬美元。銷售給電子、電算機器和未來幾年可望迅速成長的其他行業的產品，占營業額的比率愈來愈高。鈹銅模等重要新用途的產品銷售額，開始占有一席之地，過去十年的高成長率可能正足以顯示未來也將不錯。五年來，它的本益比往往達廿倍左右，高得有其道理。

「新聞媒體引述空軍所屬一流研究單位藍德公司（Rand Corporation）的預測，說幾乎尚未存在的鈹金屬結構材料應用領域，1960年代將有重大的突破。這種說法，顯示鈹公司有可能繼續成長好幾年。藍德公司曾經正確地研判，戰後不久鈦將有重大的發展。」

「在鈹成為結構材料的市場最後成形之前，更近的發展是1958年應可見到這家公司量產另一種全新的產品，也就是鈹金屬用在原子用途上。這種產品是利用較舊的萬能合金產品線，在另一座工廠生產，和原子能管理委員會（Atomic Energy

Commission）訂有長期合約。跡象顯示它在核能工業有很美好的未來，需求可能同時來自政府和民間工業。管理階層正密切注意。其實，我們的十五個要點中，除了一點，這家公司的表現都很好。該公司瞭解自己的缺點，並已採取行動開始矯正。」

就梅勒里的例子來說，兩年來我所描繪的畫面有得有失。但是到目前為止，有利的發展似乎超過不利的發展，正是適合投資的公司。不利的發展方面，兩年前所提的鈹銅模美景，似乎失去不少光環，而且整個合金業務的長期成長曲線，可能略遜於當初所說者。在此同時，目前來看，未來幾年鈹金屬的核能需求，似乎不如那時研判的那麼樂觀。不過，有穩定增強的跡象，顯示多種航空用途的鈹金屬需求可能急劇成長，遠超過上述不利發展的影響。這方面的需求已經存在，出現在很多地方和很多不同種類的產品上，難以預測它的極限在哪裡。這事或許不如表面上看到的那麼有利，因為這個領域可能變得太有吸引力，引來目前不在這一行的某家公司設法在技術上取得重大突破，而帶來競爭威脅。幸好，這家公司在十五要點中唯一的弱點上，可能已經大幅自我強化。這個弱點是在研究活動上。

股價對這些事情的反應如何？考慮在那之後各次發放的股票股利，本書第一版撰稿期間，價格是16.16美元，今天則是26 1/2美元，漲幅為64％。

其他幾個好例子，雖然我沒有那麼熟悉，但相信以它們的管理階層素質、業內地位、成長展望，以及其他特質，歸入B類不成問題。它們是佛特礦業公司（Foote Minerals Company）、

佛里登計算機器公司（Friden Calculating Machine Co., Inc.）、史普雷格電機公司（Sprague Electric Company）。持有這些公司的股票好幾年，獲利很高。1947到1957年，史普雷格電機的股價約增為四倍。佛里登的股票1954年公開發行，但不到三年的時間內，股價市值增加約二倍半。股票公開發行前約一年，據稱有大量股票私底下換手，以那時的價格買進，到1957年增加四倍以上。這兩支股票的價格漲幅，對大部分投資人來說，似乎令人滿意,但和佛特礦業公司的漲幅比起來,則顯小巫見大巫。佛特礦業的股票1957年在紐約證券交易所上市。這之前，股票在店頭市場交易，1947年首次公開發行。那時股票交易價格約為每股40美元。1947年首次公開發行時買進100股的投資人，把股票股利和股票分割計算進去，持有到今天，將有2,400股以上。最近這支股票的價格約為50美元。

C.最後則是經營成功，獲利會很可觀，但經營失敗將血本無歸或損失大部分投資資金的小型公司。我曾在其他地方指出，為什麼我相信投資清單上如有這類證券，數量多寡應視特定投資人的處境和目標而定。但是投資這類股票，有兩個不錯的準則，值得遵守。其中一個已經提過，也就是千萬不要把賠不得的錢拿去投資。另一個是資金較多的投資人首次投資這種公司時，每一家的投資金額不要超過總投資資金的5%。我們在其他地方談過，小額投資人所冒風險之一，是他的資金可能太少，沒辦法獲得這類投資的大好美景，同時取得適當分散投資的好處。

本書第一版中，我提到1953年的安培斯公司（Ampex）和

1956年的艾洛斯公司（Elox）是潛力很大但風險很高的公司，屬於C類股票。這兩支股票後來表現如何？本書第一版完稿時，艾洛斯的股價是10美元，今天是7 5/8美元。相形之下，安培斯在市場上的表現依然可圈可點，並具體而微地說明：爲何出色的管理階層一旦證明自己能力超群，而且基本面情況未變的情況下，絕對不要單因股價漲幅已大，價格看起來似乎暫時過高，而賣出持股。第三章談到研究發展活動時，我提到這支股票1953年公開發行後四年內，股價漲了700％。本書第一版完成時，它的價格是20美元*。今天，營業額和盈餘年復一年急增，而且營業額中，80％的產品四年前還不存在，股價高達107 1/2美元，兩年的時間內，漲爲437％，六年內更漲爲3,500％以上。換句話說，1953年投資10,000美元買安培斯股票，今天的市值超過350,000美元；這家公司已經證明它有能力在技術和經營上一再有所斬獲。

其他一些股票，我沒那麼熟悉，但大可納入這一類的有股票首次公開發行時的利頓實業公司（Litton Industries, Inc.）和氫化金屬公司（Metal Hydrides）。但就分散投資的觀點來說，這類公司有個特色，應謹記在心。它們帶有很大的風險，也有那麼美好的遠景，最後，兩件事情裡面的一件通常會發生：不是經營失敗，便是業內地位、管理深度、競爭優勢成長到某個地步，可以從C類轉入B類。

---

* 已考慮在那之後股票一股分割成二股半。

這種事情發生時，它們的股票市價通常大幅上揚。這時，要看這段期間內投資人的其他持股價值有了什麼樣的變化，B類股在投資組合中所占比率可能遠高於以往。但是B類股的安全性遠高於C類股，可以持有較多的數量，仍不損適當分散投資之效。因此，如果C類公司以這種方式換類，則幾無賣出持股的理由——至少不能說，由於市價上漲，這家公司在總持股中所占比率太高，所以應該賣出。

1956到1957年間，安培斯便從C類公司轉成B類公司。這家公司的規模成長為三倍，盈餘增加得更快，而且隨著它的磁性錄音機和零組件市場擴及愈來愈多的成長性行業，這家公司的內在強勢增加到可以劃入B類。它不再帶有極高的投資風險因子。到達這種地步後，安培斯持股在總投資中所占比率可能提高很多，卻不違背審慎分散投資的原則。

以上提及的所有比率，只是最低或審慎的分散投資標準。低於這個限制，便像超過正常速度開車，駕駛人可以更快到達目的地。可是他應謹記在心，曉得以那種速度開車，必須格外提高警覺。忘記這一點，不但可能無法以更快的速度到達終點，甚至永遠到不了目的地；也就是欲速則不達。

硬幣的另一邊又如何？是不是有任何理由，顯示投資人不應超過如上所述的最低程度分散投資？只要在兩件事情上，增加持有的股票看起來和最低的持股種類一樣吸引人，就可以這麼做。增加持有的證券，應在所涉風險水準上，能夠達成和其他持股等量齊觀的成長率。投資人增加持股之後，也必須有能

力時時注意和追蹤所有的投資。但是務實的投資人通常知道，他們的問題出在如何找到夠多的出色投資，而不是在很多的投資中做選擇。有時投資人的確找到多於自己真正需要的好公司，卻很少有時間密切注意所有增加買進的公司動態。

證券投資清單很長，通常不是聰明投資人該有的做法，反而透露他對自己的看法很沒把握。如果投資人持有的股票太多，無法直接或間接掌握相關公司管理階層的動態，我們可以相當肯定，他的下場會比持有太少股票要慘。投資人應瞭解，投資難免犯錯，所以應適當分散投資，以免偶爾犯錯讓自己一蹶不振。但是超過了這一點，應十分小心謹慎，不要只顧儘量持有很多股票；只有最好的股票才買。就普通股來說，多不見得好，但略多一些未嘗比持有少數出色股票差。

2.不要擔心在戰爭陰影籠罩下買進股票。

富有想像力的人，對普通股通常很感興趣。但現代戰爭的恐怖往往窒息我們的想像力。因此，我們的世界每次出現國際緊張形勢，帶來戰爭一觸即發的威脅或實際爆發戰爭時，普通股總是有所反應。這是種心理現象，在理財投資上毫無意義。

戰爭大量殺戮人命和帶來痛苦，令正常人驚駭不已。今天的原子時代中，我們更加擔心親人和本身的安危。未來可能爆發戰爭的這種憂慮、擔心和厭惡，往往扭曲我們對純經濟因素的評估。財物大量毀於一旦、形同充公的高稅率、政府干預企業等憂慮，主宰我們在投資理財事務上的思慮。在這種心態下

投資理財的人，常會忽視一些更重要的基本面經濟影響力量。

結果總是一樣。整個廿世紀，除了一次例外，每次大規模的戰爭在世界任何地方爆發，或者每當美軍捲入任何戰鬥，美國的股票市場總是應聲重挫。例外的一次是1939年9月二次世界大戰爆發。起初人們認爲中立國將有獲利可觀的戰爭合約生意上門，股價因此彈升，但漲勢終究無法持久，馬上轉爲典型的下降走勢。幾個月後，德國勝利的消息日多，跌勢變爲恐慌性殺盤擁出。不過，所有實際的戰鬥塵埃落定之後──不管是一次世界大戰、二次世界大戰，或者韓戰──大部分股票的價格都遠高於戰前。此外，過去廿二年，至少十次曾有國際危機可能演變成大規模的戰爭。每一次，股價都先在戰爭憂慮下重跌，戰爭憂慮消散之後強勁反彈。

投資人在戰爭憂慮和戰爭實際爆發時拋出持股，但等到戰爭結束，股價總是漲得更高，而非下跌，他們到底忽視了什麼？他們忘了股票的報價是以金錢表示。現代戰爭總是使政府在戰爭期間的支出，遠高於從納稅人身上徵得的收入。這使得貨幣發行量大增，每一單位的金錢，如一美元，價值不如從前。買進同樣數量的股數，花的錢遠多於從前。當然了，這是典型的通貨膨脹形式。

換句話說，戰爭總是使金錢變薄。因此，在戰爭一觸即發，或實際爆發時，賣出股票換成現金，可說極不懂投資理財之道。其實，該做的事恰巧相反。如果投資人本來就決定好要買進某支普通股，可是全面爆發戰爭的陰影突然來襲，導致股價重跌，

那麼他應該拋棄當時的恐懼心理，勇往直前開始買進。這是保留多餘投資現金最不當，而非最理想的時刻。但是有個問題必須考慮。他應買得多快？股價會跌得多深？只要影響股價下跌的因素是戰爭的威脅，而非戰爭本身，我們就沒辦法知道這些事情。如果戰事真的爆發，價格無疑會跌得更低，而且可能低很多。因此，我們應做的事是買進，但緩緩買進，而且面對的如只是戰爭的威脅，則應小規模買進。戰爭一發生，則大幅加快買進步調。所買公司生產的產品或提供的服務，必須在戰時仍有需求，或者能轉換設備，以因應戰時之需。在今天全面戰爭和生產彈性的情況下，絕大部分公司都符合以上所說條件。

到底是股票在戰時變得更值錢，或者只是因為錢變薄的緣故？這要看情況而定。邀天之幸，美國參與的戰爭，從沒打過敗仗。戰時，特別是現代戰爭期間，戰敗一方的貨幣可能變得一文不值或一落千丈，普通股將喪失大部分的價值。當然了，要是美國遭共產蘇聯擊敗，則美國的貨幣和美國的股票會變得沒有價值。這時，不管投資人怎麼做，結果都沒有差別。

相反的，贏得戰爭或者戰事陷入膠著狀態，則股票的真正價值要看個別戰爭和個別股票而定。第一次世界大戰期間，英國和法國戰前的龐大儲蓄擁入美國，大部分股票的實質價值漲幅，可能比當時如是承平時期要高。但這只是僅此一次的現象，不會重演。以定值貨幣──也就是實質價值──來表示，第二次世界大戰和韓戰期間，美國的股票的確不如當時如是承平時期要好。除了沈重的稅負，太多的心力從獲利較多的承平時期生產線，轉向獲利率極低的國防業務。如果花在這些獲利率低

的國防專案上的大量研究活動，可以投入承平時期的生產線，持股人的獲利應會高出很多——當然了，這得假定美國仍是個自由國家，持股人能享受企業創造的利潤。趁戰時或戰爭的恐懼瀰漫之際買進股票，原因不在於戰爭本身可能再次讓美國的持股人獲得利潤，而是因爲相較之下，持有現金較不理想，但以貨幣單位表示的股價總會上漲。

3. 不要忘了你的吉爾伯特和沙利文。

吉爾伯特和沙利文（Gilbert and Sullivan）很難被視爲股市的權威。不過，正如他們告訴我們的，我們或可謹記在心：「花朵在春天盛開，可是那沒有關係」。有些膚淺的金融統計數字，許多投資人往往奉爲至寶。拿它們與吉爾伯特和沙利文春天盛開的花朵相比擬，也許過分誇張。我們不說它們沒有關係，而要說無關大局。（譯註：吉爾伯特〔William Schwenck Gilbert〕是英國劇作家，沙利文〔Arthur Seymour Sullivan〕是英國作曲家，兩人曾合寫十四部以機智及嘲諷點綴成的喜歌劇。）

這些統計數字中，首先要提的是一支股票前幾年的價格區間。基於某些理由，很多投資人考慮買進某支股票時，想看的第一樣東西是一張表，列出過去五或十年中，每一年的最高價和最低價。他們在心裡經過一番琢磨，終於得出一個很漂亮的整數，願意以那個數字買進。

這是不合理性的做法？投資理財上，這麼做很危險？這兩個問題的答案是句響亮的「是」。這種做法危險，在於強調不

怎麼重要的事，注意力反而脫離重要的事。這往往導致投資人只顧貪圖小利，坐失厚利。要瞭解何以致此，我們必須看看這種心理過程為什麼不合理性。

股票為什麼會以某種價格出售？這是所有對這支股票有興趣的人，當時認為這支股票可能應有的正確價值的一個綜合估計值。所有潛在的買方和賣方，對這家公司的前景做了綜合評估，再經每位買主或賣主打算買進或賣出的股數加權，相對於同一時刻其他公司個別前景的類似評估過程，而得出一個特別價位。偶爾有些因素，如被迫脫售持股，會使價位溫和偏離這個數字。大持股人由於某些理由——如繳納遺產稅或償還貸款——在市場上拋售股票時，便會發生這種事，但可能和賣方對這支股票的實質價值的看法沒有直接關係。這種壓力通常只使價位溫和偏離所有投資人對這支股票的綜合評估，因為逢低承接者往往會進場買進，使得價位自行調整。

真正要緊的事，在於價格是以投資人對當時情況的評估為準。一公司事務發生變化為人所知之後，投資人的評估會隨著轉趨有利或不利。於是這支股票的價格相對於其他股票會上漲或下跌。如果有待評估的因素經正確研判，這支股票相對於其他股票的價值就會永遠較高或較低，於是保持上漲走勢或下跌走勢。如果更多相同的因素繼續出現，整個金融圈就會逐漸認清它的價值。這一來，股價就會波動，進一步上漲或下跌。

因此，四年前某支股票的價格，可能和目前的價格幾無或根本沒有實質關係。這家公司可能培養出很多能幹的高階主管

新面孔、很多高獲利的新產品，或者其他類似的特點，使得它的股票本質上相對於其他股票的價值，四倍於四年前。這家公司也有可能落入做事缺乏效率的管理階層手中，相對於競爭對手嚴重退步，起死回生的唯一方法是籌措大量新資金。這一來，股權稀釋，今天的股票價格可能不到四年前的四分之一。

根據以上所說，可以看出為什麼投資人往往錯失可能帶來厚利的股票，只為了追求那些蠅頭小利。過分強調「還沒上漲的股票」，無意中養成一種錯覺，以為所有的股票都會上漲相似的幅度，已經上漲很多的股票不會再漲，而還沒上漲的股票，則「該」上漲。沒有什麼事情能夠違背真理。決定現在要不要買進某支股票時，它過去幾年已經上漲或者沒有上漲，根本無關緊要。真正要緊的是這些年來各項作業改善是否足夠，或者將來會有足夠的改善，使得價格高於目前的水準高得有道理。

同樣的，許多投資人過分重視過去五年的每股盈餘，藉以決定要不要買進某支股票。觀察每股盈餘本身，並重視四、五年前的盈餘，就像一具引擎不再和它施力運作的機器連線後，還希望那具引擎發揮功效。僅僅知道一公司四、五年前的每股盈餘是今年盈餘的四倍或四分之一，很難藉以判斷應該買進或賣出某支股票。同樣的，重要的是對背景狀況有所瞭解。瞭解未來幾年可能發生什麼事，十分要緊。

投資人不斷收到一大堆報告和所謂的分析，內容主要圍繞著過去五年的價格數字打轉。他應該牢記在心：現在對他重要的事情，是未來五年的盈餘，不是過去五年的盈餘。他會拿到

舊統計數字的原因，在於放入報告中的這種資料，肯定是正確的。如果放進更重要的數字，則將來情勢的演變，可能使那份報告看起來很蠢。所以說，報告撰稿人有強烈的傾向，騰出儘可能多的篇幅，填入大家無爭辯餘地的事實資料，而不管那些事實資料到底重不重要。可是金融圈內很多人強調往年統計數字，理由不一而足。他們似乎無法理解，僅僅幾年之內，若干現代公司的實質價值可能有多大的變化。他們因此強調過去的盈餘紀錄，打從心底相信去年詳盡的會計數字描述，能畫出明年將發生事情的真正面貌。一些受到高度管制的公司，如公用事業，或許真的如此。至於想利用投資資金賺取最大報酬的投資人，所找的企業，則完全不然。

這方面有個絕佳的例子，事件的發展，我有幸相當熟悉。1956年夏，有個很好的機會，能夠向德州儀器公司（Texas Instruments, Inc.）一些重要高階主管買到不少股票；這些人也是德州儀器的最大股東。仔細研究這家公司之後，發現它不只通過我們的十五要點檢定，而且表現非常突出。這些高階主管出售持股的理由，似乎十分合理；真正的成長公司往往出現這樣的事。他們的持股價值已增加很多，就他們持有自己公司的股票來說，其中幾人早成百萬富翁。相對的，他們的其他資產微不足道。因此，特別是因為他們只賣出一小部分持股，有必要分散投資。對這些重要企業高階主管來說，不管公司前途如何，單是遺產稅問題，便有必要做出明智的行動。

總之，買賣雙方磋商完畢，同意以14美元的價格成交。這是1956年預估每股盈餘約70美分的廿倍。在那些特別重視舊統

計數字的人眼裡，以這種價格買進實在很不聰明。1952到1955四年內，公司報告的每股盈餘分別是39、40、48、50美分——這種紀錄很難叫人擊節讚賞。有些人甚至認為比較重要的管理階層素質和眼前的經營趨勢，反不如膚淺的統計數字重要，更令他們洩氣的是，這家公司經由收購行動，取得若干損失遞延的好處，這段期間大部分時候負擔較輕的所得稅。這使得以過去的統計數字為基礎，計算出來的價格顯得更高。最後，即使把1956年的盈餘納入評估，粗略研究當時的情勢，還是得出悲觀的結論。沒錯，這家公司目前在前途看好的電晶體業做得非常好，而且整個半導體業顯然有很明亮的未來，但像它那種規模的公司，和更大、更悠久、財力遠為雄厚的公司相比，目前的強勢地位能維持多久？後者肯定會積極投入，在成長展望美好的電晶體業一競長短。

透過正常的證券管理委員會（SEC）管道報告高階主管出售持股的消息傳出之後，德州儀器的股票成交量激增，價格幾無波動。我猜想，大部分的賣盤是各經紀商的評論引發的。很多經紀商引用過去的統計紀錄，並就向來偏高的股價、未來的競爭和內部人賣出持股發表評論。有份報告甚至提到德州儀器的管理階層完全同意它的說法。報告中提及那些出售持股的高階主管說：「我們同意他們的看法，並建議採取相同的行動！」據我瞭解，這段期間的大買盤來自一家消息靈通的大型機構。

接下來十二個月發生了什麼事？不久前投資人議論紛紛時，沒人注意的德州儀器地球物理和軍事電子業務繼續成長。半導體（電晶體）事業部成長得更快。比電晶體業務成長迅速

還重要的事，是能幹的管理階層採取大動作，從事研究發展、推動機械化計畫，並在這個十分重要的半導體領域建立配銷組織。證據愈來愈多，顯示1956年的業績並非曇花一現。反之，這家規模相當小的公司，在可望是美國成長最迅速的工業中，將繼續是最大和成本最低的製造商之一。金融圈因此開始向上修正這家公司合理的本益比，好把握機會，參與這家經營良好的公司。1957年夏，管理階層公開發表談話，估計那一年的每股盈餘約為1.10美元，成長54％，以致於僅僅十二個月，股價市值上漲了約100％。

本書第一版中，我繼續說道：

「我懷疑，如果這家公司主要事業部的總部不是設在達拉斯和休士頓，而是位於大西洋北半部沿岸，或洛杉磯大都會區──這裡有比較多的金融分析師和重要基金的經理人，對這家公司能夠多瞭解一點──那麼這段期間內，它的本益比或許會更高些。由於未來幾年德州儀器的營業額和盈餘可能繼續大幅提高，這種持續性的成長遲早會使本益比再往上升。如果這樣的事情發生，它的股票價格會再次上揚，速度甚至比盈餘還快。兩者交互影響，總是帶動股價激劇上漲。」

這個樂觀的預測有沒有獲得證實？對那些仍堅持可以根據過去的盈餘做膚淺的分析，進而研判某支股票有沒有投資價值的人來說，德州儀器的紀錄可能叫他們大吃一驚。每股盈餘從1957年的1.11美元上升到1958年的1.84美元，1959年可望超過3.50美元。本書第一版完稿以來，這家公司獲得無數榮耀，勢

必緊緊吸引金融圈的目光。1958年，面對一些普遍公認的電子和電機設備業巨擘的競爭，全世界最大的電子計算機器製造商國際商業機器公司(International Business Machines Corporation)，選擇德州儀器為合作夥伴，共同研究半導體在電子設備上的應用。1959年，德州儀器宣布技術上有所突破，利用和當時的電晶體幾乎同樣大小的半導體材料，不只可以取代一個電晶體，甚至能製造整塊電路板！機器設備可望趨於小型化，超乎想像。隨著公司的成長，能力十分突出的產品研究發展單位等比例擴大。今天，消息靈通的人士幾乎不敢懷疑這家公司一長串的技術和經營上的「第一」，不能持續到未來好幾年。

股票的市場價格對這些事情有什麼樣的反應？本益比是不是持續上升，一如廿二個月前我說過這件事有可能發生？紀錄似乎是肯定的。1957年以來，每股盈餘增為三倍多一點。股價從本書第一版完稿時的26 1/2美元上漲超過五倍。順便一提，本書第一版曾提到，不到三年半前，有人買進不少股票，進價14美元，目前的價格則是此數的1,000％以上。雖然股價已經激漲，但我們很感興趣，想知道未來幾年營業額和盈餘進一步成長能不能使股價漲得更多。

這又讓我們想起另一種推理方式，導致若干投資人過份注意過去的價格區間和每股盈餘等不相干的統計數字。他們相信，過去幾年發生的事，勢必無限期延伸下去。換句話說，有些投資人會找到過去五年或十年中，每年每股盈餘和市價都上漲的股票，並且做成結論說，這個趨勢幾乎肯定會無限期持續下去。我同意這種情形有可能發生。但為了取得成長，必須進

行研究發展，何時能獲得成果，時間難斷，而且推出新產品很花錢，所以即使最傑出的成長型公司，盈餘成長率也難免偶爾一到三年下挫。盈餘成長率下挫會使股價重跌。所以說，強調過去的盈餘紀錄，卻忽視左右未來盈餘曲線的背景狀況，可能讓投資人損失不貲。

　　這是不是表示，決定要不要買進某支股票時，過去的盈餘和價格區間應完全忽視？不是的。我的意思只是說，投資人重視它們的程度，不應高到引來危險的地步。只要投資人瞭解它們只是輔助工具，適用於特殊目的，不是決定一支普通股有沒有吸引力的主要因素，它們就很有用。比方說，研究前幾年每股盈餘的起伏情形，可以瞭解一支股票的週期性，也就是企業盈餘受各景氣階段影響的程度。更重要的是，比較過去的每股盈餘和價格區間，可以瞭解一支股票過去的本益比。這可以當做起步的基礎，根據它們衡量未來可能的本益比。但是同樣的，應謹記在心：主宰股價走勢的是未來，不是過去。也許一支股票過去幾年的價格一直穩定維持在只為盈餘八倍的水準，但現在，管理階層更迭、公司建立起一流的研究部門等事情發生，使得股票目前的價格是盈餘的十五倍左右。如果有人估計未來的盈餘，並算出這支股票的預期價值只有盈餘的八倍，不是十五倍，那麼未免過分仰賴過去的統計數字。

　　這一小節我下的標題是「不要忘了你的吉爾伯特和沙利文」。或許我應寫成「不要受無關緊要事務的影響」。以前的盈餘統計數字，特別是每股的價格區間，往往「無關宏旨」。

4.買進真正優秀的成長股時，除了考慮價格，不
要忘了時機因素。

我們來談談經常發生的一種投資情況。根據我們的十五要點建立的標準，有家公司非常符合。此外，約一年後，獲利能力將有長足的進步，但將導致盈餘激增的因素，金融圈還沒有完全清楚。更重要的是，強烈的跡象顯示，新的獲利來源至少將大幅成長好幾年。

正常情況下，這支股票顯然應該買進。但有個因素令我們暫時卻步。前些年其他事業經營得很成功，這支股票大受金融圈垂青，若不考慮那些普遍未知的新影響因素，這支股票的價格在20美元左右，可能被視為相當合理，但目前竟漲到不合理的32美元。假設五年後這些新影響因素能使股價輕易漲到充分反映其價值的75美元，那麼我們現在是不是應以32美元——比我們認為這支股票應有的價位高60%——的價格買進？新情勢總有可能不如原先想像得那麼好。而且，股價也有可能掉回我們認為應有的價位20美元。

面對這種情況，許多保守型的投資人會密切注意報價。要是股價跌到接近20美元，他們會積極買進，否則便不理會這支股票。這種事常發生，值得進一步分析。

20美元這個數字很神聖嗎？不然，因為它沒有考慮未來價值中一個重要的成分——我們知道，但其他大部分人不知道的因素，而且我們相信未來幾年這些因素會使它的價格漲到75美元。這裡真正重要的是，我們能找到一種方法，以接近低價的

價位買到股票，看著它從那個價位往上爬。我們關心的是，如果以32美元買進，後來股價可能跌到20美元左右。這不只讓我們暫時出現損失，更重要的是，要是股價後來漲到75美元，則以同樣的錢，我們在32美元買到的股數，比耐心等候它跌到20美元再買進少約60％。假設廿年後，其他新的事業推升股價上升到200美元，而非75美元，則同樣的錢能買到多少股數，便格外重要。

幸好，碰到這樣的情況，有另一個路標可資依賴，保險業和銀行業的一些朋友甚至覺得，即使如履薄冰，也一樣安全。這個做法就是不在特定的價格買進股票，而在特定的日子買進。研究這家公司過去其他成功的經營計畫，可以發現這些經營計畫在發展階段的某一點，便會反映在股價上，或許那是在這些經營計畫到達試車階段之前平均約一個月。假設股價仍為32美元左右，那麼何不準備在五個月後，也就是試車工廠開始運轉之前一個月，買進股票？當然了，那時買進股票後，股價仍有可能下跌。不過，即使我們在20美元買進，還是不能保證股價不會下跌。如果我們有相當不錯的機會，能在儘可能接近低點的價位買進，即使我們覺得，以大家都知道的因素為基礎，股價可能再跌，我們不是仍能達成目標嗎？這種情況下，在某個日期買進，不是比在某個價位買進安全？

基本上，這個方法一點也沒忽視股票的價值，只是表面上看起來忽視而已。要不是未來價值有可能大幅上升，則金融圈一些朋友宣稱應在某個日期買進，而不是在特定的價位買進，就顯得很不合邏輯。但如跡象強烈顯示價值勢將提高，則在某

個日期買進，不在某個價位買進，就有可能在最低價位或接近最低價位的地方，買到將進一步大幅成長的股票。總之，買進任何股票時，這正是應試著去做的事。

5. 不要隨群眾起舞。

有個重要的投資觀念，如果沒有相當豐富的投資理財經驗，往往不容易理解，因為這個觀念很難用精確的文字解釋清楚，也無法化繁為簡，以數學公式表達。

本書一再談到各種不同的因素，影響普通股價格上漲或下跌。企業純益升降、公司管理階層更易、新的發明或新的發現問世、利率或稅法改變──這只是隨便舉出的一些例子，用以說明哪些情況會使特定普通股的報價上漲或下跌。所有這些影響因素有個共同點。它們是我們生存的世界中真正發生的事情。它們已經發生或即將發生。現在我們要談一種很不一樣的價格影響因素，純粹起於心理面。外在或經濟世界壓根兒沒有發生變化，但絕大多數的金融界人士從迥異於以往的觀點，觀察完全相同的情境。由於評估同樣一組基本事實的方式改變，結果同樣一支股票，他們願意支付的價格或本益比跟著改變。

股市裡面有流行，也有狂熱，一如女裝。這些流行或狂熱可能幾年一次，扭曲目前的價格相對於實質價值的關係，影響之大，不亞於商人某年碰到流行及地長裙，不得不捨棄一堆高品質及膝洋裝。舉個實際的例子：1948年，我曾和一位紳士聊天。我相信，擔任紐約證券分析師學會（New York Society of

Security Analysts）理事長的他，是很能幹的投資專家。這個職位通常授予金融圈內比較出色的人才。閒話莫表，到紐約之前，我剛拜訪過密西根州密德蘭的道氏化學公司總部。我提到，快要結束的那個會計年度，道氏的盈餘會創下新高水準，我認為這支股票很值得買進。他答道，他覺得像道氏這樣一家公司，能賺那麼高的每股盈餘，可能只具歷史意義，或者只能留待將來做統計研究之用。也就是說，這種盈餘水準不會使道氏股票變得吸引人，因為明顯可以看出，這家公司只是綻現戰後一時的榮景，無法持久。他進一步指出，美國內戰和一次世界大戰幾年後發生的類似戰後景氣蕭條出現之前，不可能評斷這樣一支股票的真正價值。令人遺憾，他的推理完全漠視這家公司當時正在開發許多有趣的新產品，可能對股票的價值有進一步的助益。

後來道氏的盈餘不曾跌到接近這個若干人以為的異常高峰，股價也從若干人以為的當時高價，繼續往上攀升好幾倍。這些事實，不是此處探討的重點。我們想知道的是，為什麼那位能幹的投資專家，面對相同的事實，卻對道氏股票的實質價值得出和幾年前不同的結論。

答案在於1947到1949三年內，幾乎整個金融圈沈溺在集體錯覺中。事後評斷往事很容易，所以我們現在能夠舒舒服服地坐著，笑看1492年哥倫布的隨行船員極感恐怖的事情，其實有悖事實。聖馬利亞號（Santa Maria）上的大部分船員夜夜無法安枕，因為他們極端恐怖，害怕船隻隨時可能從地表的邊緣掉落，屍骨無存。1948年，投資圈不重視任何普通股的盈餘價值，

因為大家普遍相信，近期內出現嚴重的經濟蕭條，以及股市大崩盤在所難免，因為前面兩次大戰後幾年內都有相同的情形。1949年的確出現輕微的蕭條。程度沒那麼嚴重的事實為人認清之後，金融圈發現隨後的趨勢是往上，不是向上，於是心理因素丕變，對普通股的觀感大不相同。接下來幾年內，許多普通股的價格上漲一倍以上，原因不過是心理面因素改變。有些普通股受益於更有形的外在因素，基本面改善，漲幅不只一倍。

金融圈在不同的時間，對相同事實的評估方式大異其趣的現象，絕不限於整體股市。特定行業和這些行業中的個別公司，金融圈的喜惡不斷變動，原因往往出在時移勢轉，相同的事實卻有不一樣的解讀方式。

舉例來說，某些期間內，投資圈認為國防工業有欠魅力。國防工業最突出的特性之一，是它只有一位客戶，也就是政府。這位客戶有些年頭大量採購軍事裝備，有些年頭則一路縮減支出。因此，這個行業無從得知下一年會不會有大合約取消，業務枯竭。

除此之外，還需考慮承包政府的工作，獲利率一向很低，而且法律規定，如果計算錯誤，廠商已賺得的利潤必須吐回，承受的損失則自行負擔。另外，廠商必須不斷競售最新型的設備，而在這個領域中一直更改工程設計，所以高風險和混亂是業內常態。不管工程設計得多好，任何事情都不可能標準化，讓你的公司相對於積極進取的競爭對手，長期占有優勢。最後，總是有可能碰到和平降臨的「危險」，以致於業績每下愈況。

過去廿年，投資人很多次盛行這種看法，使得國防類股的價格相對於盈餘偏低。

不過最近金融圈有時從相同的事實資料得出其他的結論。依目前的全球情勢，多年內必須大量支出，研製空防設備。雖然每年的總值可能有所變化，但工程設計變動的步調，使我們需要愈來愈昂貴的設備，因此長期是向上的趨勢。這表示投資這些證券的快樂投資人，置身於不會感受到下一波景氣蕭條的少數行業之一，但其他大部分行業遲早會面臨這種困境。雖然利潤率受到法律的限制，經營良好的公司還是有很多業務可做，因此總淨利並無上限。投資人普遍持有這種看法之後，同樣的背景事實便有相當不同的評估結果，股價水準自然與以往大不相同。

我們可以舉出很多實例，說明過去廿年，金融圈起初以某種方式觀察某種行業，後來又改用另一種方式，股票價格隨之起伏不定。1950年，製藥類股普遍被視為具有工業化學公司同樣的理想特質。卓越的研究成果帶來無止盡的成長潛力，加上生活水準穩定提高，最好的製藥業股票和最好的化學業股票本益比一樣高，似有其道理。後來，某家製造商以前銷售得很好的一樣產品出了問題，金融圈馬上聞風色變，覺得這個行業中，今天居於龍頭地位，不能保證明天仍是主要公司之一。於是他們重新評估整個行業，得出完全不同的合理本益比水準，原因不在事實背景改變，而是對相同的事實背景闡釋不同。

1958年的情形恰好相反。這一年，景氣不振，製藥業是少

數產品需求未跌反增的行業之一。業內大部分公司的盈餘上升到新高水準。在此同時，化學製造商的盈餘急劇下滑——主要因為剛完成的大規模擴張行動導致產能過剩。善變的金融圈再次開始大幅提高製藥類股的本益比。同時，愈來愈多投資人開始覺得化學類股不如早先想像的那麼吸引人。所有這些，不過反映金融圈看法上的轉變，基本面或內在條件並未發生變化。

一年後，投資人一些新的看法已經反轉。比較優秀的化學公司率先恢復失落的利潤率，隨著成長趨勢帶動盈餘迅速升抵新高水準，他們很快重拾暫時失去的聲望。在政府緊抓製藥業不當的訂價和專利政策的不利環境背景中，重要的新藥品數目愈來愈多，將帶來長遠的效益，可望進一步支撐製藥類股的地位。因此，我們很感興趣，樂於觀察製藥類股最近重獲的地位，未來幾年會進一步成長或開始衰頹。

本書第一版中，我又提到一個當時最新的例子，說明金融圈看法改變的情形：

「現在又有一個展望改變的例子。多年來，工具機製造商的股價相對於盈餘一直很低。大家幾乎一致認為，工具機是景氣大好大壞輪替不休的行業。不管盈餘有多好，都沒有太大意義，因為那只是眼前榮景的產物，無法持久。但最近有個新學說，雖然還沒取得主流地位，卻有愈來愈多人相信。這派學說相信，二次世界大戰以來，基本面已經發生變化，影響到這些公司。所有產業的資本支出計畫已從短期規劃轉為長期規劃。因此，導致工具機業景氣波動激烈的原因已經消失。工資率偏

高，而且還在上升，即使無法永久改變，也能使這個行業多年內不再出現大好大壞輪替的現象。工程設計穩定進步的速度已經加快，將進一步加速這個行業產品淘汰的步調。因此，工具機業可望擺脫戰前週期性的趨勢，最近的成長趨勢會繼續延伸到未來。自動化可能使這個成長趨勢變得十分突出。

「受到這種想法的影響，相對於整體市場，較優秀的工具機業股票現在得到比幾年前要好的評價。它們的價格相對於本益比仍然偏低，因為大好大壞輪替的想法依然揮之不去，但不如以往那麼強烈。如果金融圈日益接受工具機類股不再是週期性行業，而且成長展望樂觀的看法，它們的本益比會再上升。這一來，它們的表現就會遠優於市場。要是大好大壞的舊觀念再占上風，它們的本益比就會低於目前。

「普通股投資人如希望買進股票獲得最大的利益，這個工具機業的例子，顯然可以減輕負擔。他必須根據事實面做分析，探討當時金融圈對整個行業和他打算買進的特定公司盛行的看法。如果他能找到某種行業或者某家公司，當時金融圈的一般看法遠比事實資料呈現的要差，則不隨群眾起舞，可能獲得額外的報酬。買進的公司和行業，如是當時金融圈的最愛，則應格外小心謹慎，確定它們真的值得買進——有些時候的確很值得買進——以及自己不致於付出高價，買到金融圈對基本事實的解讀過份有利，成為當時投資狂熱的股票。」

當然了，關於工具機業本質上不再是大好大壞相生的行業一說，我們已知道答案為何。1957年的經濟衰退，徹底粉碎了長期企業規劃足以做為緩衝，使得工具機業不再受苦於景氣循

環中衰退壓力的說法。但是今天科技變遷的腳步愈來愈快，這類問題每解決一個，又帶來更多的問題，聰明的投資人如能自外於群眾，獨立思考，在絕大部分人的意見偏向另一邊時，提出自己的正確答案，將獲益匪淺。「奇特的」能源股和一些小型電子股，以它們的內在條件來說，今天得到那麼高的評價，當之無愧嗎？超音波設備製造商的前景真的那麼明亮，普通的本益比可以棄之不顧？一家公司如有極高的盈餘來自海外業務，對美國投資人是好是壞？這些問題，投資大眾的想法目前可能過偏，或者還沒過偏。聰明的投資人想要參與受影響的公司時，必須確定何者是會持續下去的基本面趨勢，何者只是一時的狂熱。

這些投資狂熱和不正確地解讀事實資料，可能持續好幾個月或好幾年。但長期而言，真實狀況不只將終結這些現象，而且往往暫時導致受影響的股票往反方向走得太遠。一個人如有能力透視絕大多數人的看法，發現事實真相到底如何，投資普通股將獲得優渥的報酬。不過，我們身邊的人不容易形成一種綜合性的意見，強烈影響所有人的想法。但是有件事情，每個人都看得出來，而且在不追隨群眾起舞上，能給我們很大的助益。這件事就是金融圈通常很慢才看出基本面已經發生變化，除非有知名人物或喧騰一時的事件涉入其中。ABC公司從事的行業雖然吸引人，但它的股價一直很低，因為經營管理很差。要是有個知名人物當上新總裁，股價通常不只應聲上漲，還可能漲過了頭。這是因為一開始出現的激情，忽視了基本面需要時間才會改善的事實。相反的，如由默默無聞的人士接掌經營管理的重責大任，很有可能幾個月、幾年過去了，公司得到的

金融圈評價還是很不好，本益比依然偏低。認清這些情況——在金融圈矯正它的評價，導致股價激漲之前——是初出茅廬的投資人首先應該練習的最簡單方法，千萬不要隨群眾起舞，人云亦云。

第十章
如何找到成長股

《非常潛力股》第一版出書之後，我開始收到全國各地讀者一堆來函，數量多得嚇人。最常見的一個要求，是希望提供更詳細的資料，說明讀者（或他的投資理財顧問）應該怎麼做，才能找到市價漲幅可觀的股票。由於有那麼多人對這件事感興趣，在這裡就這件事發表一些意見或許有好處。

做這件事要花很多時間，以及技巧和注意力。小額投資人可能覺得所花工夫超過個人所能負擔。如果有某種簡單、快速的方法，可以選到厚利股，則對小額投資人和投資大戶都是好事。我非常懷疑有這種方法存在。當然了，應花多少時間在這些事情上面，每位投資人必須自己決定，看自己有多少時間可用在投資上、興趣有多濃厚、個人的能力到什麼程度。

我沒辦法保證只有我的方法可以找到賺錢的投資對象。我也不十分肯定它是最好的方法，但很明顯的，如果我認為其他的方法更好，就不會使用自己的方法。這些年來，我一直遵照以下將詳細說明的步驟；對我來說，這個方法不但管用，而且運作得很好。特別是在很重要的初步階段，有些人擁有較豐富的背景知識、較好的人際關係，或者更有能力變通使用這些方法，而取得更好的整體成果。

以下所說分兩個階段，每個階段所做決策的品質，對於能夠獲得的理財成果影響至巨。任何人馬上會看出，這兩個極其要緊的重點中的第二個，有關的決定十分重要，那就是「我現在應該買進這支股票，或者不買？」投資人可能不容易理解的是，選擇普通股一開始也必須做一些決定，這些決定攸關你有沒有可能發現一支十年後會增值廿倍的股票，而不是只找到一支還沒漲一倍的股票。

任何人如果即將著手尋找高成長證券，都會碰到這個問題：數十種行業中，數千支股票都有可能值得花很大的工夫去研究。除非你投入很多心血，否則無法確定到底哪些股票值得投資。不過即使只研究其中一部分，也沒人有那麼多時間。你如何選出其中一支或者很少的股票，騰出時間去研究？

這個問題遠比表面上看到的要複雜。你所做的決定，可能輕易汰除某些股票，沒去研究，想不到幾年後它們卻能給持股人帶來可觀的財富。你做出的決定，可能害自己囿限於研究難以開花結果的股票，等到愈來愈多資料蒐集到手之後，情況變得日益明朗，得到的答案，和絕大部分的研究遲早獲得的結論一樣，也就是那不過是家乏善可陳的公司，或者可能稍好一點，卻不是會帶來可觀利潤的公司。從投資理財的觀點來說，這個十分重要的決定，攸關你能不能挖到豐富的礦脈，或者因為對事實所知無多，只能找到貧瘠的土地。這是因為你必須先決定自己的時間要花在哪裡，以及不要花在哪裡，才去做夠多的事，以便有個合適的基礎，好做成結論。如果你做的事夠多，那麼做決定時便有適當的背景資料，這一來，由於你對每種狀況都

花了很多時間，做第一個重要決定時，速度會很快。不知不覺間，你便已做好決定。

幾年前，我會很熱心地告訴你，我用了一種看起來簡潔有力的方法，解決這個問題；可惜這個方法是錯的。就我調查各公司的結果，特別是我管理的資金所熟悉的公司，我和很多相當能幹的企業高階主管、科學家關係很好，能和他們聊起別家公司的情形。我相信，這些消息非常靈通的人士提供的點子和線索，能給我很多值得調查的對象，而且可能有非常高比率的公司，具備我不斷尋找的傑出特質。

但我試著利用改善自己事業的相同分析和嚴格方法，期望我所投資的公司也用它們去改善營運活動。因此，幾年前我做了個研究，探討兩件事。我如何選定想要研究的公司？根據事後回顧，我探討了某種來源和另一種性質完全不同的來源提供的原始「點火器」點子，引起研究調查興趣，並帶來有價值的成果（也就是之後買到投資報酬可觀的股票）所占的比率，兩者是不是有很大的差異？

我發現到的事實，令自己嚇了一跳，但分析起來，完全合乎邏輯。我相信，企業高階主管和科學家這一類，是我的原始點子的主要來源，促使我研究調查某家公司，而對另一家公司不感興趣。但他們提供的線索，實際上只有約五分之一引起我的興趣，並著手進一步研究。更重要的是，這些線索沒帶來高於平均水準的好投資對象。全部的研究調查占所有線索的五分之一，而這五分之一，只帶來約六分之一有價值的投資成果。

　　相對的，相當不同的另一群人，提供的原始點子引起約五分之四的研究調查興趣，並帶來約六分之五的最終報酬（以買到有價值的股票來衡量）。在全國各地，我慢慢認識和尊敬少數一些人，他們在挑選成長型普通股方面，做得非常之好。這些能力很好的投資專家分散在很多地方，如紐約、波士頓、費城、水牛城、芝加哥、舊金山、洛杉磯、聖地牙哥。在很多地方，其中任何一人對他特別喜歡的股票所下的結論，我可能完全不敢苟同，甚至於不覺得那支股票有什麼好值得研究調查的。一兩個例子中，他們的思慮是否週延，我也感懷疑。但由於我曉得他們每個人的理財心思敏銳，紀錄不同凡響，我樂於傾聽他們不厭其詳地解說我有興趣，而且他們認為增值潛力雄厚、非常吸引人的公司。

　　此外，由於他們是訓練有素的投資專家，我通常能夠很快聽到他們的意見，觸及我覺得最重要的事情，好讓我決定一家公司是不是值得研究調查。這些重要事情是什麼？基本上，它們涵蓋一家公司符合前面所談十五要點的程度，並在這個初步階段特別強調兩個特定主題。這家公司經營的行業，營業額將有高成長機會？或者正往這樣的行業邁進？隨著整個行業的成長，它所經營的業務，新興公司是不是相當容易創立，並取代原來的領導公司？如果這些業務的特質很難防範新進公司踏入這個領域，則這種成長的投資價值很低。

　　聽取成就較低或能力較差的投資人士的話，做為原始的線索，找到值得研究調查的對象，這種做法的成果好不好？如果找不到更合適的人，我無疑會找他們多談些。我總是試著找時

間至少聽任何投資人士說一次，但也留意那些在業內逐漸嶄露頭角，滿懷抱負的年輕人，以免錯過某些人的意見。但是能夠利用的時間十分有限。隨著事實資料顯現，我會把某位理財專家的投資判斷或他的可靠性降級。我發現自己有個傾向，也就是研究調查他所提公司的時間會減少很多。

從印刷資料中尋找原始線索，找到值得研究調查的公司，這種做法好不好？最可靠的經紀商發表的特別報告，如果沒有到處散發，只分給少數特定人士閱讀時，偶爾我會受到報告內容的影響。不過整體而言，我覺得經紀商向每個人公開發表的典型印刷文字，不會有很多資料線索。它們不準確的地方太多。更重要的是，大部分報告只是重複金融圈已知的事實。同樣的，偶爾我會從最好的業界和金融期刊，得到有價值的點子（我發現它們在完全不同的目的上，用處相當大）；但因為我相信它們先天上有一些限制，我最感興趣的一些事情，沒辦法報導，因此我發現，在尋找值得調查的最好公司方面，它們不是很豐富的新點子來源。

還有一個找得到原始線索的可能來源，技術背景較佳或能力較強的人，可能受益匪淺，但我一直辦不到。這個來源是大型顧問研究公司，如亞瑟李特（Arthur D. Little）、史丹福研究所（Stanford Research Institute）或貝特爾（Battelle）。我發現，這些組織的員工對於商業和技術發展有很深入的瞭解，從他們那裡，應能得到有價值的原始投資點子。但我覺得，這些人有個傾向（十分值得讚許），也就是不願討論他們知道的大部分事情，因為可能傷害客戶公司對他們的信心。這一來，他們對

我的用處便大打折扣。要是比我聰明的人能找到一種方法，在不傷害這些客戶公司的前提下，挖出我懷疑這些組織擁有的投資資訊寶礦，便可能大幅改善我的方法，在尋找成長股的這個階段發揮功效。

第一步該說的就這麼多。只要花幾個小時找人一談，通常是找傑出的投資專家，偶爾是找企業高階主管或科學家，我就能確定某家公司是不是有意思，並開始做研究調查。接下來我怎麼做？

我要特別強調有三件事不能做。這個階段，我不找（我想，理由馬上會很清楚）公司任何管理人員。我不會花無數小時翻閱舊年報，並詳細研究資產負債表每年的微小變動。我不會找我認識的每位股票營業員，問他對這支股票的看法如何。但我會瀏覽資產負債表，確定資本結構和財務的整體狀況。如有證券管理委員會（SEC）的公開說明書，我會仔細閱讀其中有關總營業額分項、競爭狀況、高階主管或其他大股東持有普通股的程度（通常這也能從代理投票說明書中獲得），以及所有的盈餘報表數字，從中瞭解折舊（或者耗竭）、利潤率、研究發展活動的深入程度，以及前幾年的營運活動中，某些異常或非經常性的成本。

現在，我做好準備，要真正上路了。我將儘可能利用前面說過的「閒聊」法。我認識的企業高階主管和科學家，當做原始的投資點子來源有美中不足之處，在這裡卻有難以估計的價值。我會試著去見（或在電話中連絡）我認識的每一位重要顧

客、供應商、競爭對手、以前的員工，或相關領域中的科學家，或者透過共同的朋友和他們接觸。但假使我認識的人還不夠多，或者朋友的朋友認識的人不夠多，沒辦法提供我需要的背景資料，我會怎麼做？

坦白說，如果我沒辦法得到想要的很多資訊，我會放棄研究調查，另找目標。投資要賺得大錢，你考慮的每項投資不需要都獲得某些答案。反之，你需要的是少數實際購買的股票得到許多正確的答案。由於這個原因，如果取得的背景資料太少，而且將來獲得大量背景資料的希望微乎其微，我相信最聰明的做法，是把這件事擱到一邊去，另找對象。

不過，假設已經得到不少背景資料。你已和自己認識或者容易接觸的人談過，但另外找到一兩個人，相信他們如肯和你暢談，對整幅畫面的完成將大有助益。我不會在大街上追著他們問話。大部分人不管對自己從事的行業多有興趣，都不願意告訴完全陌生的人，他們覺得某位顧客、競爭對手或者供應商強在哪裡裡、弱在哪裡。如果我想見某個人，我會去查他和哪家商業銀行往來。要是為了這件事，你找上認識你的某家商業銀行，坦誠告訴他們，你想要見誰，以及為了什麼事，你會很驚訝地發現，大部分投資銀行人士都樂意幫忙──只要你不常麻煩他們。可能更叫人驚訝的是，大部分企業人士在經常往來的銀行人士引介下，也很樂意幫忙。當然了，只有在銀行業人士十分肯定你尋找的任何資訊，真的只用做投資時的背景參考，而且不管在什麼情況下，你絕對不會引用不利的資訊，讓任何人難堪，他們才會幫忙。如果你嚴守這些原則，那麼銀行

提供的幫忙有時有助於研究調查階段完成；如果沒有他們的幫忙，你可能永遠完成不了有價值的研究調查工作。

以「閒聊」法，向各種來源儘量打聽十五要點一章指出的很多資料之後，才可以準備採取下一步，考慮接觸管理階層。我覺得，投資人徹底瞭解何以必須如此，相當重要。

一家公司有優秀的管理階層，投資它的普通股才能獲得可觀的利潤。問到公司的弱點時，優秀的管理階層幾乎會和回答公司的優點一樣坦誠以告。但就這件事來說，不管管理階層多坦白，他們基於自身的利益，絕不會在沒發問的前提下，主動談到你這位投資人最關心的事情。如果你向一位副總裁說：「我可能投資你們公司的股票，你覺得關於貴公司，還有別的事情我需要知道的嗎？」你想，他會答說，其他高階管理人員表現非常突出，但他當副總裁幾年下來，行銷工作沒做好，害得公司的營業業額開始出現頹勢？他有可能進一步主動提及，這事可能沒那麼嚴重，因為某位年輕的行銷幹部能力高強，再等六個月便會接掌大權，振衰起敝？當然了，他不會不打自招。不過，我發現，如果他曉得你已經知道行銷方面的弱點，便有可能以外交辭令應付你，但如你找對管理階層，而且他們對你的判斷有信心，他們會給你很實在的答案，談到他們有沒有採取什麼行動，矯正這樣的弱點。

換句話說，接觸管理階層前，根據「閒聊」法獲得背景資料，才能知道拜訪一家公司時，應該試著瞭解什麼事情。沒有這方面的背景資料，你可能沒辦法確定最基本的要點——高階

管理人員本身的能力。即使是中型的公司，重要管理人員的數目也可能高達五人。第一或第二次拜訪時，通常不容易見到所有的人。硬要和所有的人見面，和某些人一談的時間可能相當短暫，沒辦法確定他們的相對能力。五人中往往有一兩個人的能力遠比別人好或差。不靠「閒聊」獲得背景資料指引你，你可能因為見到的人不同，而對整個管理階層有過高或過低的評估。「閒聊」之後，你可能會有相當準確的瞭解，曉得誰特別強或特別弱，而能站在更好的地位，求見特定的人士，好對他有更深一層的認識，用以驗證「閒聊」得到的印象是否正確。

依我的意見，幾乎任何領域中，除非把事情做對有其價值，否則不值得去做那些事情。就選擇成長股這件事來說，適當的行動獲得的報酬很大，判斷不良遭到的懲罰也很大，所以不應只憑粗淺的知識去選成長股。投資人或理財專家如想選到適當的成長股，我相信他務必時時遵守的一個準則是：投資某支股票需要的所有知識中，除非至少先取得50％，否則絕不要去拜訪任何公司的管理階層。不先做到這一點而冒然去見管理階層，那麼他所處地位很危險，因為他對自己應知道的事情，瞭解甚少，和管理階層見面，能不能得到正確的答案，只能靠運氣。

拜訪一家公司前，至少應先取得必要知識的一半，這件事所以重要，還有另一個原因。當紅行業中某些公司的傑出管理人員，必須騰出很多時間，應付投資業人士。公司股票價格的高低，在許多方面對他們很重要，所以重要管理人員通常會騰出時間接見這些訪客。但是我聽過很多公司相同的說法。他們

不想以粗魯無禮的態度對待任何人，可是接見金融業訪客時，到底是派出重要的管理人員，還是不負行政決策的人員，主要取決於公司對訪客個人能力的評估，訪客所代表金融利益的多寡，並沒那麼要緊。更重要的是，公司提供資訊的意願高低——也就是，公司回答特定問題和討論重要事務時，願意談得多深入——幾乎完全取決於對每位訪客能力的評估。只是臨時順道來訪，根本沒做事前準備工作的訪客，還沒開始訪問，往往已獲兩好球，離三振出局不遠。

你可以見到什麼人（務必見到實際做決策的人，而不是財務公關之類的員工），這件事十分重要，所以不妨花點工夫，找合適的人引介你認識管理階層。重要的客戶，或管理階層認識的大股東，是極佳的介紹人，能為你首次拜訪公司舖路。公司往來的投資銀行，也是一條路子。不管怎麼做，很希望第一次拜訪便收穫豐碩的人，應確定介紹人對自己的評價很高，能在管理階層面前美言幾句。

寫這些文字之前幾個星期，恰巧碰到一件事，或可說明首次拜訪管理階層之前，應先做好多充分的準備。那時，我正和某大投資公司的兩位代表共進午餐，其中一位是我管理的基金投資的少數幾家公司裡面，兩家公司往來投資銀行業務的負責人。一位紳士曉得我投資的公司不多，而且持有股票的時間通常很長，問到我拜訪的新（對我而言）公司裡面，後來實際買進股票的比率有多少。我請他猜一下。他估計每拜訪二百五十家，買進一家公司的股票。另一位紳士大膽指出，可能每廿五家就買一家。實際上是每二家到二家半便買一家！這不是因為

我每拜訪二家半公司，便有一家符合我自認相當嚴格的買進標準。如果他講的是「注意的公司」，而不是「拜訪的公司」，那麼每四十家或五十家買進一家可能是對的。如果他講的是「可能考慮研究調查的公司」（不管我實際上有沒有去研究調查），那麼他原來估計的每二百五十家買進一家便很接近實情。他忽視了一件事，也就是我相信，除非先做大量的「閒聊」工作，否則拜訪工廠無法獲得太大的好處，而且我發現，「閒聊」得到的背景資料，常能準確預測一家公司符合我的十五要點到什麼程度，因此在我準備拜訪管理階層時，買進該公司股票的機率通常已相當高。很多比較不理想的對象，在這個過程中已經汰除。

以上所說，總結了我尋找成長股的方法。我開始著手研究調查的公司中，可能有五分之一來自業內朋友提供的線索，五分之四來自少數能力較強的投資專家。有關的決定做得很快，我必須迅速判斷哪些公司值得花時間做研究調查，哪些公司應置之不顧。接著簡短審視證券管理委員會公開說明書中的幾個要點，之後積極與人「閒聊」，不斷瞭解一家公司多接近我們的十五點標準。這個過程中，我捨棄一家又一家可能的投資對象。有些被淘汰的公司是因為證據愈來愈多，顯示它們平凡無奇，有些則是因為我沒辦法取得足夠的證據，確定它們是好是壞。只有少數例子中，我得到很多有利的資料，才準備走到最後一步，也就是接觸管理階層。和管理階層見過面後，如果我發現先前的期望果然沒錯，而且他們提出的答案頭頭是道，消弭了我先前的疑慮，一種感覺便油然而生，相信先前的種種努力終有報償。

　　一些人對以上的做法不以為然，我瞭解他們反對的理由，因為曾聽過很多次。我們怎能期望一個人花那麼多時間，只為了尋找一家值得投資的公司？在投資業找到的第一個人，問他應買什麼，難道答案不能恰合所需？有這些反應的人，我想請他們看看身邊的世界。其他的活動中，你能投資10,000美元，十年後（這段期間，只偶爾看看公司管理階層是不是仍然那麼優秀）資產價值高達40,000美元到150,000美元？慎選成長股，會有這樣的報酬。一個人如果一個星期只花一個晚上，躺在舒適的扶手椅裡，瀏覽一些言簡意賅的經紀商免費報告，便有這樣的成果，你覺得合情合理嗎？一個人找了第一位投資專家一談之後，支付135美元的手續費，便能獲得這樣的利潤，你認為說得過去嗎？135美元是在紐約證券交易所以每股20美元買進500股股票必須支付的手續費。就我所知，沒有其他的活動領域能如此容易獲得這麼可觀的報酬。股票市場也同樣辦不到，除非你或你的投資顧問擁有在其他活動領域賺得大錢的同樣特質，也就是投入很多心血，加上一定的能力、判斷力和觀察力。運用這些特質，並利用和本章所述類似的方法，尋找非常符合我們的十五點標準，但還沒受金融圈垂青的公司，我們的紀錄十分清楚地指出，你很有可能找到創造財富的成長股。不過，不經一番苦功，無法找到它們，而且沒辦法每天找到它們。

第十一章
彙總與結論

目前正值廿世紀下半葉的第二個年代，人類生活水準提升的速度，很可能超越前面五千年。最近的投資風險很大，但投資成功的金錢報酬更大。但在投資的領域中，過去幾百年的風險和報酬，與未來五十年相比，可能小巫見大巫。

在這種情況下，可能有必要掂量目前的形勢。我們當然還沒克服景氣循環週期的問題，甚至沒有能力緩和它的波動。不過，我們已增添了幾個新因素，顯著影響普通股投資的藝術。其中之一是現代企業管理的興起，強化了普通股的投資特性。另一個新因素是從經濟性的角度，利用科技研究發展工程設計。

這些因素崛起，並沒有改變普通股投資成功的基本原則，反而使它們比以前更為重要。本書試圖說明這些基本原則是什麼、應該買進什麼樣的股票、何時去買，特別是絕對不要賣出——只要發行普通股的公司仍然具備經營十分成功的各項特質。

但願字裡行間提到許多投資人最常犯錯的部分，能引起若干興趣；這些投資人本來能力很強。但務請記住：曉得這些準

則和瞭解常犯的錯誤，不能幫助那些沒什麼耐心和自律精神的人。我認識一位能力非常強的投資專家，幾年前告訴我：在股票市場，強健的神經系統比聰明的頭腦還重要。莎士比亞可能無意間總結了普通股投資成功的歷程：「凡人經歷狂風巨浪才有財富。」

第二篇

保守型投資人
夜夜安枕

就我的事業生涯來說，我相信個人事業——或任何事業——的成功，有賴於遵循二個I和一個H的原則，也就是誠信正直（integrity）、聰明才智（ingenuity）、努力工作（hard work）。願以本書獻給我的三個兒子，因為我認為，亞瑟（Arthur）、肯恩（Ken）從事的事業和我很像，唐（Don）從事相當不同的事業，但他們都依循二I和一H的原則。

引 言

雖然這種事情很難精確衡量，但跡象強烈顯示，撰寫這段文字時，美國投資人士氣之低落，本世紀只見過一次同樣的情形。名聞遠近的道瓊卅種工業股價指數（Dow Jones industrial average）是每天股市價位變動的極佳指標。但如考慮較長的期間，這個指數可能掩飾，而非完全揭露最近許多普通股投資人蒙受的傷害。這個股價指數本應呈現所有公開交易的普通股到底發生了什麼事，但它沒有依每支股票發行在外的股數加權。如果這麼做，可以看出，1974年年中的平均股價比1968年的高價低70%。

面對這種損失，很多投資人的行為都在預料之中。一類投資人完全撤離市場。可是很多公司目前的表現好得出奇。我們所處的環境中，通貨膨脹愈來愈高似乎難以避免，以審慎的態度選擇性買進股票，風險性可能遠比其他一些看起來較安全的資金去處要低。還有一群為數更多的投資人，特別叫人感興趣：決定「從現在起，我們的行為舉止要較為保守」的一群人。這裡常見的說法是，他們將只買進最大型的公司，至少它們的名字幾乎每個人都知道。賓州中央（Penn Central）和聯合愛迪生（Consolidated Edison）的名字，或兩家公司提供哪種服務，美國不知道的人很少，東北部可能幾乎每個人都知道。依照傳統的標準，幾年前的賓州中央和最近的聯合愛迪生，被視為保守

型的投資。很遺憾的，行事保守和行事守舊兩者，投資人往往混淆不清，對那些真的想要保存資產的人，整件事有必要花一番工夫加以釐清——這事得從兩個定義說起：

1. 保守型投資工具（investment）很有可能在最低的風險下，保存（亦即維持）購買力。
2. 保守地投資（investing）指瞭解保守型投資工具的構成內涵，接著針對特定的投資工具，依照一套合適的行動程序，以確定特定的投資工具到底是不是保守型投資工具。

因此，要當保守型投資人，投資人或提供建議給他的人，需要具備的條件不只一個，而是兩個。他們應瞭解保守型投資工具的理想特質，接著採取研究調查行動，觀察特定的投資工具是否符合這些特質。兩項條件沒有同時具備，則普通股投資人可能只有運氣好壞，或所用方法屬傳統或非傳統之分，但稱不上是保守型投資人。

對我來說，這件事十分重要：任何時候，絕對不能在這種事情上產生混淆。不只持股人本身，連美國整體經濟也是一樣，不能再讓那些真心努力瞭解各項守則的人，蒙受這一代投資人最近經歷的慘況——這次失血之嚴重，僅次於約四十年前經濟大蕭條時另一代投資人的不幸遭遇。美國今天有無與倫比的機會，能夠改善所有人民的生活方式。它肯定具備技術知識和專業長才。但要以美國傳統的方式做這些事情，許多投資人以及投資業本身很多從業人士，有必要接受一些再教育，瞭解基

本知識。只有更多投資人因爲財務真的十分安全而感放心之後，新股發行市場才會再開啓，好讓企業能夠合法取得更多資金，更易於推動各項新計畫。要是這樣的事沒出現，則不管在美國或外國，我們只好以高成本、浪費、無效率的方式，滿足所需──由政府提供融資，並置管理階層於官僚習氣濃厚的黑手之下。

由於這些理由，我相信投資人今天的問題應該勇敢直接面對。本書爲了處理這些問題，我向兒子肯恩請益良多。肯恩想出這本書的書名，並貢獻其他很多事情，包括這裡所提部分基本概念。短短數語，難以盡言謝忱。

本書分成四個截然不同的部分。第一部分解剖──如果可以這麼說的話──如定義一所說的保守型股票。第二部分分析這次空頭市場的形成，金融圈推波助瀾，扮演的角色──如果你願意接受的話，應說是它們犯下的錯誤。裡面的批評，並非只顧砲轟，更希望指出類似的錯誤將來可以避免，而且研究過去的錯誤之後，一些基本投資原則變得十分清楚明白。第三部分談應該採取什麼樣的行動，才夠資格如定義二所說，稱得上是保守地投資。最後一部分提及今天的世界中，甚囂塵上的一些影響力量，引起很多人深深懷疑普通股是否適合當做保存資產的工具──換句話說，除了當做賭博的工具，還能考慮拿普通股做些什麼？造成最近一波空頭市場的種種問題，是不是創造了一種環境，使得持有股票成了不知情的人容易掉進的陷阱，或者正如美國歷史上每次的大空頭市場，這些問題帶來大好機會，能力和自律精神強的人，可以爲自己好好打算，自外

於目前普遍瀰漫的情緒反應之外，採取應有的行動。但願本書能就這一點提供若干指引。

Philip A. Fisher

加州聖馬特奧(San Mateo)

第一章
保守型投資工具的
第一個構面

生產、行銷、研究和
財務能力十分突出

可做為保守型投資工具的公司，論其規模和類別，必然是家複雜的公司。要瞭解這樣一家公司必須具備什麼，或許可以從它肯定擁有的特性的第一個構面談起。這個構面可以分成四大類：

生產成本低

要成為真正保守型的投資工具，一公司——即使不是全部的產品線，也需要是絕大部分的產品線——必須是生產成本最低的製造商，或者和任何競爭同業差不多一樣低，而且未來可望繼續如此。只有如此，持股人才能享受成本和售價間夠大的差距，並由此創造出兩個重要的條件。其一是在大部分競爭對手的損

益平衡點以下有充分的轉圜空間。一旦不景氣襲擊整體業界，價格不可能長久處於這個損益平衡點以下。只要出現這種情形，不少成本較高的競爭對手會有很大的虧損，某些同業將被迫停止生產。存活下來的低成本公司，利潤會自動提高，因為關閉的廠房以前供應的需求由它們接手，產量會增加。競爭對手的供應量減少，低成本公司享受的好處不只如此；它們不只能做更多的生意，而且由於多餘的供應量停止壓迫市場，它們還能提高價格。

第二種情況是，高於平均水準的利潤率，應能讓一家公司獲得夠多的盈餘，從內部創造公司成長所需的大部分資金，或者全部的資金。這一來，就不需要籌措太多的長期資金，或者根本不需要額外另籌資金。籌措資金可能（a）必須發行新股，使得已經發行的股票價值稀釋，或者（b）固定利息支出和固定還本（主要必須從未來的盈餘提撥）加重債務負擔，使得普通股持有人的風險大增。

但是投資人應瞭解，一家公司是低成本製造商，雖可提高普通股投資的安全性和保守性，但在多頭市場欣欣向榮的期間內，投機魅力將有所減損。高成本、高風險的邊際公司，碰到這種時候，利潤增幅總是遠高於前者。簡單的算術運算可以說明何以如此。假設兩家公司的規模相同，景氣正常時，產品的單位售價是10美分。A公司每單位產品的利潤是4美分，B公司則是1美分。再假設成本維持相同，但產品的需求暫時增加，把價格推升到12美分，而且兩家公司的規模還是相同。利潤較高的那家公司，單位利潤從4美分增加到6美分，成長50％，但

成本較高的另一家公司，利潤則成長200％，或者增為三倍。這是為什麼短期而言，高成本公司的盈餘有時會在景氣呈現榮面時上升得比較多，以及為什麼幾年後景氣轉差，產品價格掉到8美分時，體質較強的公司盈餘雖然縮水，但仍令人安心。高成本的公司即使沒有破產，還是可能製造一批受到嚴重傷害的投資人(或者自認是投資人的投機客)，他們相信錯在整套制度，本身沒錯。

撰寫以上文字時，心裡想到的只是製造業公司；所以我用的是生產一詞。當然了，許多公司不是製造商，從事的是服務業，如批發、零售，或者金融業中很多不同的行業，如銀行業或保險業。同樣的原則可以適用，但以營運(operations)一詞代替生產(productions)，也就是以低成本或高成本營運商代替低成本或高成本製造商。

強大的行銷組織

強大的行銷商必須時時留意客戶不斷變化中的願望，以便供應今天恰合所需的產品或服務，而不是以前需要的產品或服務。比方說，本世紀交替之際，知名馬車製造商如果堅持生產更好的馬車，不肯轉而生產汽車，或完全停止生產馬車，那麼它的行銷努力一定出問題。拿現在的例子來說，或許早在阿拉伯禁運石油，使得美國每個家庭體會到大型車十分耗油之前，汽車業的大型車製造部門恐怕已經做錯了一些事，沒有認清小型進口車日益受歡迎，露出明顯的跡象，顯示消費大眾的需求轉向低價、省油、比多年來受寵的大型豪華車容易停車的產品。

　　但是認清消費大眾的品味改變，並立即採取因應行動還不夠。正如人們說過的，商業世界中，顧客不會開出一條路，走到某人門口，去買更好的捕鼠器。在競爭激烈的商業世界中，設法讓潛在客戶曉得某樣產品或服務的好處，是十分重要的工作。只有瞭解潛在買主真正想要的是什麼（有時顧客本身不是很清楚為什麼產品或服務的優點對他有好處），並以他的平常用語，而非賣方的語彙向他說明，才能使他認知到那些好處。

　　到底是打廣告、由推銷員親自拜訪、請獨立的專業行銷組織推薦，或者綜合以上各種方法的效果最好，要看企業經營的性質而定。但是不管使用哪種方法，每一種做法都必須嚴密控制，管理階層也必須不斷衡量它們的成本效益。這方面若無傑出的管理階層主其事，將導致（a）失去本來可得的大量業務；（b）成本大幅增加，以致於獲得的業務，利潤縮小；以及（c）由於產品線內的各個組成利潤率不同，公司將無法在產品線內取得最高的利潤組合。效率高的製造商或營運商，如果行銷和銷售能力薄弱，可能就像力量強大的引擎，由於驅動皮帶鬆弛或差動調整不良，產生的成果將大打折扣。

傑出的研究和技術努力

沒多久以前，出色的技術能力似乎只對少數高度科技取向的行業十分重要，如電子、航空、藥品和化學品製造。隨著這些行業成長，它們日益擴大的技術滲透到幾乎所有的製造業和服務業。今天，擁有出色的研究和技術人才，對製鞋廠、銀行、零售商或保險公司來說，重要性不亞於維持大量研究人員，曾被

視為很奇特的科技業。科技努力目前導入兩個方向：生產更好
的新產品（當然了，關於這一點，研究科學家對化學公司的貢
獻，可能多於對連鎖雜貨店的貢獻），以及用比以前更好的方
法和更低的成本，提供服務。關於後一項目標，傑出的技術人
才對兩者來說都很寶貴。其實，若干服務業中，技術人員一直
努力開拓新的產品線，而且正在做舖路工作，希望用更好的方
式提供舊服務。銀行就是個好例子。低價電子輸入裝置和小型
電腦，有助於它們對客戶提供會計和記帳服務，創造出一種新
的產品線。

　　在研究和科技領域，各公司的效率差異很大，一如在行銷
領域。開發新產品的任務十分複雜，效率難免有很大的出入。
一公司研究人員相對於另一公司研究人員的能力和才智固然很
重要，卻只是影響研究成果的許多因素之一。開發新產品往往
必須集合許多研究人員之力；每個人都專精於不同的技術領
域。這些人能不能攜手合作（或在一位領導人誘導下，群策群
力，彼此激勵），通常和參與其事者個人能力的高低一樣重要。
此外，為了儘量提高利潤，不能隨便開發任何產品，只能開發
顧客需求大的產品，（幾乎總是）能由公司目前的行銷組織銷
售出去，而且售價可以創造不錯的利潤。所有這些事情，有賴
研究和行銷、生產單位間密切地連繫。這個世界上，最好的企
業研究團隊如果只開發賣不出去的產品，將成公司的負債而非
資產。要成為優異的投資對象，一家公司必須有高於平均水準
的能力，控制所有這些複雜的關係，但同時又不致於控制過度，
使得研究人員失去衝力和創意，一開始便註定不可能有傑出的
表現。

財務能力

討論生產、行銷和研究時，一再使用到利潤（profit）和利潤率（profit margin）二個名詞。擁有多種產品線的大公司中，要確定一種產品相對於其餘產品的成本，不是那麼容易的事，因為除了原物料和直接人工，大部分的成本都由很多產品分攤，而且可能是由所有的產品分攤。財務人才比平均水準優秀的公司，占有幾項重要的優勢。確切曉得每樣產品能賺多少錢，他們就能盡最大的努力，產生最大的利益。深切瞭解每項成本因素所占的份量，而且不只知道生產作業的成本，同時曉得銷售和研究的成本，這麼一來，即使微不足道的公司營運活動，也能看出哪些地方值得特別努力去降低成本，方法可能是藉由技術創新，也可能是調整派任的人員。最重要的是，真正傑出的公司透過精湛巧妙的預算和會計作業，能夠創造早期警報系統，很快察覺威脅利潤計畫的不利影響因素，並採取矯正行動，避免許多公司的投資人出乎意料慘遭痛苦的事情發生。公司財務能力優秀帶給投資人的「好處」不止如此。有這種能力的公司，通常能夠善選資本投資計畫，從公司投資的資金中產生最高的報酬。它們也更能控制應收帳款和存貨；利率居高不下的期間內，這件事愈來愈重要。

總結而言：符合保守型投資工具第一個構面的公司，是在自己的領域中成本很低的製造商或營運商，它們有出色的行銷和財務能力，並且展現優於一般水準的技能，善於處理相關的管理問題，從它的研究或技術單位獲得有價值的成果。我們置身的世界中，變遷的腳步愈來愈快，符合第一個構面的是（1）

公司有能力源源不斷開發獲有利潤的新產品或產品線，彌補舊產品線因為其他公司技術創新而淘汰落伍仍有餘；（2）公司現在和未來都有能力以相當低的成本生產這些產品線，使得利潤成長的速度至少和營業額一樣快，即使在百業景氣最糟的年頭，利潤也不致於萎縮到危及投資的安全性；以及（3）公司有能力銷售更新的產品以及未來可能開發出來的產品，獲利力至少和目前的產品一樣。

這是精明投資的一個構面──這個構面如不被其他構面破壞，則投資人選擇的投資對象不可能讓他夢想破滅。但在檢視其他構面之前，還有一點應充分瞭解。如果投資人的目標是保存資金，也就是追求安全性，那麼我們為什麼要談成長性和開發額外的新產品線？為什麼不能只求維持企業規模和獲利水準於現狀，避免開創新活動必須承受的所有風險？討論通貨膨脹對投資的影響時，追求成長的其他理由便會清楚地浮現。但基本上，我們不應忘記，在世界變遷的腳步愈來愈快之際，沒有什麼事情能夠長久維持不變。我們不可能文風不動。公司不是成長，便是萎縮。強力攻擊是最好的防守。只有變得更好，公司才能確保不致變得更糟。不向上爬的公司，肯定會走下坡──如果過去的確如此，將來更將如此。這是因為除了技術創新的腳步愈來愈快，社會習俗和購買習慣的改變，以及政府的新規定日益加速，連最守舊的行業也不能置身事外，必須跟著改變。

第二章
第二個構面

人 的 因 素

簡言之，保守型投資工具的第一個構面，由管理階層在生產、行銷、研究和財務控制等基本領域中突出的能力構成。第一個構面談的是企業的現狀，基本上是個結果。第二個構面則談導致這些結果的成因，而更重要的是將來會繼續產生這些結果的成因。一家公司所以在各個基本領域都有突出的表現，並成為業內出色的投資工具，而其他公司表現普通、乏善可陳，或者更糟，根本原因在人。

早期的創業資本家愛德華·赫勒（Edward H. Heller），事業生涯中發表的談話，影響本書一些概念至巨。他用到「生龍活虎」（vivid spirit）一詞，描述他願意提供大量資金支援事業發展的個人典型。他說，每一家經營成功，不同凡響的公司背後，都有這麼一位剛毅果決的創業家，具備衝勁、原創力、必要的技能，讓公司成為真正值得投資的對象。

非常小的公司已成長為業務蒸蒸日上的大公司時（他最感興趣，也是大獲成功的一個領域），愛德華·赫勒無疑是對的。

但在這些規模較小的公司一路成長，可望成為合適的保守型投資工具之際，如有另一位才華洋溢的企業家大表懷疑，覺得某家公司的總裁是他的私人好友，投資那家公司有待商榷時，愛德華·赫勒的看法可能有所保留。這個人不覺得這樣的投資值得考慮的理由是：「我的朋友是我認識最聰明的人之一。他老是把事情做得很好。在小公司，這種情形或許不錯。但隨著公司成長，你有時也必須用到正確的人。」

真正的保守型投資工具第二個構面的核心是：企業執行長致力於長期的成長，身邊有一群能力很強的團隊，並大量授予職權，要他們主持公司的各個部門和職能。這些人不能只顧內部永無止盡地爭權奪利，相反的，應攜手合作，共同邁向明定的企業目標。投資這家公司要獲得可觀的利潤，則它的目標之一必須是高階管理人員應騰出時間，尋找和訓練合格和士氣高昂的資淺人員，在需要輪換新血時，接替資深的管理人員。同樣的，在指揮體系的每一個層級，管理人員應注意這個層級的人所做的事，是不是和下一個層級的人做的事完全一樣。

這是不是表示適合做為保守型投資工具的公司，除了最基層的員工，或者剛踏入職場的人員，只應從內部擢升人才，不假外求？一家公司成長非常迅速時，可能需要增添人力，但沒有時間訓練內部員工擔當所有的職位。此外，即使經營管理最好的公司，有時也需要專業技能十分獨特的人才，但從公司內部日常一般事務，根本無法培養這樣的人。鑽研法律、保險、科技某一領域特別技術知識的人才，可能不是公司主要經營業務範圍內能夠擁有的人才。此外，偶爾從外面找人有個好處：

能夠從外面引進嶄新的觀點，注入新的理念，向公司既有的成規挑戰。

但是一般來說，具有高投資價值的公司，通常從內部擢升人才。這是因為最適合投資的所有公司（不一定是最大和最知名的公司），已發展出一套政策和做事方法，很適合自己所需。如果這些特別的方法真的管用，那就很難重新訓練早已習慣於舊方法的人。新進人員在組織中任職的層級愈高，灌輸新文化的成本愈高。雖然我無法引用統計數字證明這一點，但據我觀察，經營管理較好的公司中，從外面聘用的高階主管，幾年後消聲匿跡的人數很高。

投資人可以肯定一件事：大公司如需從外面聘用執行長，一定是很不好的兆頭，表示目前的管理階層基本上出了問題——不管最近的盈餘報表有多好，因為那只是表面文章。新上任的總裁很有可能把事情做得非常好，遲早會在身邊建立起名符其實的管理團隊，以後就不需要從外面找空降部隊，震撼整個組織。因此，這樣一支股票遲早會成為聰明投資人的寵兒。但是重建管理團隊很花時間，而且風險很高，投資人如發現自己的持股中發生這樣的事，最好能夠檢視他所有的投資活動，確定他過去是不是真的根據良好的基礎採取行動。

管理階層由一人主控大局，或者真的是個運作順暢的團隊，有個線索能讓所有的投資人看出蛛絲馬跡（但這個線索沒辦法指出那個管理階層有多好）。所有股票公開上市的公司，高階管理人員的年薪，都在代理投票說明書中公開發表。要是

第一號人物的薪水遠高於第二號或第三號人物，警訊便響起。如果薪酬緩慢遞減，則無關緊要。

投資人如想獲得最好的成果，管理人員群策群力，而且有能力填補上一個職缺還不夠。愛德華・赫勒所說，「生龍活虎」的人數必須儘可能多——這些人有腦筋，也有決心，不想讓事情維持原狀，差強人意，而是渴望在現有的成果上百尺竿頭。這樣的人不容易找到。摩托羅拉公司（Motorola Inc.）有件事做了一段時間，但金融圈乏人注意，不曉得它在這方面竟能做得那麼好。

1967年，摩托羅拉公司的管理階層體認到，未來幾年成長會非常迅速，高層管理人事穩定擴增在所難免。它決定挺身面對這個問題。那一年，摩托羅拉在亞利桑納州歐勒科（Oracle）設立高階主管學院（Executive Institute），目的是在遠離公司辦公室和廠房日常瑣事的環境裡，實現兩件事：摩托羅拉的明日之星接受的訓練，可以超越目前所負職責的範疇，以便將來有能力付予重任；高階管理人員可以獲得更多重要的證據，曉得同一批人適不適合予以擢升。

高階主管學院創立時，公司一些管理人員質疑花那麼多錢做這件事是否值得，主要因為他們相信，整個摩托羅拉公司，具有足夠才華的人找不到一百個，從公司的觀點來說，不值得為他們提供這種特別的訓練。後來事實證明這些人的疑慮大錯特錯。該學院一年開五到六班，每班十四人。到了1974年年中，約四百位摩托羅拉員工受過訓練；而且有很多人，包括一些現

任的副總裁，發現他們具備的能力，遠高於當初獲准入學時所以為者。此外，參與這項工作的人覺得，從公司的觀點來說，最近的班級獲得的成果，比以前的班級要好。隨著摩托羅拉的成長，公司的總用人數繼續擴增，前景看好的員工人數夠多，這項活動可以無限期延續下去。在投資人眼裡，所有這些事情顯示，多用點腦筋，連成長率已經遠高於平均水準的公司，也能從內部培養所需的傑出人才，維持公司的優異表現，而不必像很多迅速成長的公司那樣，到外面找來幾位能力突出的人才，往往造成內部摩擦並證明此路行不通。

每個人都有個性——一種人格特質的組合，使得他或她有別於他人。同樣的，每家公司都有它自己做事情的方式——有些把它們變得很正式，成為說明十分清楚的政策，其他公司則不然——至少和其他公司略有不同。公司經營愈成功，若干政策愈有可能顯得很獨特。經營成功期間已經相當長的公司，尤其如此。個人的基本人格特質會變化，但一旦成熟，便很少再改變。公司做事情的方式則與此不同，不只受外部事件影響，而且受一群個性不相同的人對那些事件的反應影響；這些人隨著時間的流逝，一個接一個出任高層職位。

不管各公司的政策差異多大，三個要素必須存在，一公司的股票才能當做保守型的長期投資工具持有。

1. 這家公司必須體認它置身的世界，變遷的速度 愈來愈快。

公司所有的思慮和規劃，都必須導引於向目前正在做的事挑戰
——不是偶一為之，而是一而再，再而三提出挑戰。每個被視
為理所當然的做事情方式，都必須檢視再檢視，好在人非聖賢，
孰能無過的心態下，確定所用的方法的確是最好的。為因應不
斷變遷的環境，以新方法來替代時，應接受一些風險。不管目
前的方法用起來多叫人安心，都不能因為它們過去管用，而且
傳統上一向如此，使得那種方法顯得十分神聖，而永遠墨守成
規。食古不化，行為僵固，而且沒有不斷向自己挑戰的公司，
只有一條路好走，也就是下坡路。相形之下，一些大公司的管
理階層，刻意建立起一種組織結構，好讓自己有能力變化，因
而為股東創造出非常可觀的報酬。道氏化學公司（Dow Chemical
Company）便是個好例子，過去十年的成就如果不算全世界最
突出的話，也常被視為超越美國其他任何大型化學公司。道氏
擺脫過去的做法最顯著的地方，或許在於把管理階層按地域別
分成五個不同的管理單位（美國道氏、歐洲道氏、加拿大道氏
等）。他們相信，只有這麼做，各地的問題才能以最適合當地
情況的方式迅速處理，消除了公司規模變大往往隨之而來的低
效率官僚作風。歐洲道氏總裁指出淨效果是：「結果，今天向
我們挑戰的是全球各地的（道氏）姊妹公司。它們不是我們的
直接競爭對手，卻不斷進步，鞭策我們要成為第一。」從投資
人的觀點來說，這次變革最重要的特色，或許不在於變革本身，
而在於道氏的總營業額遠低於其他許多跨國公司之際，便採取
改革行動；後者這時還以既有的方式經營得相當成功。換句話

說，道氏的變革和改善來自追求創新的想法，好把已經行得通的制度做得更好——不是源於經營發生危機，被迫採取行動。

這家凡事走在前端的公司，採取很多方法，擺脫過去，達成驚人的競爭紀錄，以上所說，不過其中一種方法。另一種方法是這家製造業公司採取前所未有的行動，在瑞士從頭做起，成功經營一家獨資銀行，以便在這個出口市場針對客戶的需求提供融資。同樣的，這家公司的管理階層面對早期的風險，仍毅然決然擺脫過去，最後終能強化公司的內在優勢。

關於這家公司的事蹟，還有很多例子，不過這裡只再舉其一，用以說明這類行動的多樣性。道氏遠在其他大部分公司之前，不只體認到應花錢避免汙染，更做成結論說，要獲得重大的成果，不能光靠高階管理人員諄諄善誘，說一動做一動。公司有必要取得中階經理人持續不輟的合作。公司認為，要做到這一點，最能收效的方式，是喚起直接參與最多的人的利潤動機。公司鼓勵他們去尋找能夠賺錢的方法，把汙染物轉換成可以出售的產品。其餘現在已成歷史。在高階管理人員、工廠經理人和高技能的化學工程師通力合作下，道氏在防治汙染的計畫上，取得好幾個第一，贏得反商情結通常濃得化不開的許多環境保護團體的讚譽。或許更重要的是，工廠所在地的大部分社區，都不敵視該公司。他們以很低的總成本做到這一點，有時甚至還有營業利益。

> 2. 公司必須持續不斷努力，讓每個階層的員工，
> 從新進藍領或白領勞工到最高階管理人員，覺得
> 公司是工作的好場所，而且那是真實的感覺，不
> 是宣傳之詞。

這個世界中，我們大部分人每個星期得投入很多時數，做別人要求我們做的事，才能領得薪資，雖然我們寧可把這些時間用在休閒玩樂上。大部分人能夠體認並接受這件事。管理階層如能讓員工普遍覺得（不只少數高階人員有這種感覺），他們已做了每一件合情合理的事，創造出良好的工作環境，並照顧員工的利益，則公司從生產力提高和成本降低等方面得到的報償，將遠超過這種政策負擔的成本。

這種政策的第一步，是確定（不只是口頭上講講而已，而是真正確定）每位員工都獲得合理的尊重和關懷。約一年前，我在報上看到一位工會職員表示，全美最大的一家公司迫使生產線員工滿手油汙吃午餐，因為公司的洗手間數目不夠，大部分人沒有充裕的時間飯前洗手。我對這家公司的股票不感興趣，理由不在於此，因此，我不曉得這樣的指控是根據事實，還是勞資雙方磋商時的情緒性對陣說詞。不過假使此事為真，則依我之見，單是這件事，這家公司的股票便不適合小心謹慎的投資人持有。

除了尊重和善待員工，取得員工效忠輸誠的方法有許多。養老金和利潤分享計畫可以扮演很重要的角色。各階層員工間溝通良好也是。至於普遍關切的事務，不只讓每個人確切曉得

公司正在做些什麼事，更讓他們知道為什麼要做那些事，往往可以消除不必要的摩擦。確實曉得公司各個階層的員工在想些什麼，特別是那些想法有害無利時，可能更為重要。讓全公司員工覺得，任何人都可以向上級表達自己的不滿，不用擔心遭到懲處。這種門戶開放政策對公司有好處，但不是那麼容易維持，因為必須浪費很多時間在稀奇古怪的小問題上。員工有所抱怨時，應如何處理，有關的決定必須迅速做成。不滿長期鬱積，對公司造成的傷害通常很大。

德州儀器公司（Texas Instruments）實施的「人員效能」（people-effectiveness）計畫，和員工達成一致的目標，勞資雙方獲益匪淺，便是絕佳的例子。從這個計畫的歷史，可以說明傑出的管理階層如何堅忍不拔，即使面對外界的新影響力量迫使這類政策轉向，仍力求完美。在這家公司的初創階段，高階管理人員就深信，如能建立一套制度，讓所有的員工參與管理決策，以改善績效，則每個人將同蒙其利，不過，要維繫員工的興趣於不墜，所有的參與者必須從他們的貢獻得到的成果中真正獲得實益。1950年代，半導體生產主要仍靠手工組裝，員工有很多機會提出非常好的績效改善建議。公司召開會議，甚至開設正式的課程，告訴生產工人如何個別或集體提出改善作業的方法。在此同時，透過利潤分享計畫和獎金、獎勵，參與者既獲得物質獎勵，同時又覺得自己是整幅畫面的一部分。接著，以前的手工作業開始走向機械化。隨著這股趨勢成長，若干類型的個人貢獻機會減少了，因為在某些地方，機器控制了以前所做的事。組織中的一些領班開始覺得，低階員工不再能夠參與貢獻管理決策。高階管理人員的看法恰好相反：員工參

與所扮演的角色將甚於以往。不過,現在要靠群體或團隊的努
力,由員工形成一個群體,研究可以做哪些事情,並且設定自
己的績效目標。

　　由於員工開始覺得他們(1)真正參與決策,不是聽令於他
人做事,以及(2)獲得物質上的獎賞和精神上的榮耀與認可,
所以這個計畫的成效非凡。無數的例子顯示,員工團隊為自己
設定的目標,比管理階層考慮建議的要高出許多。有些時候,
設定的目標看起來可能無法達成,或者各團隊間的競爭造成敵
對狀態時,員工會提出建議,並就前所未聞的事情(就那個時
代來講)自動投票表決,如減少咖啡休息時間,或縮短午餐時
間,好把事情解決。動作遲緩或態度懶散的員工,危及團體自
訂目標達成時,受到的同儕團體壓力,遠高於透過傳統管理方
法給予懲處的鞭策力量。美國員工長久以來享有政治民主,可
是這些成果不限於美國員工才能實現。不管員工是什麼膚色,
以及來自哪個經濟背景相當不同的出生國,所用的方法似乎同
樣有效,大家也都同蒙其利。雖然績效目標計畫在美國首先推
動,同樣出色的成果不只出現在所謂已開發工業國家的德儀工
廠,如法國和日本,也出現在員工為亞洲人的新加坡,以及員
工絕大多數為黑人的庫拉索島(Curaçao,譯註:位於委內瑞
拉東北方)。在所有的國家,由於員工團隊不只可以直接向高
階管理人員報告,而且曉得他們報告的事情會受到重視,成就
會得到認可和鼓勵,所以士氣大受鼓舞。

　　公司總裁馬克・謝柏德(Mark Shepherd, Jr.)在1974年的
年會上對股東發表演講時,把所有這些事情對投資人的涵義講

得很清楚。他指出,公司設計了一個人員效能指數,根據淨銷售額除以總員工數來計算。該公司最大的產品線是半導體,可是在今天通貨膨脹率偏高的世界中,很少產品像半導體那樣,單位價格跌個不停,而且該公司的美國工廠,工資每年上漲7%,義大利和日本則上漲20%,所以我們能夠合理地預期,雖然人員效能改善,這個指數一定會下跌。事實不然,它竟從1969年的2.25%左右,上升為1973年底的2.5%。此外,雖然為了這些改善計畫,必須再推動其他計畫,而且利潤分享資金必須進一步提高,公司仍宣布,目標是1980年前把指數提高到3.1%——這個目標如果達成,這家公司會是很賺錢的工作場所。多年來,德儀經常公開發表相當有野心的一些長期目標,而且迄今多能實現。

從投資的觀點來說,前面所舉以人員為導向的計畫,三個例子有一些非常重要的類似性;我們所以選這三個例子,是為了說明保守型投資工具第二個構面的一些層面。提及摩托羅拉公司設立學院,甄選與訓練出色人才,以因應公司的成長需求,並作一般性的描述,說起來相當簡單。提到道氏公司找到一種方法,激勵員工攜手合作,共同處理環境問題,並為公司賺到利潤,或者列舉一些事實,闡述德儀的人員效能計畫辦得有聲有色,說起來也一樣簡單。但是,如果另一家公司決定從頭開辦類似的計畫,可能碰到的問題,或許遠比單純說服董事會批准必要的經費複雜得多。這類計畫很容易擬定,實施起來是另一回事。犯錯可能帶來昂貴的代價。要是類似摩托羅拉的訓練學校選錯擢升的人才,致優秀的資淺人員失望之餘離開公司,我們不難想像可能發生什麼事。同樣的,假設一家公司試著大

體上仿效德儀的人員效能計畫，卻未能創造一種氣氛，讓員工
真正覺得參與其事，或者未能適當地獎勵員工，結果可能大失
所望。這種計畫如果運用不當，有可能毀了一家公司。在此同
時，企業本來就著有成效的人員導向政策和技巧，如能精益求
精，通常能找到更多的方法，從中獲益。對這些公司來說，這
樣的政策和技巧——面對問題和解決問題的特殊方式——帶有
只此一家，別無分號的味道。正由於這個理由，對長期投資
人來說，它們十分重要。

3. 管理階層必須願意以身作則，遵守公司成長所需的戒律。

我們已經指出，在這個變遷迅速的世界中，公司不能有如一灘
死水。它們不進則退，不是變得更好，就是變得更差；不是往
上走，便是走下坡。真正值得投資的成長股對象，不只有所斬
獲，還要能避免損失。很少管理階層不宣稱自己的公司正在成
長。不過，管理階層說自己以成長為導向，實際上不見得如此。
很多公司似乎有一股難以抗拒的驅力，想在每個會計期間結束
的時候，拿出可能得到的最大利潤給大家看——把可能賺到的
每一分錢都算進盈餘裡。真正成長導向的公司，絕不會做這樣
的事。它念茲在茲的，應是賺取充分的當期利潤，以挹注事業
擴張所需的成本。所需額外資金經調整後，值得長期投資的公
司，遇有發展新產品、製程、創設新產品線或其他的大好機會，
優先要務是抑制立即獲取最高的利潤，希望今天花下的一塊
錢，未來賺回好幾塊錢。這樣的行動，包括雇用和訓練企業成
長所需的新人，以及放棄從客戶的訂單賺取最高的利潤，而在

客戶亟需之際，緊急配合，供應所需，建立起客戶長期的忠誠。對保守型投資人來說，檢驗這些行動的好方法，是看管理階層有沒有真正為公司長期的利潤奮鬥，而非只是表面看起來如此。一家公司不管多有名，如果只是嘴吧上說說有這些政策，投資人把錢投資到它的股票，不可能得到快樂。想要見賢思齊，但半途而廢的公司，也是一樣。比方說，一家公司花了龐大的研究支出，但努力方向不對，可能毫無所獲。

第三章
第三個構面

若干企業的投資特質

保守型股票投資的第一個構面，是對目前和未來獲利力最重要的公司活動，卓越到什麼程度。第二個構面是控制這些活動和相關政策的人員素質。第三個構面談的東西有點不一樣：企業本身的特性是不是帶有若干與生俱來的特質，在可預見的將來，有可能長久維持高於平均水準的獲利力。

檢視這些特質之前，我們必須指出為什麼高於平均水準的獲利力對投資人那麼重要，因為那不只是進一步利得的來源，更能保障已經獲有的利益。關於這一點，公司成長扮演極其重要的角色，前面已經討論過。公司成長，必須在很多方面花錢。原本可做為利潤的一部分資金，必須挪用於實驗、發明、試銷、新產品行銷，以及把注擴張所需的其他所有營運成本，包括這些擴張行動難以避免的失敗帶來的損失。更花錢的是廠房、店面、設備需要增添。在此同時，隨著企業成長，為了應付流通通路所需，存貨勢必增加。最後，除了極少數企業能夠銀貨兩訖，大部分公司的應收帳款會提高，而耗損公司的資源。為了應付所有這些事情，獲利極其重要。

　　通貨膨脹期間，獲利力的問題更為重要。物價上揚並導致成本普遍上漲時，企業能夠適時把成本轉嫁出去，提高本身產品的價格。但這事往往不能立即做到。在這段前後青黃不接的期間內，利潤率高的公司，利潤受損的程度顯然遠低於高成本競爭對手，因為高成本公司的成本可能增加得較多。

　　獲利力可以用兩種方式表示。投資資產報酬率是最基本的方法，大部分管理階層以之為衡量準繩。企業會根據這個因素，決定要不要推出某種新產品或新製程。這筆錢以這種方式投資，相對於同樣的資金以另一種方式運用，預期報酬率相較如何？這個衡量準繩，投資人運用起來遠比企業高階主管困難。投資人注意的，通常不是一家企業特定部門運用一定資金所能獲得的報酬率，而是這家企業的總盈餘相對於總資產的比率。值此資本財成本上升的速度和四十年來一樣高之際，比較各公司的總投資資金報酬率，可能因為不同的公司做重大支出時，價格水準有所變動而遭扭曲，因此這個數字極易產生誤導作用。由於這個原因，只要牢記一個要點，比較每一美元銷售額的利潤率，可能比較有幫助。這個要點是：銷售額相對於資產比率較高的公司，和銷售利潤率較高，但銷售額週轉率較低的公司比起來，獲利可能較高。舉例來說，某公司的年銷售額是資產的三倍，利潤率較低，但和另一家公司必須運用一美元的資產才能取得一美元年銷售額比起來，獲利高出許多。不過，雖然從獲利力（profitability）的觀點來說，投資報酬率應和銷售利潤率一併考慮，但從投資安全性（safety of investment）的觀點而言，所有的重點應放在銷售利潤率。因此，如果兩家公司的營運成本都上升2%，而且沒辦法提高價格，則利潤率為1%

的公司將發生虧損而遭淘汰，但利潤率爲10%的另一家公司，成本增加只會使利潤少掉五分之一。

要正確觀察保守型投資的這個構面，應謹記在心的最後一件事情是：在今天變動不居和競爭激烈的企業環境中，大家都希望獲得高於平均水準的利潤率或高資產報酬率，因此，如果有家公司在一段相當長的期間內達成這個目標，勢必面對一大堆潛在的競爭對手。要是潛在競爭對手真的踏進同一個領域，將侵占原來的公司現在擁有的市場。正常情況下，潛在競爭對手成爲實際的競爭對手之後，繼之而來的銷售額爭奪戰，將使原有公司迄今保有的高利潤率略微或大幅下降。原有公司的高利潤率有如一罐沒有封口的蜂蜜，難免吸引一群飢餓的昆蟲競相前來爭食。企業世界中，一公司只有兩種方法，可以保護蜂蜜罐，免遭競爭同業吞食。一種方法是獨占，通常屬非法行爲，但源於專利權的獨占，也許不然。無論如何，獨占地位可能相當快便告結束，不能靠它成爲最安全的投資對象。擁有蜂蜜罐的公司，驅離昆蟲的另一種方法，是在營運上遠比其他公司有效率，使得現有或潛在競爭對手找不到採取行動的動機，打亂現有的情勢。

現在，我們結束相對獲利力的背景討論，探討保守型投資第三個構面的核心——也就是，管理良好的公司大致上能夠無限期維持高於平均水準利潤率的一些特質。最常見的特質可能是企業人士所說的「規模經濟」（economies of scale）。舉一個規模經濟的簡單例子：一家經營良好的公司，每個月生產一百萬單位的產品，和另一家公司同期內只生產十萬單位比起來，

單位生產成本通常較低。產量相差達十倍的這兩家公司，單位生產成本的差異，可能因為不同的營業項目而有很大的不同。有些營業項目的單位成本可能幾無差距。此外，我們絕不能忘記，任何行業中，規模較大的公司，只有經營極為出色，才能發揮最大的優勢。公司規模愈大，愈難用很高的效率管理。我們經常看到，公司內部有太多官僚習氣濃厚的中階經理人，使得效率低落，結果造成決策延誤，而且有些時候，大公司的高階主管似乎無法迅速知道鞭長莫及的各個部門，哪裡需要特別注意，規模經濟的內在利益因此大打折扣，壞處甚至超過它所帶來的好處。

另一方面，一公司顯然成為某一行業的領導者時，只要管理階層能力高強如昔，不管是營業額，還是獲利力，很少會被其他公司取代龍頭地位。我們探討保守型投資的第二個構面時談過，這樣的管理階層必須能夠配合不斷變遷的外在環境，調整公司原來的營運方式。有一種投資思想學派，主張買進某一行業中排名第二或第三的公司股票，因為「它們能成為第一，領導公司卻再也爬不上去，只有掉落的份」。有些行業中，規模最大的公司沒有取得明顯的領先地位；但如取得領先地位，我們要特別強調，不同意這種觀點。我們觀察到，歷經多年的嘗試，西屋公司（Westinghouse）一直未能超越奇異公司（General Electric），蒙哥馬利華德公司（Montgomery Ward）沒有取代施樂百公司（Sears），而且──國際商業機器公司（IBM）─在電腦市場建立早期的主宰地位──奇異等美國一些大公司再怎麼使出渾身解數，都無法成功取代IBM壓倒性的市場占有率。許多靠削價戰競爭的小型週邊設備供應商，也未能取代IBM的

主流地位；IBM仍是電腦業中獲利最高的主要營運商。

　　一家公司如何能夠一開始便取得這種規模優勢？通常是搶先推出能夠滿足殷切需求的某種新產品或服務，取得這種優勢，然後輔以夠好的行銷、售後服務、產品開發，有些時候，必須做廣告，讓現有的客戶滿意，回來再買更多東西。這往往能夠塑造一種氣勢，吸引新客戶投向領導廠商懷抱，主要的理由是領導廠商已建立良好的聲譽，（或很好的價值），選它不可能遭致批評。在其他公司力圖爭食IBM的電腦業務時，沒人曉得有多少打算首次使用電腦的企業員工，建議使用IBM的電腦，而不購買規模較小的競爭對手的產品，雖然他們私底下認為後者的設備比較好或比較便宜。這種情況中，主要的動機可能是他們覺得，萬一日後設備運作出了問題，建議買IBM電腦的人不會遭致批評，因為他們選了業界領導廠商。但如所選是尚未建立聲譽的小公司產品，運作之後出問題，很可能被罵得狗血淋頭。

　　製藥業有種說法：一種優秀的新藥品問世後，率先踏入的公司會占有並維持60％的市場，獲得很高的利潤。跟進推出同類競爭產品的第二家公司，可能占有25％的市場，利潤普通。第三家公司分走10％到15％的市場，利潤微薄。再有其他公司跟進，會發現自己處於相當不愉快的境地。一般品牌取代自有品牌的趨勢，可能不會改變這個比率，但這個公式不見得恰好適用於其他行業。不過，投資人評估哪家公司的獲利力具有天生的優勢，哪家公司沒有這種優勢時，背後的觀念應謹記在心。

　　規模大能夠不斷帶給一家公司的競爭優勢，不只在於生產成本較低，以及因為品牌名氣響亮，更能吸引新客戶上門。金寶濃湯公司（Campbell Soup Company）速食湯部門具有投資優勢，檢視背後的一些因素，可以明瞭這一點。首先，到目前為止，它是美國最大的罐裝速食湯公司，能以向後整合的方式，減低總成本，但規模較小的其他公司做不到。該公司生產很多湯罐，滿足本身的需求，便是其中一例。更重要的是，金寶的業務量夠大，能把裝罐廠分散設立在全國各地具有策略性意義的地方，因此帶來雙重大優勢：供應商把產品運到裝罐廠的距離較短，裝罐廠送貨到超級市場的平均距離也較短。由於罐裝湯品的重量相對於價值偏高，運貨成本相當可觀。因此，只有一兩座廠房、規模較小的裝罐廠，想在全國市場競爭，便居於十分不利的劣勢。其次，可能最重要的是，金寶的品牌十分響亮，顧客到超級市場時，曉得有這個牌子，也想買這個牌子，零售商自然而然會在十分寶貴的櫥架空間，騰出顯目和相當大的地方，擺放金寶的產品。相對的，零售商通常不願對名氣較差或默默無聞的競爭同業產品，做那麼多事。引人注目的櫥架空間，有助於金寶濃湯的銷售，使得排名第一的寶座更形穩固，這個因素對潛在競爭對手具有很大的嚇阻力量。潛在競爭對手不敢妄動的另一個原因，是金寶的正常廣告預算換算為單罐成本後，遠低於產量很小的競爭對手。基於以上所述種種理由，這家公司具有很強的內在力量，足以保護既得的利潤率。不過，為了呈現完整的畫面，我們必須指出，已有一些影響力量正往反方向拉扯。金寶本身的成本上升時（通貨膨脹期間，成本有可能大幅攀高），賣給消費者的漲價幅度不能高於其他食品的平均幅度，否則需求可能從湯食轉向其他主食。遠為重要的是，

金寶有個很強大的競爭對手，而這個競爭對手，大部分公司都不必與之相抗。隨著生產成本上升，導致消費者負擔的價格提高，金寶的市場可能大受影響。這個主要競爭對手就是美國的家庭主婦，為了撙節開銷，親自下廚做羹湯。我們要提這一點，只是為了說明：即使規模大能帶來顯著的競爭優勢，而且公司經營得很好，這些因素雖然重要，但不能保證獲有很高的利潤。

一公司相較於其他公司，能夠長期維持很高的獲利力和投資吸引力，規模絕非唯一的投資因素。我們相信特別有意思的另一個因素，是在科技領域中與經營十分成功、根基相當穩固的公司競爭很不容易，尤其是有關的科技不是靠一種學科，而是兩種，甚至多種相當不同的學科交互作用的結果。要解釋上面這句話的意思，我們假設某人發展出一種電子產品，可望在電腦或儀具市場開啟廣大的新市場。兩個領域都有不少能力很強的公司，擁有內部專家，能夠仿製這種產品所需的電子硬體和軟體程式設計，因此如果新市場顯得夠大，激烈的競爭可能馬上出現，使得規模較小的發明人的利潤變得相當微薄。這種領域中，經營成功的大公司擁有進一步的內在優勢。許多這類產品很難銷售，除非設有服務網，能在顧客所在地迅速提供維修服務。基礎穩固的大公司通常已有這樣的組織。推出優良新產品的小型新創公司，想建立這樣的服務網極其困難，也必須花很多錢。新創公司可能更難以說服潛在買主，相信它的財力充足，不只能在產品出售後建立服務網，而且將來會繼繼維持下去。而且，在所有這些因素影響下，雖然有少數公司做到，但以前推出優良產品的新公司，很難在電子業的大部分領域建立起真正的領導地位，未來可能更加困難。這是因為半導體在

愈來愈多產品的總成分和總技術知識中，占有愈來愈高的比重。生產這些產品的領導公司，如果想在大多為電子產品的許多新產品領域，和首屈一指的老牌電腦公司、儀具公司爭鋒，現在內部擁有的知識，也至少和它們一樣多。德州儀器公司（Texas Instruments）在風靡一時、急劇成長的掌上型電子計算器方面做得極其成功，但早期一些開路先鋒在這個領域經營得相當辛苦，便是很好的例子。

但如果生產出來的產品，不是依賴和電子硬體及軟體有關的一種技術，而必須結合這些技術和相當不同的領域中的特別知識，如原子核物理學或某些高度專業的化學，情況就變得很不一樣。大型電子公司內部根本沒有這種技能，踏入跨學科的技術。這一來，經營出色的創新公司，有很好的機會，在自己的特殊產品線取得領先地位，並賺得很高的利潤率，而且只要管理階層的能力沒有減弱，整個情況可能繼續維持下去。我相信，在電子技術不是扮演吃重角色的領域中，一些跨學科的技術性公司，最近已證明是高瞻遠矚的投資人可以把握的大好機會。我想，將來還會有更多這種機會。比方說，我預期將來某個時點，會有新的領導公司崛起，因為它們結合運用其他學科和生物學，推出新的產品和製程，不過目前我還沒看到這個領域有那麼出色的公司。但這不是說沒有這樣的公司存在。

一公司的活動中，與眾不同的條件可能帶來機會，使得高利潤率維持長久，並不是只靠技術開發和規模經濟這兩個層面。有些情況中，行銷或銷售等領域也會出現這樣的事。一個例子是，某家公司已讓客戶養成習慣，在再訂購單中幾乎自動

標明產品的規格，競爭對手想要依樣畫葫蘆，取而代之，成本效益很不划算。這樣的事情要發生，需要兩組條件存在。第一，這家公司必須在產品品質和可靠性上建立起聲譽，而且（a）客戶認為這些產品非常重要，才能執行本身的業務，（b）低劣或功能不全的產品會帶來嚴重的問題，（c）競爭同業只供應一小部分市場，在大眾心目中，居於主宰地位的公司幾乎就是供應來源的同義詞，以及（d）在客戶的總營運成本中，這項產品的成本只占相當低的一部分。所以說，價格略微調低，能夠節省的錢不多，但找不知名供應商的風險很大。不過，即使一家公司很幸運，躋身於這種地位，光是這一點還不足以確保它年復一年享有高於平均水準的利潤率。第二，它必須有某種產品，賣給很多小客戶，不是只賣給少數大客戶。這些客戶的特性必須相當專業化，潛在競爭對手才不會覺得，透過雜誌或電視等廣告媒體，有可能接觸他們。他們所構成的市場，只要居於主宰地位的公司維持產品的品質和良好的服務，便只有消息靈通的業務員個別拜訪，才有可能取代這家公司的位置。可是每位客戶的訂單都那麼小，這樣的銷售努力根本不划算！擁有所有這些優勢的公司，可以透過行銷，幾乎無限期維持高於平均水準的利潤率，除非有重大的技術變遷（或者，如前面提過的，它本身的效率減退），取代它的地位。這類公司最常見於中高科技供應領域。它們的特質之一，是經常舉辦技術研討會，討論如何使用它們的產品，維持領導廠商的形象。公司一旦到達這種地位，研討會是很有效的行銷工具。

我們要特別指出，「高於平均水準」的利潤率或「高於正常水準」的投資報酬率，不必——實際上是不該——高達業界

一般水準的好幾倍，這家公司的股票才有很大的投資吸引力。事實上，如果利潤或投資報酬率太惹人覬覦，反而可能成為危險之源，因為各式各樣的公司可能禁不起誘惑，想來一競長短，爭食蜂蜜。相對的，只要利潤率一直比次佳競爭同業高出2%或3%，就足以做為相當出色的投資對象。

　　出色的保守型投資的第三個構面，總結而言是：不能只有第二個構面討論的人員素質，而且還要那些人員（或他們的前任）引導公司踏進某些活動領域；那種特殊事業的性質具有某些內在經濟因素，高於平均水準的利潤率將不是短期現象。簡單的說，關於第三個構面，我們要問的問題是：「這家公司能做些什麼事，其他公司沒辦法做得那麼好？」如果答案是沒有這樣的事，這一來，隨著那家公司業務欣欣向榮，其他公司也能搶進，和該公司平起平坐，分享同樣的榮景。因此，我們即可據以作成結論：該公司的股票或許很便宜，卻不符合第三個構面的理想投資條件。

第四章
第四個構面

保守型投資工具的價格

任何股票投資的第四個構面，涉及本益比（price-earnings ratio）
——也就是當時的價格除以每股盈餘。要評估某支股票的本益
比是否符合它的正確價值，問題便來了。大部分投資人，包括
許多應該懂得更多的專業人士，在這一點經常搞混，因爲到底
什麼原因導致某支股票的價格顯著上漲或下跌，他們瞭解得不
清楚。這種誤解使得投資人損失數百十億美元，因爲後來他們
才發現，當初不應該用那麼高的價格去買股票。投資人在錯誤
的時間，基於錯誤的理由而賣出持股，又損失數百十億美元，
因爲不管如何，他們都該抱牢那些股票，長期投資，獲利非凡。
如果這樣的事一再發生，另一個後果是本來值得投資的公司，
籌募適當資金的能力會嚴重受損，可能導致每個人的生活水準
都下降。每次個別股票跌得令人作嘔時，總有另一群嚴重燒傷
的投資人怪罪到整個制度上，而不反躬自省本身和他們的顧問
犯下的錯誤。他們做成結論說，任何類型的普通股都不適合他
們拿儲蓄去投資。

硬幣的另一面是，其他許多投資人因爲多年來持有正確的

股票很長的時間，獲利十分可觀。他們所以成功，可能是因為瞭解基本的投資原則，或者只是運氣不錯。但是共同的成功因素，是他們拒絕單因某支股票急漲之後，本益比相較於投資圈習以為常的水準，突然顯得偏高，而賣出好得出奇的股票。

這件事那麼重要，卻很少有人深入表層，確切瞭解是什麼原因導致價格急漲，實在叫人不解。可是有關的原理，說穿了相當簡單：任何個別普通股相對於整體股市，每次價格大幅波動，都是因為金融圈對那支股票的評價發生變化。

我們來看看實務上這種事情是怎麼發生的。兩年前G公司被視為相當普通。每股盈餘為1美元，價格是盈餘的十倍，也就是10美元。兩年來，大部分同業的盈餘都是每下愈況。相對的，G公司由於一連推出不少優良的新產品，加上老產品的利潤率比以前好，去年報告每股盈餘是1.40美元，今年則為1.82美元，未來幾年還可望進一步成長。很明顯的，G公司近來的業績和業內其他公司形成強烈的對比，公司內部所採取的行動，絕對不是只起於兩年前，一定已經持續了一段相當長的時間，否則營運上的經濟效益和優良的新產品不可能出現。但是G公司符合我們所說的前三個構面，這個事實，金融圈遲遲才給予肯定（評價），並導致本益比上升到22倍。其他股票也有高於平均水準的類似經營特質，成長前景等量齊觀，和它們比起來，G公司22倍的本益比看起來並沒有那麼高。22乘以1.82美元，得出股價為40美元，因此兩年來股價非常合理地漲了300％。同樣重要的是，像G公司那樣的紀錄，往往顯示公司現在擁有能力高強的管理團隊，可以引導公司未來好幾年繼續成

長。這樣的成長率即使偏低一點，比方說，未來十年或廿年每年成長15％，到時盈餘還是很容易便成長幾十倍，而非幾倍而已。

「評價」（appraisal）是瞭解變幻無常的本益比的關鍵。我們絕不能忘記，評價是很主觀的事。它不一定和現實世界中發生的事有關係。相反的，這要看做評價的人，相信正在發生什麼事，不管他的判斷和事實有多大的出入。換句話說，任何個股不會因為該公司實際發生的事情，或將發生的事情，而在任何時點上漲或下跌。它是因為金融圈對正在發生的事以及將發生的事，目前持有的共同看法而上漲或下跌，不管這種共同的看法和真正發生或將發生的事差多遠。

走筆至此，許多務實的人會對以上所說嗤之以鼻。如果個股價格大幅波動，只是因為金融圈的評價改變，而這些評價有時和一公司在現實世界中發生的事完全脫節，那麼另外三個構面豈非不重要？我們何必熟悉企業的經營管理、科技和會計？為什麼不靠心理學家就好？

答案和時機有關係。由於金融圈的評價和事實不符，一支股票的價格可能長期遠高於或遠低於它的實質價值。此外，金融圈內很多人習慣玩「追隨領導人」的遊戲，特別是領導人為紐約市某大銀行時。因此，有時金融圈對某支股票的評價有欠務實，導致它的價格遠高於事實能夠支持的水準，卻仍能維持過高的價位很長的時間。其實，從這個已經太高的水準，價格還有可能再漲。

　　金融圈對一支股票的評價，和影響價格的真實狀況間的差距過大，可能持續好幾年的時間。不過泡沫總會破掉——有時幾個月，有時則在很久以後。如果因為不切實際的預期，一支股票的價格太高，遲早會有愈來愈多的持股人厭倦於久候。他們的賣盤馬上壓過仍對舊評價有信心的少數新買盤。於是股價重跌。有時繼之而來的新評價相當踏實。但是在價格下跌的情緒性壓力下重新做出的檢討，往往過度強調負面因素，使得金融圈的新評價遠比實情不利，而且這種看法可能持續一段時間。這種現象發生時，出現的事情會和評價太有利時很像。唯一的不同點是整個狀況倒反過來。可能需要幾個月或幾年的時間，較為有利的印象才會取代目前的印象。不過，隨著令人愉快的盈餘數字節節上漲，遲早會發生這樣的事。

　　幸運的持股人——不因為股價開始上漲就賣出持股的投資人——接下來便能從這個現象中獲得利益，也就是相對於股市有關的風險，能夠獲得最大的報酬。在每股盈餘穩定攀升，以及本益比同時急劇上揚兩者共同作用下，股價將大幅上漲。隨著金融圈從這家公司的基本面（現在是新的印象），正確地發現它的投資價值遠高於舊印象發揮作用時體認到的價值，導致股價上漲的因素中，本益比上升往往比每股盈餘實際上升更重要。G公司的情形正是如此。

　　我們現在開始能夠真正觀察保守的程度——也就是任何投資的基本風險。風險量尺的最底端，也就是最適合聰明人投資的公司，前面所說三個構面符合的程度甚高，但根據目前金融圈的評價，價值沒有基本面事實應有的水準那麼高，因此本益

比較低。風險次低，通常也適合聰明人投資的公司，前面所說三個構面符合的程度相當高，而且留下應有的印象，本益比大致上吻合基本面。這是因為如果這些公司真的擁有這些特質，未來將繼續成長。風險再次低者，依我之見，通常適合保守型投資人持有，但不適合新資金首次購買。這樣的公司，前面所說三個構面也一樣好，但因為這些特質幾已成為金融圈人盡皆知的事實，受到的評價或本益比高於基本面應有的水準。

依我的看法，雖然價格看起來很高，這些股票通常應予保留，理由很重要：如果基本面真的很強，這些公司的盈餘遲早會上升到不止足以讓目前的價格看起來合理，而且還能支撐價格漲得更高。在此同時，以前面三個構面的標準來說，真正吸引人的公司，數目很少。價值低估的股票不容易找到。對一般投資人來說，犯下錯誤，轉而買進那些看起來符合前面所說全部三個構面，但其實不然的股票，這樣的風險，遠高於抱牢本質絕對良好，但目前價值高估的股票所帶來的暫時性風險，因為真正的價值遲早會趕上目前的價格。同意我所說這一點的投資人，應做好心理準備，忍受這些價值暫時高估的股票市價偶爾重跌。另一方面，根據我的觀察，有人賣出這種股票後，希望等到更適當的時機再買回同樣的股票，很少能夠如願以償。他們等候的跌幅，通常實際上從沒出現。結果是，幾年後，這些基本面很強的股票升上的高價，遠高於當初賣出的價格，他們錯失了後來出現的全部漲幅，而且可能轉而買進本質上差很多的股票。

風險再高一點的股票，前面所說的三個構面表現普通，或

者素質相對偏低，但是金融圈的評價低於這些不怎麼吸引人的基本面，或者大致上吻合。評價低於基本面條件的股票，或許是很好的投機對象，但不適合明智審慎的投資人。今天變動迅速的世界，充滿太多危險，不利的情勢發展可能嚴重影響這些股票。

最後是到目前為止最危險的股票：金融圈目前給某些公司的評價或留下的印象，遠高於眼前的情勢所能支撐者。買進這些股票可能損失慘重，並驅使投資人大量脫售持股，而動搖投資業的根本。如果投資人想要逐件研究金融圈在某個時點對一些當紅公司盛行的評價，以及此後出現的基本面狀況兩者間的對比，他會發現商業圖書館和或華爾街大型經紀商有很豐富的材料。經紀商的報告，總是列舉一些理由，建議買進這些股票，接著我們比較字裡行間所提未來遠景和實際發生的事情，讀之令人不禁蹙眉。隨便舉一張這些公司的例子，可能包括：記憶器材（Memorex）高價173 7/8美元、安培斯（Ampex）高價49 7/8美元、李維茲家具（Levitz Furniture）高價60 1/2美元、摩霍克資料科學（Mohawk Data Sciences）高價111美元、利頓實業（Litton Industries）高價101 3/4美元、卡爾瓦（Kalvar）高價176 1/2美元。

這張清單還可以拉得很長。但是更多的例子不過使同一個論點再三浮現。由於我們可以很清楚地看出，評估金融圈目前對某家公司的評價，以及這家公司實際的基本面兩者間可能存在的差距，這樣的習慣很重要，所以把時間花在進一步檢視金融圈所做評價的特質，應會更具建設性。但是首先，為免產生

不必要的誤解，最好把前面所說，導致普通股價格大幅變動的背後理由一句話中，兩個名詞定義清楚，以免造成語義上的混淆：任何個別普通股相對於整體股市，每次價格大幅波動，都是因為金融圈對那支股票的評價發生變化。

我們使用「價格大幅波動」一詞，而不用「價格波動」，排除了技巧拙笨的營業員在市場中急拋二萬股股票，使得股價下跌一、二美元，等到拋售行動結束，價位通常恢復原來的水準等價格小幅波動的情形。同樣的，有些時候，機構投資人可能決定至少買進某支股票一定的數量，結果往往導致價格瞬間小幅上揚，等到買盤結束，又回軟到原來的價位。這樣的行動，不代表整個金融圈對某家公司的評價真的有所改變，因此對股價不重要或者沒有長期性的影響效果。特殊的買盤或賣壓一結束，這種小幅的價格波動往往隨之消失。

我們使用的「金融圈」（financial community）一詞，包括全部有能力和有興趣的人，他們可能準備以某個價格買進或賣出某支股票。每位潛在買主和賣方對價格可能造成的衝擊，重要性需看他們行使的買進或賣出力量有多強而定。

第五章
再論第四個構面

關於金融圈對一支股票的評價，走筆至此，可能讓人以為，這種評價不過針對特定股票本身而進行。這種想法未免過度簡化。其實，最後的評價是由三個不同的評價綜合而成：目前金融圈對整體普通股投資吸引力的評價、對某公司所處行業的評價，最後則是對該公司本身的評價。

我們先來討論金融圈對整個行業的評價。大家都知道，長期而言，一個行業從市場潛力雄厚的早期發展階段，到後期可能受到新科技的威脅，整個過程中，金融圈希望參與該行業，願意支付的本益比可能大幅下降。所以說，在電子業的早期階段，業者生產的是所有電子產品使用的基本零組件電子管，股票的本益比很高。接下來，隨著半導體的發展，電子管市場逐漸被取代，業者的本益比急劇下降。最近磁性記憶體裝置也因為同樣的理由，受害於同樣的命運。這些事情都很明顯，大家也知之甚詳。但金融圈對某種行業的印象可能有起有落，原因不是出在這些沛然莫之能禦的影響力量，而是在某個特定的時點，金融圈強調某些業界背景影響力量甚於其他影響力量。可是這事沒那麼明顯，大家也不是那麼能夠理解。不過兩組背景條件可能在一段時間內都有效，而且從任何一個角度看，兩者

的影響力都有可能再持續一段時間。

化學業或可做爲例子。從經濟大蕭條的谷底一直到1950年代中期，美國最大幾家化學公司的股票本益比，和其他大部分股票相比，顯得相當高。金融圈對這些公司的想法，也許能從一幅漫畫看出端倪。這幅漫畫把化學業描繪成毫無盡頭的輸送帶，一邊有科學家正在試管中做新的化合物，叫人屏息以待。經過神秘和難以模仿的工廠，這些材料在另一邊以妙不可言的新產品面貌出現，如尼龍、滴滴涕（DDT）、合成橡膠、快乾漆，而且不勝枚舉的其他新材料，對幸運的製造商來說，似乎肯定將是日益擴增的財富來源。到了1960年代，這樣的印象改變了。在投資圈眼裡，化學業變得很像鋼鐵、水泥、造紙業，以某種技術規格爲基礎，銷售大宗商品，結果張三的產品和李四的產品大致相同。資本密集產業通常承受很大的壓力，必須以很高的設備利用率運轉，才能攤銷龐大的固定投資。結果往往導致激烈的價格競爭，以及利潤率萎縮。印象改變之後，1972年結束的十年內，主要化學公司相對於整體股市的本益比，遠不如從前。化學業的本益比雖然仍顯著高於許多行業，卻開始愈來愈像鋼鐵、造紙和水泥。

所有這些變化中，叫人稱奇的是，除了一件重要的事例外，1960年代這個行業的基本背景和前面卅年相比，幾無不同，或者根本沒有不同。沒錯，1960年代後面五年，某些產品的產能嚴重過剩，如大部分合成紡織品。一些領導化學公司的盈餘暫時大受影響，特別是杜邦公司。但這個行業的基本特質沒有那麼大的變化，足以令它在金融圈心目中的地位丕變。化學品生

產一直都是資本密集工業。大部分產品都按照某種技術規格出售，所以張三很少能夠把價格提高到李四之上。另一方面，由於一大堆品質大幅改善的新殺蟲劑、包裝材料、紡織品、藥品，以及其他無數產品問世，1960年代和1970年代這個行業的市場日益擴大。機會似無止盡，因為聰明的人類能夠重新排列分子，創造出大自然找不到的產品，具備特殊的性質，更能迎合人類的需求，或者比以前使用的天然材料便宜。

最後，不管在化學股以前地位較為崇高的時期，還是最近地位較為低落的時期，還有另一個因素一直沒什麼改變。較老舊和數量較大的化學產品，是把鹽或碳氫化合物的基本分子來源特別做成的材料進行「第一步」加工處理，不可避免地，主要必須依規格出售，而且價格要很有競爭力。但是警覺性高的公司一直有機會，把這些第一步產品加工成遠為複雜和價格高出許多的產品。這些產品至少在一段時間內是自己特有的產品，免除了激烈競爭之苦。等到這些產品又必須具有價格競爭力的時候，警覺性高的公司還是能夠不斷找到更新的產品，加進高利潤率的產品線中。

換句話說，化學股是金融圈最愛的時候，所有有利的因素，在後來化學股失寵時依然存在。但1960年代為人強調的不利因素，以前也存在，只是被人忽視。改變的是強調的重點，不是事實真相。

但是事實真相也會改變。1973年年中左右，化學股再獲金融圈青睞。對這個行業的新看法，開始居於主流地位。現代歷

史中，主要工業國家首次（大規模戰爭除外）體驗到經濟資源
匱乏的痛苦，製造業產能只能緩慢增加。因此，激烈的價格競
爭可能要等好幾年以後才會再度發生。這個印象爲化學股投資
人開啓了全新的局面。投資人現在的問題是：確定背景事實是
否真能支撐新印象；如果能夠，則依新情勢來看，化學股相對
於整體股市的漲幅，已經太高還是仍嫌不足。

最近的金融史提供了本益比變動比化學業高出許多的例
子，因爲金融圈對某行業背景事實的評價大幅改變，但該行業
幾與從前毫無兩樣。1969年，電腦周邊股甚受市場垂青。這些
公司生產各種特殊設備，可以附加到中央運算單位或電腦的主
機，以增進使用者從中央單位獲得的利益。高速印表機、額外
的記憶單位、鍵盤裝置，是其中一些主要產品。有了它們，就
不需要打孔作業員把資料輸入電腦。當時一般人的印象中，這
些公司的未來無可限量。雖然中央電腦本身大致已發展完成，
而且市場由少數強大、地位穩固的公司主宰，小型獨立公司還
是能夠在這些周邊產品上，賣得比大公司便宜。但是小型公司
的產品通常採出租方式，而非賣斷，同時大型電腦主機製造商
決心進軍「掛在」它們設備上的產品市場，今天投資人有了新
的看法，發現小型公司的財務有壓力。到底是基本面改變了，
還是針對基本面的評價發生改變？

評價改變的一個極端例子，是1969年相對於1972年，金融
圈對連鎖加盟事業和加盟股票基本面的觀感大爲不同。同樣
的，就電腦周邊股票來說，人們以很高的本益比買進這些股票
時，這個行業的所有問題本質上已經存在，只是當時一般的印

象是眼前表現突出的公司,成長不會中斷,因此對問題視而不見。

　　對一個行業持有這樣的印象,投資人的問題還是沒有改變。目前居於主流地位的評價,和基本經濟事實比起來,比較有利?比較不利?或者大致相同?有時對最精明的投資人來說,這個問題也很難棘手。1958年12月就有這樣一個例子。那時候,作風一向保守的投資銀行美邦公司(Smith, Barney & Co.)率先採取的一項行動,在今天看來沒什麼,當時則與人不同:公開發行尼爾遜公司(A. C. Nielsen Co.)的股票。這家公司沒有廠房,沒有有形產品,因此沒有存貨。它從事的是「服務業」,收取費用,供應市場研究資訊給客戶。沒錯,1958年,銀行和保險公司長久以來,一直獲得很高的評價,被市場視為優良的保守型投資對象。但是這些行業很難相互比較。一家銀行或保險公司的帳面價值是現金、流動性投資或應收帳款,所以買進銀行或保險股的投資人,似乎有堅實的價值足資依賴,但新引進金融圈的那家服務公司,沒有這樣的東西。可是仔細研究尼爾遜公司的情況,發現它的基本面好得出奇。管理階層誠信正直、能力高強,公司競爭地位堅強且獨特,未來好幾年可望進一步成長。不過,在證據顯示金融圈首次對這樣一種行業有什麼反應之前,似乎仍宜暫緩買進。是不是需要好幾年的時間,才能對這樣一家公司的投資價值,做出切合實際的評價,袪除因為缺乏熟悉的價值量尺可能引起的疑慮?像尼爾遜這樣一家公司,多年來的高本益比表示金融圈給它很高的評價,但有些人決定接納已獲認可的基本面,買進這些股票時,卻帶著如履薄冰的心情,宛如跳下懸崖,看看底下的空氣能否支撐我

們。這樣的行為，今天看來實在荒謬可笑，但當時服務公司的
觀念還很新穎，與我們已經習慣的觀念不同。事實上，幾年內
鐘擺擺向了另一邊。隨著尼爾遜公司的盈餘成長再成長，華爾
街興起一種新觀念。很多公司不分青紅皂白，被混在一起，形
成金融圈的一種印象，視為極具吸引力的服務業。這些公司從
事的雖然都是服務業，不是生產商品，但經濟基本面相差甚遠。
有些公司的本益比開始高於應有的水準。一如以往，基本面終
將主宰一切。把本質上不同的公司湊成一種類股，形成的錯誤
印象，慢慢褪色。

　　這一點十分重要：保守型投資人對某支股票感興趣時，一
定要瞭解金融圈目前對該公司所處行業的評價性質。他必須
不斷研究調查，觀察這種評價是否遠比基本面事實有利或不
利。只有正確研判這一點，則主宰該行業個股市場價格長期趨
勢的三個變數中的一個，實情才能相當確定。

第六章
三論第四個構面

就影響本益比的因素來說，金融圈對一家公司本身特質的評價，比金融圈對該公司所處行業的評價還重要。關於個別公司最理想的投資特質，前面討論保守型投資的三個構面時已經給予定義。大致來說，金融圈對特定股票的評價愈接近這些特質，它的本益比愈高。評價如低於這些標準，則視低落的程度如何，本益比傾向於下降。投資人如能運用聰明的頭腦，確定值得投資的特定公司的事實真相，遠優於或遠劣於目前金融圈對該公司的印象，便很有可能知道哪支股票的價格顯著低估或顯著高估。

確定兩支或多支股票的相對吸引力時，投資人往往試圖利用過於簡單的數學方法處理這種問題，而把自己搞混。假設他們比較的公司有兩家，經審慎研究後，發現它們未來每年的成長率可能都有10％。如果其中一家的價格是盈餘的十倍，另一家是廿倍，則本益比十倍的股票看起來比較便宜。或許是吧，但也不見得必然如此。理由有許多。表面上看起來較為便宜的公司，可能利用相當多的槓桿資金（必須先支付利息和優先股股利，盈餘才歸普通股持有人），則本益較低的股票預期中的成長率無法實現的風險可能高出許多。同樣的，純就企業經營

層面來說，由於兩支股票的成長率都只是最有可能實現的估計值，如果有出乎意料的事件發生，則對某支股票估計值的影響，可能遠高於對另一支股票估計值的影響。

過份依賴單純的比較方法，觀察成長機會類似的幾支股票的相對本益比，可能做成錯誤的結論。這種犯錯方式遠為嚴重，卻很少人瞭解。為了說明這一點，假設兩支股票未來四年盈餘都很有可能倍增，而且目前的價格都是盈餘的廿倍，可是同一市場中，其他沒有成長展望，但體質良好的公司，價格為盈餘的十倍。再假設四年後，整體股市的本益比沒有變化，體質大致良好，但沒有成長展望的公司，價格仍為盈餘的十倍。同時，四年後，兩支股票中的一支，未年的成長展望和四年前大致相同，因此金融圈的評價是：未來四年這支股票的盈餘應該還會再增加一倍。這表示，過去四年它的盈餘已經倍增，但價格仍會是這個盈餘數字的廿倍，換句話說，那段期間內，它的價格也升高了一倍。相對的，四年後第二支股票的盈餘正如預期，也增加一倍，但這時金融圈對它的評價，是未來四年盈餘將顯平疲，不過體質仍然良好。這表示，雖然四年內盈餘增加一倍的預期已經實現，第二支股票的持有人將大失所望。由於金融圈對第二支股票的印象是「未來四年盈餘不會成長」，現在會預期它的本益比只有十倍。所以說，儘管盈餘已經增加一倍，這支股票的價格還是和以前一樣。所有這些，可以總結成一條基本的投資原則：未來的盈餘繼續成長的可能性愈高，投資人負擔得起的本益比愈高。

但是應用這個原則時必須非常小心。投資人千萬不要忘

記，本益比實際上的變化，不是受實際發生的事情影響，而是
導因於金融圈目前相信什麼事情會發生。市場人氣普遍樂觀的
期間，一支股票可能因為金融圈準確預測到未來很多年成長率
很高，而有極高的本益比。但是我們必須等很多年過去之後，
這個成長率才會完全實現。準確反映在本益比的高成長率，可
能有一陣子「沒有反映」，特別是如果公司經營上出現暫時性
的退步；即使最優良的公司，也會發生這樣的事。市場人氣普
遍悲觀的期間，一些很好的投資對象這種「沒有反映」的情況，
可能相當嚴重。這種情形發生時，耐性夠的投資人，如能區辨
目前的市場印象和事實真相間的不同，便能以相當低的風險，
找到一些長期獲利十分可觀的普通股大好投資機會。

　　1974年3月13日有個精彩的例子，可用以說明精明的投資
人如何研判投資圈對一家公司的評價將發生變化。前一天，紐
約證券交易所摩托羅拉公司（Motorola）股票收盤價是48 5/8美
元。3月13日收盤價為60美元，漲了約25％！原來12日交易所
收盤後，摩托羅拉公司宣布將退出電視機事業，美國的電視機
工廠和存貨要以接近帳面價值的價格，賣給日本大廠松下公
司。

　　投資人普遍知道摩托羅拉的電視機事業有小幅虧損，並因
此拖累其他事業的盈餘。這件事本身就足以使股票價格升高若
干，但不應如實際的漲幅那麼大。買盤背後的主要動機，源於
更複雜的推理。一段期間以來，相當多投資人相信摩托羅拉賺
錢的事業部門，特別是通訊事業部，使得這家公司成為美國極
少數非常值得投資的電子公司之一。例如，史賓塞崔斯克公司

（Spencer Trask and Co.）曾經發表證券分析師歐提斯・布雷德里（Otis Bradley）撰稿的一份報告，十分詳細地討論摩托羅拉公司通訊事業部的投資價值。這份報告使用不同尋常的方法，只計算一個事業部目前和未來估計的本益比，不談摩托羅拉整體的盈餘。報告中比較這個事業部和惠普公司（Hewlett Packard）、普宜公司（Perkin-Elmer）的估計營業額和本益比；就投資觀點而言，後兩家公司普遍被視為非常優秀的電子公司。根據這份報告，我們很容易推論出（文章中沒有明確提及）摩托羅拉通訊事業部的投資品質十分優良，單是它的價值，便值回摩托羅拉當時的股價。所以說，以那個價格買摩托羅拉公司的股票，恰好等於買到整個通訊事業部，其他所有的事業部則免費奉送。

市場上對摩托羅拉一些高複雜性的產品線有這樣的看法，那麼，到底是什麼因素，在電視機事業賣給松下的消息宣布之後，促使買盤大量擁現？大買摩托羅拉股票的人，長久以來都知道，金融圈內很多人對這支股票不屑一顧，因為它給人留下的印象是電視機製造公司。金融圈內大部分人一聽到摩托羅拉，馬上想到電視機，接著才想到半導體。電視機事業賣給松下的消息宣布時，標準普爾公司（Standard & Poor's）的股票指南中，用以列出每家公司主要事業的一小塊地方，說摩托羅拉生產的是「收音機及電視機：半導體」。這種看法雖然沒有不對，卻有誤導作用，因為和摩托羅拉實際的狀況不符，而且完全忽視了非常重要的通訊事業部；那時通訊事業部占整個公司的一半左右。

在電視機事業賣給松下的消息出現後，搶進摩托羅拉股票的一些人，無疑只是因為這是利多消息，可望導致股價上揚。但是大量買盤背後有個原因，在於投資人相信金融圈對這家公司的評價一直遠比事實真相為差。從歷史紀錄可以看出，在電視機事業，摩托羅拉被視為只是「在後頭苦苦追趕者」，不如業界領導廠商增你智（Zenith）。既然電視機業務不再模糊投資人對該公司其他事業部門的看法，一種新的印象將形成，本益比會升高很多。

以高價搶進摩托羅拉股票的人做得很聰明？不盡然。接下來幾個星期，股價吐回當時應聲上漲的漲幅，因此稍有耐性等候還是對的。市場下跌時，金融圈對一家公司的印象變壞，比變好更快為人接受。市場上漲時，情況則恰好相反。因為松下的消息而搶購摩托羅拉股票的人很不幸，因為接下來幾個星期，短期利率急劇回升，對整體股市造成下跌壓力，並使當時瀰漫的空頭市場心理更為惡化。

或許還有另一股力量，也對搶進摩托羅拉股票的人不利。這股力量是整個投資領域中最微妙和最危險的一種，即使最老練的投資人也必須時時注意防範。當一支股票長期停留在某個價位區間時，例如低價38美元，高價43美元，投資人便會不知不覺中，把這個價位視為真正的價值。等到金融圈把這個價位當做那支股票的「價值」，並且根深蒂固，習以為常之後，如果評價改變，股價跌到24美元，則各式各樣的投資人會一擁而出，大舉搶進。他們遽然做成結論說，這支股票現在真的十分便宜。可是如果基本面很壞，24美元的價位可能還是太高。相

反的，如果股價漲到50、60、70美元，賣盤會傾巢而出，獲利
了結，因爲很多人無法抗拒，認爲這樣的價格「偏高」。屈服
於這樣的衝動之下，可能損失慘重。投資股票想要賺到可觀的
利潤，必須大量持有上漲好幾倍的股票。一支股票的價格到底
「便宜」，還是「偏高」，唯一真正的檢定標準，不是目前的價
格相對於以前的價格是高是低（不管我們多麼習慣於以前的價
格），而是這家公司的基本面顯著高於或低於目前金融圈對那
支股票的評價。

　　前面提過，除了投資圈對整個行業和特定公司的評價，我
們還必須考慮第三個評價要素。只有這三個要素全部融合在一
起，我們才能合理地判斷某個時點一支股票到底便宜還是昂
貴。第三個評價是針對整體股市的展望。爲了觀察某些時期中，
整體股市的評價可以產生多麼極端的影響，以及這些看法可以
和事實相差多遠，我們最好回頭檢視本世紀兩次最爲極端的評
價。今天我們看起來或許覺得荒謬可笑，但1927到1929年間，
金融圈絕大部分人真的相信我們處於「新紀元」。多年來，美
國大部分公司的盈餘只升不降。不只嚴重的景氣蕭條已成過眼
雲煙，連偉大的工程師兼企業家胡佛（Herbert Hoover）都被選
爲總統。他那傑出的能力，可望確保經濟更爲繁榮。這種環境
中，許多人似乎覺得，持有股票幾乎不可能賠錢。很多人想要
儘可能從這件穩賺不賠的事中獲利，於是融資買進本來不可能
買到那麼多的股票。事實真相終於粉碎那種評價，我們都知道
後來發生了什麼事。「大蕭條」的苦痛，以及1929到1932年的
空頭市場，難以從人們的記憶中消除。

1946年年中到1949年年中三年內，投資圈對普通股做為投資工具的評價，展望與上面的情節恰巧相反，但錯得一樣離譜。當時大部分公司的盈餘非常令人愉悅。但在當時的評價下，股票的本益比為多年來最低。金融圈的說法是：「這些盈餘不算什麼」，「它們只是曇花一現，在即將到來的經濟蕭條中，將急劇萎縮或消失不見」。金融圈記得內戰之後是1873年的恐慌，開啟了極其嚴重的經濟蕭條，一直延續到1879年。一次世界大戰後，1929年的股市崩盤加上六年的大蕭條，情況更糟。由於二次世界大戰耗費的人力物力遠甚於一次世界大戰，因此經濟遭到更嚴重的扭曲，人們認為，更為悽慘的空頭市場和更為嚴重的蕭條迫在眉睫。只要這種評價持續存在，大部分股票就賣得很便宜，等到金融圈終於看清楚，曉得這樣的印象不對，沒有嚴重的蕭條等在眼前之後，美國歷史上為期最久之一的股價漲勢於焉展開。

1972到1974年的空頭市場籠罩下，大部分股票的本益比和1946到1949年一樣低，為本世紀兩次僅見的紀錄。可是很明顯的，我們不禁要問，導致這種事情出現的金融圈評價正確嗎？促使本益比掉到歷史低點的恐懼心理，合乎道理嗎？1946到1949年的歷史會不會重演？本書稍後會試著解答這些問題。

影響所有股價整體水準的因素，和影響一支股票相對於另一支股票本益比的因素，兩者間有基本上的差異。由於前面已經討論過的原因，任何時點影響一支股票相對於另一支股票本益比的因素，只是投資圈對某家公司以及該公司所處行業的目前印象。但整體股價水準不只是印象問題，而有部分來自金融

圈目前對普通股吸引力的評價，部分來自現實世界一些純金融
因素。

　　現實世界的因素主要和利率有關。長期或短期貨幣市場利
率升高時，尤其是兩者同時升高時，會有更多的投資資金流向
這些市場，股票的需求因此降低。人們可能賣出股票，把資金
轉移到這些市場。相反的，利率偏低時，資金會流出這些市場，
進入股市。所以說，利率升高通常會使所有股票的價格下跌，
利率下降則會使股價上揚。同樣的，如果民眾願意把所得中更
高比率的資金儲蓄起來，則會有更多的資金成為投資資金，和
投資資金上升緩慢比起來，股價後市以榮面居多。不過和利率
水準比起來，這個因素的影響力量小得多。新股發行量的起伏
變化，影響力量更小。新股發行會吸走原本可用於投資股票市
場的部分資金。新股發行量對整體股價影響較小的原因，在於
其他因素使得股票受人垂青時，新股發行量總會增加，以把握
有利機會。普通股價格掉到低點時，新股發行量通常大減。這
麼一來，新股發行量的起伏變化，主要受其他因素影響，本身
比較不像能夠發揮影響力的因素。

　　股票投資的第四個構面，或可總結如下：任何個股在特定
時點的價格，由當時金融圈對該公司、該公司所處行業，以及
在某種程度內，股價水準的評價決定。要確定某支股票在特定
時點的價格是否具有吸引力、不具吸引力，或者介於兩者之間，
主要得看金融圈的評價偏離事實真相的程度。不過由於整體股
價水準也會在某種程度內影響整個畫面，我們也必須準確估計
若干純金融因素即將出現的變化；這方面，仍以利率最重要。

第三篇

發展投資
哲學

獻給法蘭克・布洛克

本書最早是應特許財務分析師學會（Institute of Chartered Financial Analysts）的史都華・謝柏德獎（C. Stewart Shepard Award）之請而發表的。這個獎頒發給法蘭克・布洛克（Frank E. Block C.F.A.），表彰他的傑出貢獻，熱心努力，以富於啓發作用的開導性精神，促進特許財務分析師學會成為一股重要的力量，培育財務分析師、建立高超的道德倫理標準，並且發展各種訓練課程及出版品，鼓勵財務分析師繼續接受教育。

第一章
哲學的起源

要瞭解任何嚴守戒律的投資方法，有必要先知道這種方法設計的目的。除了暫時以現金或相當於現金的形式持有，等候更合適機會的資金外，費雪公司（Fisher & Co.）管理的任何資金，目標都在於投資非常少數的公司。這些公司因為管理階層的素質優異，營業額以及更重要的盈餘成長率，應該都會遠高於業界整體的水準。和成長率比起來，它們所承受的風險也相當小。要合乎費雪公司的標準，管理階層必須有一套可行的政策，願意犧牲短期的利潤，追求更高的長遠利益，以達成這些目標。此外，還需要兩個特質。其一是他們有能力在企業經營的所有例行性任務上，每天都有出色的表現，用以執行長期的政策。另一是重大的錯誤發生時，能夠認清這些錯誤，並採取矯正行動。管理階層提出創新性的觀念或推出新產品時，有時難免犯錯。另一方面，經營成功也可能使管理階層因驕矜自滿而發生錯誤。

由於我相信自己對製造公司的特性十分瞭解，所以費雪公司的主要活動，限於兼容並蓄，採用尖端科技和運用卓越的經營判斷，以達成這些目標的製造業公司。近幾年來，我限制費雪公司只投資這類公司，因為我偶爾投資別的領域，總是對所

獲結果不滿意。不過，在零售、運輸、金融等領域，具有必備
長才的人，運用相同的原則之後，我看不出有任何理由，不能
獲得等量齊觀的利潤。

　　沒有一種投資哲學能在一天或一年之內發展完全，除非抄
襲別人的方法。就我的情形來說，它是在很長的時間內發展出
來的，其中一部分可能來自所謂合乎邏輯的推理，部分來自觀
察別人的成敗，但大部分來自比較痛苦的方法，也就是從自己
的錯誤中學習。向別人解釋我的投資方法時，最好的方法可能
是回顧歷史，細說從前。因此，我將回到早年我的方法慢慢成
形的時候，試著一點一滴把這個投資哲學的發展歷程交代清
楚。

興趣誕生

很小的時候，我就曉得有股票市場存在，以及股價變動可能帶
來機會。家父在五個兄弟姊妹中排行最小，家母也是八位兄弟
姊妹中的老么，所以我出生時，祖父母只剩一位。這可能是我
和祖母特別親近的原因。一天下午，小學一下課，我便去看她。
有位伯伯剛好也來，和她談到他對未來一年工商業景氣的看
法，以及她的股票可能受到什麼影響。一個全新的世界展開在
我眼前。存了一點錢之後，我便有權在這個國家最重要的幾百
家企業當中，任選一家買它的股票，分享它未來的利潤。如果
選對，利潤會叫人雀躍不已。我發覺，判斷是什麼因素促使企
業成長，整件事很有意思，而這裡正好有一種遊戲，用適當的
方式去玩，相形之下，我熟悉的其他事情都顯得單調乏味、沈

悶無聊、毫無意義。伯伯走後，祖母轉向我說，我在那邊時，
碰巧他也來了，不得不和他談一些我可能不感興趣的事，實在
很抱歉。我說，恰好相反，他們兩人似乎只談了十分鐘，我卻
聽到很有意思的事情。幾年後，我才發現祖母持有的股票很少，
而且那天的談話內容十分膚淺，可是他們兩人的談話激起的興
趣，終我一生持續不墜。

由於有這麼濃厚的興趣，而且那時大部分企業不像今天那
麼擔心和未成年人往來的法律危險性，所以我能在1920年代中
期狂飆的多頭市場中，賺了一點錢。但是當醫生的父親很不贊
成我做這件事，他覺得這事只會教我養成賭博的習慣。這是不
可能的，因為我的本性不會光為了碰運氣就去嘗試；賭博本質
上如此。另一方面，回顧前塵往事時，就投資政策來說，我發
現那段期間小規模的股票投資活動，幾乎沒教到我什麼很有價
值的東西。

養成經驗

但在1920年代的大多頭市場軋然而止並崩跌之前，有一段經
驗，教了我非常重要的事情，可供來年使用。1927-28學年，
我被史丹福大學那時剛成立的商學研究所錄取為一年級學生。
那年的課程中，百分之廿是每個星期抽出一天，參觀舊金山灣
區一些最大的企業。主持這項活動的波利斯・艾梅特（Boris
Emmett）教授，由於一般的學術背景，被賦予這個責任。那時
候，大型郵購公司很多商品都是和供應商簽約購得的，而這些
供應商唯一的客戶是郵購業者裡面的一家公司。合約條件往往

對製造商很不利，利潤率很低，所以每過一段時間，就有一家製造商陷入嚴重的財務困境。眼睜睜看著供應商倒閉，不合郵購公司的利益。多年來，艾梅特教授因為是專家的緣故，受雇於一家郵購公司，負責在供應商被壓榨得太厲害，搖搖欲墜時，擔任救援任務。因此，他對企業的經營管理懂得很多。這個課程的舉行，有個原則，就是我們絕不拜訪只讓我們看工廠的公司。「看過輪子轉動」之後，管理階層必須願意和我們坐下來討論，在教授非常犀利的問題下，我們可以獲悉一家企業實際經營上的優點和弱點。我發覺這正是我想要的學習機會，而且能夠利用個人特有的東西，掌握這個特別的機會。半個世紀前，汽車相對於人口的比率遠低於今日，艾梅特教授沒有車子，但是我有。於是我主動提議，搭載他前往各個工廠。前往工廠途中，我沒學到什麼東西。不過每個星期回史丹福時，可以聆聽他對某家公司的真正看法。我享有這樣一種特權，給了我十分寶貴的學習機會。

這些行程中，我也養成了一種明確的信念，後來證明很有價值，更奠立了我的事業基礎。有個星期，我們拜訪兩家製造工廠，而不是只有一家。聖荷西（San Jose）這兩家工廠恰好在隔壁。其中一家叫約翰畢恩噴灑泵浦公司（John Bean Spray Pump Company），是生產這種泵浦的全球領導廠商，用在果樹上噴灑殺蟲劑，驅逐天然害蟲。另一家叫安德生-巴恩葛羅佛製造公司（Anderson-Barngrover Manufacturing Company），也是全球領導廠商，但生產水果罐頭工廠使用的設備。1920年代，金融圈還沒有喊出「成長型公司」（growth company）的觀念。我用詰屈聱牙的字句，向艾梅特教授說：「我覺得這兩家公司

有可能成長得遠比目前的規模大，而且大到我們拜訪過的公司，沒有一家能比。」他同意我的看法。

同時，車內聊天時，有時談到艾梅特教授以前的企業經驗，從裡面學到其他一些東西，對我的未來助益很大。我們談到，一家企業經營要健全，銷售能力極其重要。一家公司可能是非常有效率的製造商，或者一位發明人發明的產品有令人嘆爲觀止的用途，但對企業經營健全而言，這些事情絕對不夠。除非企業內部有一些人才，能夠說服別人相信他們的產品很有價值，否則絕對沒辦法真正控制自己的命運。後來我根據這個觀念，進一步發揚光大，做成結論，認爲即使強大的銷售團隊還不夠。一家公司要成爲真正有價值的投資對象，不只必須有能力銷售產品，還要能夠評估客戶需求和欲望上的變化；換句話說，它必須嫻熟所有的行銷觀念。

經驗學校的第一堂課

1928年夏天接近，我在商學研究所的第一年即將結束，有個大好機會到來，我覺得不容錯過。今天這所商學研究所每年招生數百人，但當年我們那一班，是商學研究所的第三屆，只有十九個學生。比我們早一年的畢業班只有九個人，其中兩人主修財務。在股票市場發燒的那段期間，這兩人都被紐約的投資信託業者網羅過去。最後一刻，舊金山一家獨立銀行（幾年後被舊金市的國安銀行〔Crocker National Bank〕收購）向商學研究所招聘一位主修投資的研究生。商學研究所非常不希望錯過這個機會，因爲如果派出去的代表獲得該行核可任用，以後

可能有更多的機會，把畢業生安插到那家銀行工作。但是他們
沒人可派。這事不容易，但我聽到這個機會，最後終於說服研
究所派我前去。我的想法是，如果應徵成功，我會留在那裡，
要是不適任，我會回到學校，再唸第二年的課程，同時讓那家
銀行曉得，研究所並沒有欺騙他們，派一位沒有受過完整訓練
的學生去他們那裡做事。

崩盤前的那段日子，證券分析師（security analysts）叫做
統計員（statisticians）。連續三年股價跌得七葷八素，使得華爾
街統計員的工作信用掃地，於是改名為證券分析師。

我發現自己成了那家銀行投資銀行單位的統計員。那時
候，法律沒有限制銀行不能經營經紀或投資銀行業務。我奉命
做的事非常簡單，而且依我的看法，那件事必須運用智慧做出
不夠誠實的事來。那家銀行的投資單位主要銷售新發行的高利
率債券，做為承銷集團的一員，可以收取相當可觀的手續費。
他們沒有試著去評估所賣債券或股票的品質。相反的，在賣方
市場的那段期間內，紐約同業或大型投資銀行給他們承銷任何
證券，他們都樂於接受。接下來，銀行的證券業務員會向客戶
說，他們有個統計部門，能夠研究那些客戶持有的證券，並針
對他們經手的每一種證券，發給客戶一份報告。事實上，所謂
的「證券分析」，不過是查閱當時已有的手冊，如《穆迪》
（Moody's）或《標準統計》（Standard Statistics）裡面特定公
司的資料。再下來，像我這樣的人，只要抄襲手冊的遣詞用字，
寫成報告即可。報告中，凡是營業額很高的公司，總是一成不
變地把它們說成「經營管理良好」，原因只是它們的規模很大。

沒有人直接指示我，向客戶建議把我「分析」的一些證券，轉成本行當時希望出售的證券，但是整個氣氛鼓勵做這種分析。

建立基礎

沒多久，整個作業過程的膚淺，令我覺得，一定還有更好的方式可以做這件事。我非常幸運，因為直屬上司充分理解我關心的事，並給我時間，去做我向他提出的實驗。1928年秋，收音機股票的投機風氣甚盛。我向舊金山一些零售商的收音機部門消費者自我介紹，說是那家銀行投資單位的代表。我請他們依自己的看法，說出這一行的三大業者。每個人給我的看法，雷同程度叫人驚訝。有個人是工程師，在其中一家公司工作，我從他身上獲得很多東西。一家叫菲爾公司（Philco）的業者，從我的觀點來說，很不幸的是私人持有的公司，因此在股市沒有投資獲利機會，卻開發出具有特殊市場吸引力的產品。由於生產效率高，所以能在市場取得一席之地，並獲有很可觀的利潤。RCA能夠維持既有的市場占有率，但當時受股市垂青的另一家公司，市場占有率急劇下滑，而且跡象顯示會陷入困境。這些公司和我們的銀行沒有直接關係，因為我們不經手收音機類股。不過寫一份評估報告，似乎對我在那家銀行裡面的地位有很大的幫助，因為閱讀這份報告的很多高階主管，個人都有投機買賣這些股票。華爾街上的公司有談到這些「熱門」收音機類股，但我沒辦法從他們的資料，找到一言半語，討論這些投機寵兒明顯正在浮現的麻煩。

接下來十二個月，股市繼續馬不停蹄上漲，大部分股票攀

升到新高點，我愈看愈有意思，因為我挑出來的那些問題股，
卻在漲勢市場中一跌再跌。這是我所上的第一堂課，後來成為
我的基本哲學的一部分：看一家公司的書面財務紀錄，不足以
研判那家公司是否值得投資。精明謹慎的投資人必須做一件很
要緊的事，也就是從直接熟悉某家公司的人口中，瞭解那家公
司的經營情形。

但早年的時候，在這種推理中，我還沒有到達下一個合乎
邏輯的步驟：我們也有必要儘可能瞭解經營公司的人員，方法
是自己去認識那些人，或者透過第三者，你對他有信心，他又
對他們知之甚詳。

隨著1929年展開，我愈來愈相信，似乎將漲個不停的股市
狂飆榮面，本質上不健全。股價繼續漲到更高的價位，依據的
理由，是叫人驚異不置的理論：我們正置身於「新紀元」。因
此，每股盈餘年復一年上升是理所當然之事。可是在我試著評
估美國基本產業的前景時，我見到許多產業出現供需問題，在
我看來，它們的前景變得相當不穩定。

1929年8月，我對銀行的高階主管發出另一份特別報告，
預測六個月內，廿五年來最嚴重的大空頭市場將展開。要是那
個時候，我能夠急劇改變所發生的事，並留下我的預測完全正
確的印象，不但很能滿足自尊，也能從這樣的智慧賺到大錢。
事實恰好相反。

雖然我強烈覺得，1929年那些危險的日子裡，整個股市實
在太高，還是免不了被股市的魅力所惑。於是我到處尋找一些

「還算便宜」的股票，以及值得投資的對象，因為它們「還沒漲到」。由於幾年來小規模交易股票賺了一點利潤，加上我薪水中一大部分的儲蓄，以及大學賺到的錢，1929年我湊到了幾千美元。我把這筆錢大致等分，買三支股票。由於一時不察，我覺得在整體股市過高之際，它們的價格仍然低估。其中之一是一家首屈一指的火車頭公司，本益比仍然相當低。鐵路設備是受經濟景氣週期影響最大的行業之一，所以不必有太豐富的想像力，就知道在即將席捲我們的景氣蕭條中，該公司的營業額和盈餘到底如何。另兩家公司是地方性的廣告看板公司和地方性的出租汽車公司，本益比也非常低。儘管我成功地看出收音機類股將發生何事，卻沒有想到向熟悉這兩家地方性企業的人士，詢問類似的問題，雖然取得這樣的資訊，或者去見經營這些企業的人士相當簡單，因為他們就近在眼前。隨著景氣蕭條日益嚴重，我終於十分清楚為什麼這些公司的本益比那麼低。到了1932年，我持有的這些股票市值，只及原始投資金額很低的百分率。

大空頭市場

我十分討厭賠錢，這件事對我未來的財富而言，是很幸運的一件事。我一直相信，愚者和智者的主要差別，在於智者能從錯誤中學習，愚者則不會。由此可以想見，我應該十分小心謹慎地探討自己所犯的錯誤，不要重蹈覆轍。

從1929年所犯的錯誤中學習之後，我的投資方法更上層樓。從這次經驗中，我曉得，雖然一支股票的本益比偏低可能

很有吸引力，但低本益比本身不能保證什麼，反而可能是個警訊，指出一家公司有它的弱點存在。我開始瞭解，決定一支股票價格便宜或昂貴的真正要素，不是它的價格相對於當年盈餘的比率，而是價格相對於未來數年盈餘的比率。這一點，和華爾街的想法恰好相反。如果我能培養自己的能力，在合理的上下限內，確定幾年內可能的盈餘數字，就能找到一把鑰匙，不但能避免虧損，更能賺得厚利！

大空頭市場期間，個人慘不忍睹的投資表現，除了讓我曉得一支股票價格便宜，帶來的低本益比很可能只是投資陷阱外，更深刻體會到另一件可能更重要的事。這次多頭市場泡沫破滅的時間，我預測得極其準確，在判斷整體即將發生的事情方面，也幾乎正確。不過除了在一小群人裡面，自己的名聲可能稍有提升，這事其實對我一點好處都沒有。在那之後，我瞭解到，不管投資政策或一支股票適合買進或賣出，推理得如何正確，除非付諸實施，完成特定的交易，否則一點價值也沒有。

自行其是的大好機會

1930年春，我換了老闆。提這件事，只是為了說明此後發生的種種事情，形成一種投資政策，引導著我日後的行為。當時一家區域性經紀公司來找我，提出的薪水待遇，對廿二歲的我，以及在那個時間和地點，都很難抗拒。此外，和在前述那家銀行的投資銀行單位當「統計員」、難以令人滿意的經驗比起來，他們打算讓我做的事，非常有吸引力。他們沒有指派特定的職務給我。我可以自由運用時間，根據每支股票的特性，找出我

認為特別適合買進或賣出的個股,接著把結論寫成報告,傳發給該公司的營業員參考,幫助他們推廣可以讓客戶賺錢的業務。

這件工作找上門來,剛好在胡佛總統發表有名的「榮景就在眼前」(Prosperity is just around the corner)的聲明之後不久。該公司幾位合夥人私底下信之不疑。由於1929年的崩盤,他們公司的員工總數從一百廿五人減為七十五人。他們告訴我,如果我加入,就是第七十六個人。那時我看空的程度,不亞於他們看漲的程度。我相當肯定空頭市場還有一段漫漫長路。我告訴他們,要過去可以,不過有個條件。如果他們不滿意我的工作品質,隨時可以炒我魷魚,但如果金融市場情勢惡劣,他們不得不再次裁員時,絕不能以我的資歷淺就要我優先走路。他們同意這個條件。

禍兮福所倚

那樣的老闆,再也找不到更好的了。接下來八個月,我有了一段畢生最珍貴的企業教育經驗之一。我接觸到第一手資料,親眼看到一個又一個例子,曉得投資業不應該怎麼經營。隨著1930年展開,以及股票又持續似無止盡的跌勢,我的雇主處境岌岌可危。就在1930年耶誕節前,從經濟大屠殺中倖存下來的我們,眼睜睜看著一幅悲慘的畫面:整家公司因為資金週轉失靈,被舊金山證券交易所暫停交易。

同事眼中的壞消息,後來卻證明是我一生中很幸運的事業

發展點，如果不能說是最幸運的話。一段時間以來，我一直有個模糊的計畫，希望在榮景再臨時，創立自己的事業，向客戶收取費用，管理他們的投資事務。我故意拐彎抹角描述投資顧問（investment counselor或investment advisor）的活動，因為那時還沒人使用這個辭彙。但1931年1月慘淡的歲月中，金融業幾乎每個人都在節衣縮食，我能找到的唯一一件證券業工作，是純當文書作業員，對我來說，很沒意思。審情度勢之後，我體會到這正是開創心中所想新事業的正確時機。理由有二。其一是經過約兩年美國前所未見的嚴重空頭市場之後，幾乎每個人都對既有的經紀商關係不滿意，願意聆聽我這種年輕人的看法，主張採用極端不同的方法，處理他們的投資事務。而且，1932年正當經濟跌到谷底，很多重要的企業家沒什麼事情好做，所以有時間接見一些人。正常時候，我絕對過不了秘書那一關。我的整個事業生涯中，有位很重要的客戶，家裡的投資事務，今天我還在幫他們處理，便是個典型的例子。幾年後，他告訴我，我過去拜訪那一天，他剛看完報紙的運動版，幾乎無事可做。因此當秘書把我的名字和目的告訴他之後，他心裡想著：「聽聽這位小伙子怎麼說，至少可以打發一點時間。」他坦承：「如果約一年後你才來見我，絕對進不了我的辦公室。」

奠定基礎

就這樣，好幾年內，我在一間很小的辦公室內非常努力地工作，經常性開銷壓得很低。辦公室沒有窗戶，只有玻璃隔間當做兩面牆，整個樓板空間剛好夠擠進一張桌子、我的椅子和另一張椅子。這些加上房東先生的秘書員兼接待員提供的免費當地電

話服務,以及數量合理的秘書事務工作,每個月支出金額高達廿五美元。其他支出包括文具用品、郵資,還有很久才打一次的長途電話。從目前仍在我手中的帳本,可以看出1932年開創新事業多麼辛苦。極長時間的工作之後,扣除這些經常性開銷,那一年每個月的淨利平均2.99美元。1933年仍然很艱苦,但我做得稍好一點,盈餘增加將近1000%,平均每個月略高於29美元。或許當個報童,沿街叫賣報紙,我也可以賺到這麼多錢。可是因為有這些年頭,我才有後來的日子,所以它們可說是我一生中獲利最豐盛的兩年。它們讓我奠下基礎,到了1935年,便建立起獲利極其可觀的事業,以及一批非常忠誠的客戶。如果能夠這麼說,那一定很棒:由於我自己聰明的頭腦,才會想到創立事業,而不是等到好時光來臨。其實,那是因為我能找到的唯一一件工作索然無味,才把我推進自創事業的路上。

第二章
從經驗中學習

我在銀行做事的時候，帶著很濃厚的興趣注意到一則新聞報導，提及聖荷西相鄰的兩家公司最新的動態；這兩家公司，我在史丹福商學院學生時代，就覺得很有意思。1928年，約翰畢恩噴灑泵浦公司（John Bean Spray Pump Company）、安德生-巴恩葛羅佛製造公司（Anderson-Barngrover Manufacturing Company）和伊利諾州胡伯斯頓（Hoopeston）的領導性蔬菜罐頭製造公司史普雷格謝爾斯公司（Sprague Sells Corporation）合併，組成一家叫做食品機械公司（Food Machinery Corporation）的新公司。

和其他投機風氣甚熾的時期一樣，美國正處於買進股票的狂熱當中，食品機械公司的上市股票價格需求殷切，因此提高價格以為因應。同一年，也就是1928年，舊金山證券交易所會員公司銷售新股給需股孔急的灣區買者，至少還有其他廿種，或者可能多達此數的兩倍。有些新股體質有欠健全，到達駭人聽聞的地步。證券交易所一家會員公司的高階主管告訴我，有家公司賣的瓶裝水來自太平洋對岸，股票交由該公司承銷，可是他們並沒有拿到完整的一套財務報表，只有一張照片，裡面是生產瓶裝水取用的一處溫泉景像，而且他們和出售持股的股

東沒見過幾次面！在大眾心目中，食品機械公司的股票只是那一年另一支叫人興奮的新上市股，沒比其他新股好很多，也沒差很多。上市價格是21 1/2美元。

那時候，股友社集資炒作股票完全合法。有個地方性團體，經營股友社幾無經驗，卻由一個人帶頭。他對食品機械公司很感興趣，決定「經營業務」，買賣該公司的股票。所有這些股友社使用的方法本質上雷同。會員本身不斷來回相互銷售股票，價格愈賣愈高。股票交易資訊紙帶上這些活動會引起別人注意，於是開始買進，股票從股友社流出，價格更高。有些技巧十分高超的炒手，賺了幾百萬美元，其中有個人過了約一年，提議讓我當資淺合夥人。這個人經驗相當豐富，擅長於運用這種很有問題的藝術。但是買賣食品機械公司的股友社，目標不在炒作價格。1929年秋即將來到時，股價瀕臨崩跌邊緣，該股友社終於買到食品機械公司公開上市的大部分股票。雖然食品機械公司股票的最高報價達50美元以上，流入大眾手中的股數卻很少。

接下來幾年，每年的整體景氣狀況都比前一年惡劣，1928年新股狂熱期間公開上市、體質欠佳的小型公司股票，發生了什麼事，不問可知。這些公司一家接一家宣告破產，其餘很多公司不但沒有盈餘，還發生虧損。這些公司的股票市場枯竭殆盡。

公開上市新股中，除了食品機械公司，還有一兩家本質上相當健全，也很有吸引力。但是投資大眾不分青紅皂白，認為

所有這類股票都是投機性垃圾。1932年股市終於跌抵谷底，以及1933年3月4日羅斯福（Franklin D. Roosevelt）總統就職那天，全國銀行體系關閉，股市再跌到相同的谷底時，食品機械公司的股價跌到4美元到5美元間，之前的歷史性最低價是每一百股3 3/4美元。

食品機械公司是投資良機

隨著1931年展開，我到處為我的新創事業尋找投資機會，看到食品機械公司的情況，愈看愈對眼。我曉得幾年前，由於我沒花工夫去見兩家地方性公司的管理階層，並評估他們的素質，結果投資損失慘重，所以我決定不再犯同樣的錯誤。我對食品機械公司的人認識得愈清楚，對他們愈加敬重。多年來，大蕭條谷底期間，這家公司許多方面的表現，正是我尋找的未來機會的縮影。花點篇幅，說明為什麼近半個世紀以前，我在這家公司身上看到這樣的未來，可能有幫助。

順便一提，很遺憾的，在這之後幾年內，我並沒有把我的深度現場分析政策訂為合乎邏輯的結論。對於較遠地方的公司，我做得不夠勤快，去認識和評估它們的管理階層。

首先，雖然食品機械公司的規模相當小，但它從事的三種業務，每一種業務的產品線論規模和品質，我相信都是全球首屈一指。這家公司因此擁有規模優勢。也就是說，由於這家公司的規模大且有效率，有可能也是低成本製造商。

其次，從競爭的觀點來說，它的行銷地位極強。它的產品

獲得客戶很高的評價。它有自己的銷售組織。此外，它的裝罐機械已有很多公司安裝使用，在某種程度內「鎖住」了市場。這個市場包括設備的備用和替換零組件。

在這個堅穩的基礎上，又有一個最叫人振奮的單位。對於像它那種規模的公司來說，它擁有創意十足的工程設計或研究部門。這家公司在前景看好的新產品設備上力求精進。其中包括業內第一部機械式梨子去皮機、第一部機械式桃子去核機，還有一種合成製程，為柳橙上色。有些地方生產的柳橙可口多汁，但和其他品質沒有比較好的柳橙比起來，因為外觀引不起家庭主婦喜愛，競爭上屈居下風。我的事業生涯中，前景極佳的新產品相對於現有產品，依我的判斷可望帶來的營業額一樣多者，除了1932到1934年的食品機械公司，只看過另一家公司有同樣的情形。

這時候，我已學得夠多，曉得這些事情本身不管多吸引人，都不足以確保經營十分成功。這家公司的人員素質一樣要緊。我使用的素質（quality）一詞，涵蓋兩種相當不同的特質。其一是企業經營能力。企業經營能力又可細分成兩種很不相同的技能。一種是以高於一般水準的效率，處理日常事務。所謂日常事務，包括很多事情，從不斷尋找更好的方法以提高生產效率，到密切注意應收帳款催收的情形。換句話說，他們必須有高於一般水準的經營技能，處理公司近期內營運活動有關的很多事情。

但在商業世界，一流的管理能力也需要另一種相當不同的

技能。那就是前瞻未來和擬定長期計畫的能力，促使公司將來能夠大幅成長，同時避免可能招致災難的財務風險。許多公司的管理階層很擅長於其中一種技能，但要成功，兩者必須兼備。

我相信，真正值得投資的公司，缺之不可的兩種「人員」特質中，企業經營能力只是其中一種。另一種特質是誠信正直（integrity），也就是公司經營者必須誠實和擁有高尚的人格。凡是1929年股市崩盤前首次踏進投資世界的人，都會看到不少鮮活的例子，並瞭解誠信正直極其重要。一家公司的所有人和經理人，總是比股東更接近公司的事務。如果經理人不覺得對股東負有受託責任，股東遲早沒辦法從中獲得應得的利益。只顧追求私利的經理人，不可能在身邊培養起一群熱情洋溢、忠誠奉獻的得力左右手──一家公司要成長到無法再靠一兩個人控制的地步，絕對必須這麼做。

不管是在景氣嚴重蕭條的那些黑暗日子裡觀察，還是隔了這麼多年再來回顧，從「人」的觀點而言，股票剛上市的食品機械公司都不同凡響。約翰畢恩製造公司的總裁及原創辦人的女婿約翰・柯拉米（John D. Crummey），不只是效率極高的營運首長，很受客戶和員工敬重，而且宗教信仰虔誠，一絲不苟地遵守高道德標準。公司的工程長是才華洋溢的概念設計師。他潛心研究，使得產品獲得專利保護。這件事也很重要。最後，為了補強這家相當小的組織的優勢，約翰・柯拉米說服女婿保羅・戴維斯（Paul L. Davies）加入，強化財務能力和保守作風。保羅・戴維斯本來不想放棄前途看好的銀行業事業生涯。其實，保羅・戴維斯起初同意的很勉強，只答應向銀行請一年的長假，

在家族事業合併後艱苦的第一年幫點忙。那一年內，他對未來一片美景大感振奮，決定永遠留在公司。後來，他當上總裁，帶領公司壯大規模和欣欣向榮，程度遠超過接下來幾年令人愉快的成就。

那時這家公司本質上便有這些理想的特質。值得投資的公司，偶爾才能看到這些特質。食品機械公司的人員素質十分傑出。公司規模雖小，卻不是只有一人做出重大的貢獻。和競爭對手相較，這家公司顯得很強，企業經營得很好，而且即將推出的新產品線夠多，相對於公司當時的規模，潛力很大。即使一些新產品最後無法推出，其他新產品的未來還是非常明亮。

別人左轉你右轉

但是除了所有這些事情，投資一家公司的股票要獲得可觀的利潤，還得加上同等重要的一些東西。金融圈都向左轉時，有能力正確地轉向右邊的人，才能在投資領域獲得最大的利潤。如果那時候食品機械公司的未來能得到適當的評價，則在1932到1934年間買進該公司股票的人，獲得的利潤會減少很多。正因為這家公司的真正價值沒有普遍為人體認，而且人們認為食品機械公司只是許多「脆皮」公司裡面的另一家，趁股票投機熱到極點時賣給大眾，等到後來價格慘跌，卻能大量買進這些股票。依我的看法，訓練自己不要盲從群眾，而要能夠在群眾左轉時右轉，是投資成功最重要的基本工夫之一。

當我看到還沒受人垂青的食品機械公司，可能對我個人小

小的財富，以及我想要創立的新事業有多大的**幫助**時，內心、情緒和理性上的激情，但願能透過文字適當地表達。我似乎抓對了時機。就像彈簧被壓得太緊，開始彈開，1933到1937年整個股市先是緩慢上升，繼之爆發成全面開展的多頭市場，但1938年跌得不輕，隔一年又全面回升。由於我深信食品機械公司的表現會遠超過整體股市，所以勸服我的客戶儘量買進並抱牢。和任何潛在的客戶一談時，我總是拿這個可能性，開門見山談我使用的方法。我覺得一生幾乎難得一見的獨特機會就在眼前，正如莎士比亞說得很好的：「凡人經歷狂風巨浪才有財富。」那段激昂的年頭裡，我的期望很高，但我的資金和名聲，在金融圈幾乎不存在，於是我一再引述這些振奮人心的字句，以堅定自己的決心。

反其道而行，但走對路

反向意見（contrary opinion）的重要性，其他投資著作著墨已多。但是光有反向意見還不夠。我看過不少投資人士鼓吹背離一般思想潮流，抱持反向意見，卻完全忽視了個中的涵義是：背離一般投資思想潮流時，你必須非常肯定自己是對的。比方說，當情勢變得很明顯，汽車將取代電車，而且曾經受寵的都會鐵路股票本益比愈來愈低時，如果以每個人都相信它們正在走下坡，所以一定極具吸引力為由，反其道而行，買進電車公司的證券，一定損失慘重。金融圈大部分人都左轉時，適時右轉的人，如有強烈的跡象，顯示自己轉對方向，往往能獲得龐大的利潤。

　　如果在這件事情上面，莎士比亞的名言對我所採政策的形成，有很大影響力的話，說起來奇怪，一次世界大戰期間一首流行歌曲也很重要。1918年擾攘不安的時期，仍記得後方反應的人愈來愈少，或許我是其中一人。當時美國民眾對戰爭的激情和熱情十分天真浪漫，和二次世界大戰期間陰鬱的態度相當不同，因為人們比較能夠清楚地瞭解戰爭的可怕。1918年，前線戰場傷亡、惡行、恐怖的一手消息，還沒有滲透到美國大陸。因此，那時的流行歌曲充斥輕快和幽默的戰爭主題，二次世界大戰期間，這種現象則很少，越戰期間更是完全絕跡。大部分這些歌曲都來自鋼琴的單張樂譜。一首歌曲上面畫著驕傲的母親俯視行軍中的阿兵哥，曲名是「除了吉姆，大家的步伐都亂了」。

　　我從一開始就曉得，我的確冒險「和別人的步伐不一樣」。我很早就買進食品機械之後，後來又買了其他很多「不合時宜」的公司，因為它們的實質價值沒有被金融圈完全認清。我自己的想法很可能完全錯誤，金融圈可能是對的。果真如此，則對我的客戶和我自己來說，金融圈左轉，而我右轉轉錯了；由於我對某種狀況的堅定信心，結果龐大的資金無限期套牢，無利可賺，再沒有比這件事更糟的了。

　　但是我知道得很清楚，要從前面所說的別人左轉而你右轉的做法中，獲得可觀的利潤，有件事很重要，也就是我一定要有某種計量檢測方法，確定我右轉轉對。

耐心和績效

心裡記得這點，所以訂下了我自稱的三年守則。我一再向客戶表示，我爲他們買進某樣東西時，不要以一個月或一年爲期評估成果，必須容許我有三年的時間。這段期間內，我如果沒有爲他們帶來可觀的成果，他們應該炒我魷魚。第一年不管是賺是賠，恐怕運氣的成分居多。這麼多年來，我管理個別股票，都遵守相同的原則，只有一次例外。如果我深信某支股票到了三年結束的時候，不會有好成績，我會提前賣掉。要是過了一兩年，這支股票的表現一直沒有比市場好，而是比市場糟，我不會喜歡它。但如果沒什麼事情改變我對那家公司的原始看法，我會繼續持有三年。

1955年下半年，我大量買進兩家公司的股票；以前從沒買過它們的股票。和當時金融圈普遍接受的看法背道而馳，反向投資，這正是典型的例子，可以看出其中的優勢和問題。事後來看，1955年或可視爲前後約十五年的「電子類股第一個黃金時代」的開端。我使用「第一個」一詞，以免和其他人心目中後來的半導體類股黃金時代混淆。我猜後者就在眼前，1980年代將降臨。總之，1955年和之後不久，金融圈即將被一堆電子公司弄得目眩神迷。這些股票的價格扶搖直上，到了1969年，漲幅十分可觀。國際商業機器公司（IBM）、德州儀器（Texas Instrument）、維利安（Varian）、利頓實業（Litton Industries）、安培斯（Ampex），只是少數例子。但是1955年，這些事情都還沒發生。那時候，除了IBM，所有這些股票都被視爲投機色彩非常濃厚，保守型投資人或大型機構不屑一顧。但是察覺到

未來將發生的一部分事情，我在1955年下半年買進德州儀器和摩托羅拉（Motorola）的股票，而且對我來說，買進的數量相當龐大。

今天，德州儀器是最大的全球性半導體製造商，摩托羅拉緊跟在後，排名第二。那時候，摩托羅拉在半導業內的地位微不足道。根本沒什麼因素促使我去買這些股票。我只是對摩托羅拉公司的人，以及這家公司在行動通訊事業上居於主宰地位，留下深刻的印象；通訊事業看起來潛力雄厚。可是金融圈視它為另一家電視機和收音機製造商。摩托羅拉後來崛起於半導體領域，部分原因是取得丹尼爾·諾伯（Daniel Noble）博士的服務，給我帶來錦上添花的效果，當初買進股票時始料未及。至於德州儀器，除了同樣喜歡和尊敬那家公司的人，我受到另一組相當不同的信念影響。我和其他人一樣，看到以人類的聰明才智，半導體的前途無可限量，德州儀器的電晶體事業可能有異常明麗的未來。雖然華爾街大部分人的看法不一樣，我卻覺得該公司的管理階層面對奇異（General Electric）、RCA、西屋（Westinghouse）和其他巨型公司的競爭，至少能打成平手，甚至可能更占上風。很多人批評我把資金拿去冒險，投入一家小型的「投機公司」。他們認為，面對巨型公司的競爭，德州儀器勢將身受其害。

買進這兩支股票之後，短期內的表現殊不相同。一年內，德州儀器增值相當可觀，摩托羅拉則比我的買進成本低5%到10%，表現很差，一位大客戶對它的市場走勢非常惱火，不願直呼其名，只稱它是「你幫我買的那隻火雞」。令人不悅的價

位持續了一年多。等到金融圈慢慢瞭解摩托羅拉通訊事業部門的投資重要性之後，再加上首次有跡象顯示半導體即將當紅，這支股票開始有不俗的表現。

買進摩托羅拉的時候，我是和一家大型保險公司聯手。這家保險公司讓摩托羅拉的管理階層曉得，他們也對我首次拜訪獲得的結論感興趣。這家保險公司也大量買進摩托羅拉的股票之後，不久便把整個投資組合送到紐約一家銀行做評估。除了摩托羅拉，該行把他們的投資組合分成三類：最具魅力、魅力較差、魅力最差。但他們不肯把摩托羅拉放到任一類中，理由是這種公司不值得他們花時間傷腦筋。因此，他們對摩托羅拉不予置評。可是那家保險公司一位高階主管三年後告訴我，雖然華爾街的評價那麼不好，在那之前，摩托羅拉在他們的投資組合中，表現比其他每一支股票要好！如果我沒有那套「三年守則」，則在市場走勢不佳及一些客戶的批評下，恐怕也沒有那麼堅強的信心，抱牢自己的摩托羅拉股票不放。

每個原則都有例外的時候……但不多

我是不是曾經根據三年守則賣出股票，後來因為那支股票大漲而悔不當初，但願沒把股票賣掉？其實，我只根據三年守則而賣出持股的次數不多。這倒不是因為我買進的股票很少出現當初買進時所期待的高漲幅。絕大部分時候，由於我繼續研究調查整個情況的其他層面，而有了進一步的瞭解，使得我改變對某支股票的看法。但是在相當少數只根據三年守則而賣出持股的例子中，我記不起來曾有一次因為後來的股市走勢，而悔不

當初，但願沒有賣出股票。

我是否曾經違反我自己的三年守則？答案是有，但只有一次，而且是在很多年後才這麼做，時間接近1970年代中期。三年前，我買了數量不多也不少的羅傑斯公司（Rogers Corporation）股票。羅傑斯專長於某些聚合體化學產品，我相信他們即將開發出各種半特有的系列產品，營業額將增加不少，但不是只曇花一現一兩年便消失，而是會持續很多年。但三年結束的時候，這支股票的價格下跌，盈餘也減少。可是當時有幾股力量發揮影響力，我覺得這一次應該忽視自己的標準，使它成為「守則的例外」。其中一股力量是我對該公司總裁諾曼·葛林曼（Norman Greenman）的強烈感覺。我深信他具有非凡的能力，有決心度過難關，而且還具備另一種東西，我覺得對聰明的投資人來說，很有價值：他非常誠實，絕不隱瞞一再出現，不會使公司倒閉，但會叫他尷尬的壞消息。對他的公司有興趣的人，他總是設法讓他們除了曉得有利的潛力，也知道正在發生的所有不利事情。

還有另一個因素影響我很大：該公司盈餘那麼差的主要原因，是羅傑斯花了不成比例的資金在單一新產品的開發上。這種產品似乎有非常明亮的前景。結果公司的資金和人力都從其他也很有潛力的新產品抽調出來，投注在它們上面的資金和人力較少。該公司最後終於做出痛苦的決定，放棄對那項產品的所有努力，之後不久，情況便變得相當明朗，其他幾樣前途很好的創新開始開花結果。但是這得花點時間。在此同時，該公司未能達成許多持股人的期望，導致股價大跌。和營業額、資

產或任何正常的獲利能力比起來，股價跌到很荒謬的水準。這似乎是金融圈左轉，我該右轉的典型例子。因此，我不管有沒有三年守則，大幅提高了我自己和客戶的持股，但有些客戶不耐多年來的苦候以及對該公司的業績不滿，在某種程度內，對我的做法很感憂慮。像這樣的例子常常出現的情形是，一旦情勢逆轉，會變化得很快。隨著整個情況明朗化，大家知道盈餘改善不只是一兩年的事情，相反的，強烈的跡象顯示這將是未來好幾年高成長的基礎之後，股價繼續揚升。

試驗性抓取市場進出時機

但以上的事情，把我的故事講得快了一點，因為在1930年代，我還得從錯誤中嘗試摸索，學習成長，投資哲學才慢慢成形。在我四處尋找各種方法，希望從普通股賺到錢之際，我開始看到，研究食品機械公司，可能帶來一樣很有價值的副產品。這家公司很多業務依賴水果蔬菜罐頭業，為了確定我買進食品機械公司的股票買得對，我無意中瞭解很多影響水果蔬菜罐頭公司興衰的因素。這個行業的週期性很強，因為整體景氣狀況變動不居，而且異常的天候也會影響特定的農作物。

總之，隨著我慢慢熟悉罐頭業的特性，不免想到為什麼不好好利用這方面的知識？但我不想像食品機械公司那樣做長線投資，只想短線進出加州罐頭製造公司（California Packing Corporation）的股票。加州罐頭製造公司那時是家獨立公司，也是規模最大的水果蔬菜罐頭生產商。從大蕭條的谷底到那個年代結束，我曾經三次買進這家公司的股票。每次賣出時都獲

有利潤。

　　表面上看起來，我好像做得蠻不錯的。但是幾年後，我試著分析我在事業上做過的聰明和愚蠢舉動之後，這些行為愈看愈蠢，原因稍後解釋。它們花了我很多時間和精力，而這些時間和精力大可用在別的事情上面。全部賺到的錢相較於所冒的風險，和我買進食品機械公司為客戶賺到的錢，以及其他場合中，採取長期投資的做法，抱牢很長的時間獲得的利潤比起來，實在是小巫見大巫。此外，我看了很多短線進出操作，包括一些非常聰明的人在內，曉得連續成功三次之後，只會使得第四次發生災難的可能性大為提高。和我看到一些前景不錯的公司，買進同等數量的股票，並抱牢很多年比起來，短線進出的風險高出很多。因此，二次世界大戰結束後，我目前的投資哲學已經大致成形，於是我做了事業生涯中相當珍貴的一個決定：把所有的精力用到長期投資賺取厚利。

錙銖必較，機會飛掉

1930年代我學到，或者至少部分學到另一件很重要的事情。前面提過，我曾準確預測到1929年開始的大空頭市場，但一點好處也沒得到。這個世界上，所有正確的推理，如果沒有付諸行動，則投資股票毫無利益可言。我第一次經營事業時，恰好碰到大蕭條的谷底，即使一點點的錢，也非常重要。可能因為這段經驗，或者因為我的個性，創立事業後，我發現自己每每為了「八分之一美元或四分之一美元」計較不已。懂得遠比我多的營業員一再告訴我，如果我相信一支股票幾年內會上漲成目

前價格的好幾倍，那麼我是用10美元或10 1/4美元買進，根本無關緊要。可是我還是繼續下限價單，純粹根據個人隨便做出的決定，不管其他理由，絕對不肯以10 1/8美元以上的價格買進。這當然是很荒謬的行為。我觀察到，除了我之外，還有很多人的這個投資壞習慣根深蒂固，可是有些人不會這麼做。

　　隨便限定價格的潛在危險，因為另一個人犯下的錯誤，終於叫我看清楚。記憶中宛如昨天的事情：當時我恰好走過舊金山一家銀行前面的人行道，於是順道去拜訪一位相當重要的客戶。我告訴他，我剛拜訪過食品機械公司，前景實在好得不得了，我覺得他應該再買一些股票。他十分同意我的看法，並詢問那天下午的收盤價。我說是34 1/2美元。他給了我一張數量很大的委託單，說要以33 3/4美元買進，絕對不能高於此數。接下來一兩天，股價在他的買價之上不遠處波動起伏，後來一直沒跌下來。我打過兩次電話給他，促請他提高買價1/4美元或1美元，這樣我才能買到股票。很遺憾地，他答道：「不，我要買的價格就是那樣。」幾個星期內，股價漲了50%以上，而且股票分割之後，該公司的股價一直沒有掉到接近他可能買到的價位。

　　這位紳士的行為讓我留下深刻的印象，我自己同樣愚蠢的行為卻沒這種效果。我慢慢克服自己的這個缺點。我十分清楚，一個人如果想買很多股票，絕不能完全忽視八分之一美元或四分之一美元的差異，因為只要買進一點，其餘買到的股票價格就會上漲很多。但對絕大部分的交易來說，堅持一點小小的價格差異不肯放棄，可能得不償失。以我自己的例子來說，買進

股票時已完全克服這個壞習慣，但賣出股票時只能部分克服。去年我不肯以市價賣出，而限價下了一張小賣單，結果因爲差四分之一美元，無法成交。寫這段文字時，股價已比我下單時低35%。在我的限價和目前的價格之間一半的地方，我只賣出部分持股。

第三章
哲學成熟

就我的投資哲學成形的歷程來說，二次世界大戰不能說完全沒有作用。早在1942年，我便發現自己扮演一個很不習慣的角色，在陸軍航空兵團當地勤官，處理各種商業相關工作。前後三年半內，我替山姆大叔做那不是很有價值的服務，只好把自己的事業「拉到岸邊」。最近幾年，我常說我為國家做得很不錯。不管是希特勒，還是日本天皇裕仁，都沒成功地派遣一人攻進我的防地。我的防地在阿肯色州、德州、堪薩斯州和內布拉斯加州！總之，穿著山姆大叔的制服，做各種事務性工作的這段期間，我發現，幾乎在沒有預警的情況下，我得輪流經歷兩種截然不同的處境。有時，該做的事很多，根本無暇想起我的承平時期事業。有時則閒得發慌。事情沒那麼忙的時候，我發現，詳細規劃快活的日子來臨，我不用再穿制服時，要如何壯大我的事業，和從短期的觀點思考個人的生活及不得不面對的軍隊問題比起來，不會那麼無趣。這段時間內，我目前的投資哲學慢慢變得更為具體。這個時候，我終於想清楚，前一章所說的加州罐頭製造公司股票的短線進出操作做法，不會有太大的前途。

同時，我做成另外兩個結論，對我未來的事業相當重要。

戰前我服務各式各樣的客戶，不管大小，目標各異。我的業務大部分集中在尋找與眾不同的公司，未來幾年將享有高於一般水準的大幅成長。戰後，我要限制自己經營一小群大戶，目標只集中在高成長的投資對象。從稅負的角度來說，高成長股對這些客戶比較有利。

另一個重要的結論是：戰後化學工業會有一段高成長期。因此，復員後我的優先要務，是從大型化學公司裡面找出最具吸引力的公司，而且我管理的資金，主要的持股將是化學公司。我當然沒有把全部的時間投入做這件事，但事業重新開張後的第一年內，確實花了很多時間，凡是對這個複雜行業非常瞭解的人，能找到的都找了他們一談。這些人有：經銷一家或多家大公司產品線的經銷商；大學化學系的教授，他們和化學業內人士很熟；甚至找到一些大建設公司，因為他們替各式各樣的化學製造商興建廠房。這些人後來都證明是極有價值的背景資訊來源。有了這些資訊，再加上分析一般的財務資料，只花了約三個月的時間，便把選擇範圍縮小到三家公司裡面的一家。此後，步伐放慢，決策做起來較為困難。但是到了1947年春，我確定我要的是道氏化學公司（Dow Chemical Company）。

合眾為一

從許多前景不錯的化學公司裡面，選上道氏化學，理由有許多。我相信一一列舉有好處，因為它們可以清楚地說明我在少數公司裡面，到底找些什麼樣的東西，才肯把資金投入。開始認識道氏公司的人員之後，我發現公司已有的成長，又反過來在很

多管理階層創造出一股激昂的熱情。整個組織瀰漫著將來還會成長得更快的信念。和任何企業主管第一次見面時，我最愛問的問題是，他認爲公司面對的最重要長期問題是什麼。向道氏公司的總裁問這個問題時，他的答覆令我印象極爲深刻：「那就是在我們成長得很大時，必須抗拒強大的壓力，不要成爲軍隊一樣的組織，而且維持非正式的關係，讓不同階層和不同部門的人員，繼續以完全非結構性的方式彼此溝通，同時不致造成行政管理上的混亂。」

　　我完全同意該公司其他一些基本政策。道氏限制自己生產的化學產品線，必須有合理的機會，在這個領域成爲最有效率的製造商，原因是數量較多、化學工程設計較好、對產品有更深入的瞭解，或者其他原因。道氏深深瞭解，富有創意的研究，不只是跑在前頭，也是維持在前頭所必需。道氏也強烈體認到「人的因素」之重要。特別是，公司有一種感覺，覺得有必要儘早找出才能不俗的人才，把道氏特有的政策和作業程序灌輸給他們。如果表面上看起來才華洋溢的人才，在本職上做得不好，則盡一切努力，給他們合理的機會，嘗試去做可能比較適合他們個性的其他事情。

　　我發現，雖然道氏的創辦人赫伯特・道（Herbert Dow）博士已於約十七年前去世，他的信念仍深受員工敬重，經常有人向我引述他講過的一兩句話。儘管他說的話主要是針對道氏公司的內部事務，我卻認爲至少有兩句話同樣適用於我的事業；除了適用於道氏化學公司的內部事務，也適用於找到最理想的投資對象。其一是「絕不要擢升沒犯過一些錯誤的人，因爲這

麼一來，等於擢升從來沒做過什麼事的人」。投資圈內很多人未能見到這一點，結果一再在股票市場創造出絕佳的投資機會。

想在商業世界擁有一番不俗的成就，幾乎總是需要某種程度的開路先鋒精神，創新和實用兼容並蓄。利用尖端科技研究以取得領先優勢時，尤需如此。不管一個人多能幹，也不管他們大部分的構想多美好，難免有些時候，努力終歸失敗，而且失敗得很慘。一旦這樣的事情發生，把失敗的成本加上去，當年的盈餘可能遠低於原先的估計值。投資圈對管理階層素質的評價通常應聲調低。這一來，除了當年的盈餘下降，本益比更降到歷年的水準以下，使得盈餘降低的影響更為擴大。股價往往跌到十分便宜的地步。可是如果同一批管理階層以前曾有非凡的表現，則平均成功相對於平均失敗的比率，將來可望維持相同的水準。由於這個原因，能力極強的人經營的公司，特別嚴重的錯誤曝光之後，股價可能跌得很低。相對的，不做開路先鋒，不肯冒險犯難，只隨群眾起舞的公司，在這個高度競爭的時代中，表現將乏善可陳。

道氏另一句話，我也試著用到投資選擇過程中。他說：「如果某件事情你沒辦法做得比別人好，那就不要去做。」今天，政府強力干預很多企業活動、稅率高、工會活躍，而且大眾對產品的喜好瞬息萬變。我覺得，除非只找競爭精神高昂，不斷嘗試且往往能以優於業界一般水準的方式把事情做好的公司，否則不值得冒險持有普通股。不這麼做，利潤率很難高到足以應付公司的成長需要。當然了，通貨膨脹率偏高的時期尤應如

此，因為高通貨膨脹率會使公司發表的盈餘數字縮水。

歷史與機會

我在經濟大蕭條谷底創立事業，以及服役三年半後，1947年到1950年代初事業重新開張，兩段期間有若干雷同之處。兩者都碰到悲觀情緒濃厚得化不開，很難為客戶立即創造利潤。但是這兩次，凡是有耐性的人，獲得的報酬都相當可觀。前面一次，股票價格相對於實質價值，跌到可能是廿世紀僅見的最低水準，原因不只出在大蕭條踩躪整體經濟，也因為價格反映了許多投資人憂慮美國私人企業體制能否存續。這套制度不但存活了下來，而且接下來幾年，能夠且願意投資正確股票的人，獲得極優渥的報酬。

二次世界大戰結束後幾年，另一種憂慮導致股價相對於實質價值，與大蕭條谷底時期所見幾乎一樣低。這一次，企業業績很好，盈餘穩定攀升。但是幾乎整個投資圈深陷在一種簡單的比較中，無法自拔。內戰後幾年，短期的榮景曇花一現，接著出現1873年的恐慌，以及約六年的嚴重蕭條。一次世界大戰後，榮面維持類似的長度，接著是1929年的股市崩盤，以及更為嚴重的蕭條，為期與上一次也相近。二次世界大戰期間，每天的戰爭成本約為一次世界大戰的十倍。當時居於主流地位的投資觀點說：「因此，目前出色的盈餘沒有任何意義。」不久他們會面臨十分可怕的崩盤，以及一段極為艱困的時期，每個人都將身受其害。

年復一年，更多公司的每股盈餘上升。1949年左右，這段期間被稱作「美國企業生不如死」的年代，因為一有傳言散布，說某家股票公開上市公司即將結束營業，股價一定大漲。許多公司的清算價值遠高於當時的市值。一年過了又一年，投資大眾慢慢曉得，或許股票是因為子虛烏有的神話而漲不起來。預期中的景氣衰退一直沒來，而且，除了1950年代兩次相當輕微的衰退，基礎已經奠好，長線投資人將大有斬獲。

1980年代開始前幾個星期，我寫這段文字時，我很驚訝地發現，投資人並沒有多花點心思重新研究1946年下半年起幾年來的股市走勢，探討以前的戰後時期和目前之間是否真的有雷同之處。現在，我這一生第三次看到以歷史標準而言，很多股票的價格低得不像話。相對於企業發表的帳面價值，股價或許不像二次世界大戰後那麼便宜，但如以扣除通貨膨脹因素後的實質重置價值（replacement value），調整帳面價值，它們可能比前兩次低價期都便宜。問題是：目前這段期間，能源成本居高不下、政治上有極左派的威脅、信用過度擴張，在流動性恢復的此刻，企業活動水準難免受到壓抑，這些憂慮使得股價欲漲不易，但和前兩段期間導致股價低迷的憂慮比起來，目前的憂慮有比較嚴重，更容易阻礙未來的成長嗎？如果不會，則一旦信用過度擴張的問題解決，我們便可以合理地假設：1980年代和之後的期間，提供的高報酬機會，可能不亞於股價極低的前兩段期間。

豐收年得到的教訓

從個人事業經營的角度來說，1954到1969年的十五年內，是我輝煌騰達的一段期間，因為我持有的股票雖然不多，漲幅卻遠高於整體股市。即使如此，我還是犯下一些錯誤。成功來自我勤於運用前面所述的方法。比較值得一提的是錯誤的部分。每次犯錯都帶來新的教訓。

好運易生怠惰。現在最困擾我的事情，不是損失最慘重的事情，而是良好的原則運用時漫不經心。

1960年代初，我在電子、化學、冶金、機械業的科技投資相當如意，但在前景看好的製藥業，沒有等量齊觀的投資，於是開始尋找投資對象。這個過程中，我找了這個領域一位著名的醫學專家一談。那時他對中西部一家小型製造商即將推出的一種新型藥品系列極為看好。他覺得這些藥品可能為這家公司相對於同業的未來盈餘帶來相當有利的影響。潛在市場似乎非常雄厚。

我只找了那家公司一位高階主管和少數投資人士一談。他們都對這種新藥品的潛力有同樣美好的看法。很不幸，我並沒有做標準的檢查動作，向其他藥品公司或熟悉這門專業的其他專家請教，探討是否有相反的證據。很遺憾，後來我才曉得，那些非常看好未來美景的人，也沒徹底研究調查。

還沒考慮新系列藥品的利益之前，這家公司的股價遠高於實質價值，但如新藥品真如那些看好遠景的人想像的那麼美

好，則當時的價格可能遠低於潛在價值。我買進這支股票之後，價格竟然節節下跌，起初跌掉20％，接著跌幅超過50％。最後整家公司以這麼低的現金價格，賣給想要踏進藥品業的一家非製藥業大公司。即使以這個價格，也就是比我當初買價的一半還低，我後來才曉得，收購公司在這宗交易上賠了錢。新的藥品系列不只沒能達成我的醫學專家朋友寄以的厚望，而且從事後痛苦的「驗屍報告」，我發現這家小型製藥公司的管理階層有問題。我相信，只要研究調查做得再徹底些，我一定能看清這兩件不利的事情。

這次尷尬的經驗之後，我總是在諸事順遂之際，研究調查工作做得特別徹底。這次愚蠢的投資行為，沒有損失更多錢的唯一理由，源於我個人小心謹慎的態度。由於我和管理階層接觸不多，所以初步的投資金額很低，計劃對該公司認識更清楚之後，再多買一點。可是在我有機會讓原來的愚行更為嚴重之前，公司便出了問題。

為期甚長的多頭市場終於在1969年到達最高點，這時我又犯了另一次錯誤。為了瞭解這件事，有必要說明那時大部分投資人對科技股著迷的情況。這些公司的股票，特別是許多規模較小的公司，漲幅遠高於大盤。1968到1969年期間，似乎只有想像力才能冷卻許多這類公司即將一步登天的夢想。沒錯，一些公司的確有很大的潛力，可是投資人不分青紅皂白，買紅了眼。比方說，許多人相信，任何公司不管以什麼方式對電腦業提供服務，前途都無可限量。這股熱潮也蔓延到儀器和其他科技公司。

在這之前，我都極力克制自己，不受誘去買前一兩年才以很高價格「公開上市」的類似公司股票。可是由於我經常和一些人接觸，而他們對這些公司讚不絕口，因此我也不斷尋找可能值得投資的對象。1969年，我終於找到一家設備公司，從事於極有趣的新科技領域；這個領域很有存在的價值。這家公司的總裁才華洋溢，為人誠實。我現在還記得，和這個人吃過冗長的午餐之後，在機場等候搭機回家時，我一直在想，要不要以當時的市價買進這家公司的股票。幾經思索，我終於決定放手去做。

關於這家公司的潛力，我的研判可能是對的，因為接下來幾年，該公司的確有成長。可是這卻是一次差勁的投資。我所犯的錯誤，在於為了參與這家公司美好的未來，付出的價格不對。幾年後，這家公司成長相當大，我賣出股票，但價格和原始成本幾無不同。我認為這家公司未來的成長已變得遠不如以往確定，決定賣出持股，我相信這麼做是對的，可是持有那麼多年後才賺到微薄的利潤，不是資本成長之道，更別提保障老本不受通貨膨脹侵蝕。這個例子中，績效所以令人大失所望，在於忍受不住當時瀰漫的激情誘惑，付出不切實際的價格買進股票。

把少數事情做好

政策判斷錯誤引起另一種相當不同的犯錯方式，害我損失不貲。這次錯誤，是把個人的技能用到曾有的經驗以外的地方。我開始投資到個人非常瞭解的行業以外，進入到活動完全不同

的領域。那些行業，我並沒有等量齊觀的背景知識。

談到供應工業市場的製造公司，或者擁有尖端科技，服務製造商的公司，我相信自己曉得要看什麼──強在何處，以及哪裡可能有陷阱。但是評估產銷消費性產品的公司時，不同的技能很重要。相互競爭的公司生產的產品本質上很相近，以及市場占有率的變動主要取決於消費大眾不斷變遷的品味，或受廣告效果影響很大的流行熱時，我終於曉得個人挑選傑出科技公司的能力，無法延伸應用，找到不同凡響的不動產公司。

其他人可能在相當不同的投資領域做得很好。和我的事業生涯中犯下的其他錯誤比起來，其他人或許可以忽略這一點。不過，分析師應該瞭解自己的能力極限，把身邊的羊兒照顧好。

市場可能轉而下跌時，該留該賣？

面對市況可能轉差時，投資人應不應該賣出手中的好股票？關於這個問題，在今天盛行的投資心理中，恐怕我的看法屬於少數。目前這個國家持有大量股票的人，所做所爲似乎反映了一種信念，也就是投資人的持股已有不錯的利潤，但擔心股價可能下跌時，則應該脫售持股，獲利了結。這種現象比以前更爲明顯。即使某家公司的股票價格似乎已到或接近暫時性的頭部，而且近期內可能大幅下跌，只要我相信長期內仍值得投資，便不會出售這家公司的股票。如果我研判幾年內這些股票的價格會漲得遠高於目前的水準，我寧可抱牢不放。我的信念源於投資過程中本質上的一些基本面考量因素。增值潛力雄厚的公

司很難找，因為這樣的公司不多。但是如能瞭解和運用良好的基本面原則，我相信真正出色的公司和平凡普通的公司一定有差異，而且準確度可能高達90%。

　　預測特定股票未來六個月內的表現，則困難得多。要研判個股短期內的表現，必須從研判整體工商業景氣近期內的經濟展望做起。預測專家預測工商業景氣變動的紀錄，大致來說慘不忍睹。他們可能嚴重誤判景氣會不會衰退，以及何時衰退，至於嚴重程度和時期長短，準確度更糟。此外，整體股市和任何個股的走勢，不見得和景氣環境亦步亦趨。群眾心理的改變，以及金融圈對整體工商業景氣或特定股票的評價，重要性高出許多，而且變動不居，難以預測。由於這些理由，我相信不管如何精研預測技巧，準確預測到股價短期內走勢的機率很難超過60％。而且這個估計值可能還太過樂觀。既然如此，在正確機率頂多可能只有60％的情形下，便決定賣出正確機率高達90％的股票，這樣的做法實在不合理。

　　而且，對長線投資追求厚利的投資人來說，贏的勝算只是考量因素之一。如果投資的對象是經營管理良好的公司，財務力夠強，即使最嚴重的空頭市場，也不會使持股價值化為烏有。相對的，真正不同凡響的股票，後來創下的高價往往是先前高價的好幾倍。所以說，從風險／報酬的角度來看，長期投資比較有利。

　　因此，用最簡單的數學公式可以看出，機率和風險／報酬都有利於抱牢持股。和預測一支好股票長期雄厚的價格成長潛

力比起來，研判好股票短期走勢不利，但研判錯誤的機率要高得多。抱牢正確的股票，即使市場暫時大幅回檔，最糟的時候，股價頂多暫時比前一個最高價下跌40％，最後總有一天賺回來；但如果你賣出去而且沒有補回，則和預期價格短期內會反轉而賣出持股所獲得的短期利益比起來，錯失交臂的長期利潤可能是好幾倍。根據我的觀察，我們很難抓準近期內好股票的價格波動時機，即使有幾次賣出持股，後來以低很多的價格補回，獲得利潤，但和時機抓錯失去的利潤比起來，實在微不足道。許多人太早賣出股票，後來不是補不回來，便是轉投資的時間拖得太久，沒有儘可能重新掌握利潤。

以下用來說明這一點的例子，是我的經驗中最弱的一環。1962年，我大量投資兩家電子公司的股票價格漲到很高的價位，近期內的價格走勢展望十分危險。德州儀器（Texas Instruments）的價格是我七年前進價的十五倍以上。另一家公司，我在約一年後買進，應該用個假名稱呼它，姑且叫做「中央加州電子公司」，漲幅和德州儀器相近。兩者的價格都漲得太高。於是我通知每位客戶，說兩支股票的價格已經高得離譜，不鼓勵他們用這些價格衡量自己目前的財富淨值。我很少這麼做，除非有異常強烈的信心，覺得下一波重要的走勢中，我持有的一支或多支股票價格將大幅下跌。不過，雖然有那麼強烈的信心，我還是敦促客戶抱牢持股，相信幾年後兩支股票會漲到高出許多的價格。兩支股票的回檔幅度比我預期的要大。德州儀器最低跌到比1962年的高價低80％，中央加州電子公司沒有那麼糟，但還是跌了約60％。我的信心受到極為嚴峻的考驗！

但是幾年內，德州儀器再漲到新高價，比1962年的高價高一倍以上。耐心終有所獲。中央加州電子公司的表現則令人不快。在股市大盤開始回升之際，中央加州電子公司管理階層的問題浮現出來，人事有所異動。我變得相當擔心，做了徹底的研究調查，得到兩個結論，而且這兩個結論都難令人欣喜。我應該更留意管理階層的缺點才是，卻沒這麼做。新的管理階層上任，我也不覺得特別振奮，認為值得抱牢它的股票。於是接下來十二個月內，我賣掉該公司的股票，價格只比1962年高價的一半稍高一點。即使如此，我的客戶因為進價不同，利潤仍是原始成本的七到十倍。

前面已經指出，我故意引用比較差的例子，而不用戲劇性的例子，來說明為什麼我相信值得忽視前景亮麗的好股票的短期波動。我投資中央加州電子公司所犯的錯誤，不在持有股票度過暫時性的跌勢，而在另一件遠為重要的事情上。由於投資這家公司已有可觀的獲利，我變得志得意滿而鬆懈下來。我開始過分聽信高階管理人員告訴我的話，向較低階員工、客戶查證的工作做得不夠充分。當我認清形勢，並採取行動之後，我就能把資金移轉出來，投資其他電子公司，賺到原本預期能從中央加州電子公司股票上面賺到的錢。移轉出來的資金，主要投資於摩托羅拉（ Motorola）。很幸運的，幾年內摩托羅拉的股價漲為中央加州電子公司上一個高價的好幾倍。

進出不停可能蝕掉老本

從德州儀器和中央加州電子的例子，還可以學到更多東西。1955

年夏天買進德州儀器公司的股票時，本來就打算做最長期的投資。在我看來，這家公司的表現值得我對它那麼有信心。約一年後，股價漲為兩倍。我管理的資金有各式各樣的投資人，除了一群人，其他人都很熟悉我的操作方法，而且和我一樣，都不喜歡獲利了結。不過，那時候我有個相當新的帳戶，由一群人持有。他們有自己的做法，習慣在市場跌到低點時買進，漲到高點時則大量賣出。德州儀器股價漲為兩倍時，他們給我很大的壓力，說要賣出，不過我還能抗拒他們的要求。等到股價再漲25%，他們的利潤為成本的125%時，賣出的壓力更強大。他們解釋說：「我們同意你的看法。我們喜歡這家公司，但我們一定能夠趁下跌時用更好的價格買回。」我終於和他們達成妥協，說服他們保留一部分，賣出其餘的部分。幾年後大跌時，價格從最高點下挫80%，但新的低點還是比他們急著賣出的價位高約40%。

　　一支股票經過一段很急的漲勢之後，對沒有受過理財投資訓練的人來說，價格總是顯得太高。那些客戶表現了另一種冒險的做法，也就是只因已實現不錯的利益，股價看起來暫時顯得過高，便急著賣出成長前景仍然很好的股票。這些投資人犯了錯之後，很少以更高的價格買回股票，又錯失另一段可觀的漲幅。

　　雖有一提再提之嫌，我還是要再說一遍：我相信短期的價格波動本質上難以捉摸，不易預測，因此玩搶進殺出的遊戲，不可能像長期抱牢正確的股票那樣，一而再，再而三，獲得龐大的利潤。

只夠淺嚐的股利

經過這麼多年之後，前面所說種種，是為了說明各式各樣的經驗，有助於我的投資哲學緩慢成形。但是回顧過去，我找不到特定的事件，不管是犯錯或者有利的機會，引導我就股利一事做成結論。經年累月觀察很多事情，我的看法逐漸具體。四十年前和今天一樣，大家普遍認為股利對持股人很有利，應該張開雙手歡迎。起初我的看法也一樣。接下來，我開始看到一些公司有很多令人振奮的新觀念從研究部門流出，根本無法全部善加利用，付諸實行。資源太少，也太昂貴。我開始想到，要是沒有派發股利，而把公司大部分的資源保留下來，投資在更多的創新性產品上，對某些持股人來說，利益應該更高。

我逐漸體認到，所有持股人的利益不盡相同。有些投資人需要股利收益，以應日常生活之需。這些持股人無疑喜歡當期股利甚於未來更多的盈餘，並因為公司增加投資前途看好的產品和技術，使得他們的持股價值提高。這些投資人可以找到一些公司投資，因為它們的資金需求不大，而且沒有很多機會，能將資金用在生產性用途上。

但如持股人的賺錢能力或其他收入來源超過日常需求，而且經常能夠儲蓄，則情形如何？公司不派發股利，把資金拿去再投資，追求未來更高的成長，不是比較好嗎？股利往往適用相當高的所得稅率，但盈餘轉投資不須課稅。

二次世界大戰結束後沒多久，我開始把投資活動幾乎完全集中追求長期的大幅資本增值，股利配發問題的另一個層面變

得更為明顯。成長前景極佳的公司，受到很大的壓力，要求不要配發股利。它們十分需要資金，善用資金的能力也很強。開發新產品的成本，只是動用資金追求成長的第一筆大開銷。接著需要龐大的行銷費用，把新產品引介給客戶。上市成功的話，公司又必須擴廠，以因應日益增加的需求量。新產品一上市，增加存貨和應收帳款的資金需求會進一步提高。大部分情況下，存貨和應收帳款大致隨著營業量等比例升高。

投資機會很多的公司，和希望在一定的風險下，獲得最大利潤，而且不需要額外收入或不想多繳不必要稅負的投資人，兩者的利益似乎可以搭配得天衣無縫。我相信，這樣的投資人應該把主要的投資侷限於不派發股利，但獲利能力很強，而且有好地方轉投資盈餘的公司。我想服務的是這樣的客戶。

但是最近，情況變得沒有那麼明顯。機構持股人在每天的股票交易活動上，主宰力量愈來愈大。養老金和利潤分享基金領得的股利不必繳納所得稅。因此許多機構持股人訂定政策，除非派發一些股利，不管多低，否則不投資若干公司。為了吸引和留住這些買主，許多前景非常明亮的公司，開始適量派發股利，但只占每年總盈餘的很低比率。在此同時，一些準成長型公司的經理人大幅降低股利派發金額。今天，要區分哪些公司的確不同凡響，善於投資保留盈餘的技能，是比以前更要緊的因素。

由於這些原因，我相信，關於股利這個問題，能夠說的話是：凡是不需要這筆收入的人，應該把這個因素的重要性大幅

降低。大體來說，派發股利低或者根本不派發股利的公司，可
以找到更多值得投資的機會。但是由於決定股利政策的人普遍
覺得，派發股利對投資人有好處（至少對某些投資人有利），
因此偶爾我能在高股利的公司中找到真的不錯的投資機會，但
這種事不常有。

第四章
市場效率真的很高？

到了1970年代，在四十年來的經驗塑造下，我的投資哲學幾乎全部成形。前面提過一些例子，用以說明我的投資哲學成形的背景。這些例子中，不管是聰明的行為，還是愚蠢的行為，除了一個，其餘全部發生在前面四十年，並非巧合。這不表示我在1970年代沒有犯下錯誤。很遺憾的，不管我如何嘗試，似乎總要以同樣的方式摔倒一次以上，才能真正學到教訓。但是我用到的例子，通常是某一事件首次發生的情形，藉之說明我的論點。這可以說明為什麼除了一個例子，其餘的例子全部發生在以前四十年。

過去四十年，每一年代之間的雷同之處令人驚訝。指出這一點，或許有幫助。或許除了1960年代，每個年代都有一段期間，人們盛行的看法是外部影響力量很大，而且超出個別公司管理階層的控制能力，因此即使最聰明的普通股投資也屬有勇無謀的行為，可能不適合精明謹慎的人去做。1930年代，受到經濟大蕭條的影響，有幾年這樣的看法甚囂塵上，但和1940年代人們對德國戰爭機器及二次世界大戰的恐懼，或1950年代另一次景氣嚴重蕭條勢必來臨的憂慮，或1970年代人們擔心通貨膨脹、政府過度干預等事情比起來，則有所不及。但是事後

來看，每個年代都創造出不可思議的投資機會。這五個年代，每個年代投資人都有很多機會（不是只有少數機會），買進普通股並抱牢，十年後獲得好幾倍的利潤。有些時候，利潤甚至高達幾十倍。同樣的，這五個年代，每個年代都有一些當時的投機性熱門股，後來證明是盲從群眾的人最危險的陷阱，而真正曉得自己在做什麼的人，不受波及。所有的年代本質上都很像，也就是獲利最豐的機會來自非常值得的投資，但當時金融圈嚴重錯估情勢，使得它們的價格低估。當我回顧五十年來衝擊證券市場的各種力量，以及這段期間內群眾悲喜輪替的現象時，「事情變得愈多，愈是保持原狀」這句法國諺語便會浮上心頭。我一點都不懷疑，在我們踏進1980年代之際，面對它帶來的所有問題和美景，同樣的事情會繼續維持下去。

高效率市場的謬誤

過去幾年，人們把太多的注意力放在我相信不對的一種觀念上。我指的是市場效率十分完美的觀念。和其他時期的其他錯誤信念一樣，明察秋毫的人如持反向意見，可能有獲利良機。

對不瞭解「高效率」市場理論（"efficient" market theory）的人來說，「高效率」這個形容詞，不是指市場顯而易見的機械效率。想要買賣股票的人，可以把委託單下到市場裡，幾分鐘內，交易便很有效率地執行完畢。「高效率」也不是指敏銳的調整機制，能夠反映買方和賣方相對壓力的變化，而使股價上漲或下跌幾分之一美元。相反的，這個觀念說，任何時點，市場的「高效率」價格應已充分和務實地反映一公司所有已知

的事情。除非某人擁有重要、非法的內線情報，否則沒辦法找到真正便宜的股票，因為能夠讓潛在買主相信值得投資的情況存在的有利影響力量，已經反映在股票價格上！

如果市場真如一般人相信的那麼有效率，而且重要的買進機會或重要的賣出原因沒有不斷出現，股票的報酬率就不應該有那麼大的變動。所謂變動，我不是指整體市場價格的變化，而是指一支股票相對於另一支股票價格變化的分散情形。如果市場有可能那麼有效率，則進行分析以獲得這種效率的因果關係，整體來說一定很差。

高效率市場理論源於隨機漫步學派（School of Random Walkers）的學界人士。這些人發現，很難找到一種技術操作策略運作得夠好，扣除交易成本後，相對於所冒的風險，能夠提供優渥的利潤。我不反對這種說法。前面已說過，我們極難根據短期的市場預測，從短線進出操作中賺到錢。所謂市場效率很高，或許只是這個狹隘的意思。

我們大部分人是投資人，也應該是投資人（investors），不是操作者（traders）。我們應該尋找長期前景非常美好的投資機會，避開前景較差的投資機會。這一直是任何狀況中，我的投資方法的中心支柱。我不相信對勤奮、知識豐富的長期投資人來說，價格很有效率。

1961年我的經驗可以直接應用在這件事上面。那年秋天，以及1963年春天，我接受一件富有挑戰性的工作，代理專職財務學教授，在史丹福大學商學研究所教高級投資課程。「高效

率」市場的觀念未能見及未來數年的情形，和我即將描述的作
業練習的動機無關。相反的，我只是要讓學生用一種難忘的方
式，瞭解整體市場的波動，相較於個股間價格變動的差異，實
在微不足道。

我把全班學生分成兩組。第一組拿到紐約證券交易所（New
York Stock Exchange)依英文字母順序排列的股票名單，從A開
始；第二組則從T開始。每一支股票都依字母順序（優先股和
公用事業股除外，我認為它們是不同的類別）。每位學生分到
四支股票，必須去查1956年封關日的收盤價，並經股票股利和
股票分割調整（忽略權值，因為影響不大，不值得再加計算），
並拿這個價格和10月13日星期五（沒其他用意，只是這一天的
收盤價很精彩）的價格比較。將近五年的這段期間，每支股票
的漲跌幅度都標註出來。道瓊卅種工業股價指數從499點漲到
703點，漲幅為41％。總計整個樣本有140支股票。結果如下表：

資本利得或損失 百分率	同類股票數目	占全部股票 的百分率
利得200％到1020％	15支股票	11％
利得100％到 199％	18支股票	13％
利得 50％到 99％	14支股票	10％
利得 25％到 49％	21支股票	15％
利得 1％到 24％	31支股票	22％
不變	3支股票	2％
損失 1％到 49％	32支股票	23％
損失 50％到 74％	6支股票	4％
	140支股票	100％

　　從這些資料可以看出很多東西。在道瓊卅種工業股價指數上漲41％的期間內，38支股票有資本損失，占總數的27％。其中6支股票，占全部股票的4％，總值損失超過50％。相對的，約四分之一的股票有非常不錯的資本利得。

　　言歸正傳，我注意到，如果一個人投資10,000美元，等分於這張清單上最好的五支股票，則四年又三季以後，他的資本現在值70,260美元。相反的，如果他投資10,000美元買到五支最差的股票，資本現在萎縮為3,180美元。這種極端的結果很不可能發生。要出現這種大好或大壞的結果，除了技能，得靠運氣，不管好運或壞運。投資判斷力真正不錯的人，能從十支最好的股票中挑到五支，投資10,000美元，並非難以想像。這種情況中，13日星期五他的資產淨值將是52,070美元。同樣的，一些投資人老是基於錯誤的理由選擇股票，而且總是選到爛股。對他們來說，選到十支最差的股票裡面的五支，也不是完全不可能。這種情況中，10,000美元的投資會縮水為4,270美元。拿這兩個數字來比較，可以發現，不到五年內，聰明的投資行為和愚昧的投資行為，兩者的財富差距可以高達48,000美元。

　　一年半後，我又教同一個課程，再做完全相同的練習，只是沒用字母A和T，改用另兩個字母，構成股票樣本。同樣的，在五年的時間架構內，雖然起迄時間不同，變異的程度幾乎完全一樣。

　　我相信，回顧大部分為期五年的市場，我們可以發現股價漲跌有相似的差異。股價表現相差很大，有些可能來自出乎意

料的事件——關於一支股票前景的重要新資訊，在一段期間之初始料未及。但是大部分的差異，至少在漲跌方向和相對於市場的漲跌幅度，大致上事先預料得到。

雷伊化學公司

有鑑於這些證據，我很難想像有人認為股市有高效率。這裡又用到「高效率」一詞，因為主張這個理論的人是這麼使用的。但在進一步詳細討論之前，容我先談僅僅幾年之前的一種股市情況。1970年代初，雷伊化學公司（Raychem Corporation）的股票在市場上享有很高的盛名，因此本益比相當高。其中一些原因，從該公司執行副總裁羅伯·海爾普林（Robert M. Halperin）講的一些話，可能看出端倪。談到雷伊化學公司經營哲學的四大要點時，他說：

1. 雷伊化學不做技術上簡單的任何事情（也就是潛在競爭對手容易模仿的東西）。
2. 除非能夠垂直整合，否則雷伊化學不做任何事情；也就是，雷伊化學必須研究發展、生產製造、銷售產品給客戶。
3. 除非有很大的機會可以獲得特有的保障，通常是指專利權保護，否則雷伊化學不做任何事情。除非能有這樣的事情，否則研究發展精力不會用在某個專案上，即使符合雷伊化學的專長，也不惜犧牲。
4. 不管在什麼產品目標市場立基，不論市場規模大小，雷伊化學只產製它相信能成為市場領導者的新產品。

到了1970年代中期，控制大型機構基金的人普遍留意到這些異常突出的優勢，相信雷伊化學具有非凡的競爭優勢和吸引力，因此在市場上大量買進該公司的股票。但是最能吸引這些持股人，以及那時本益比偏高的可能原因，在於這家公司的另一個層面。許多人認為雷伊化學花在新專案開發上的資金，占營業額的比率高於平均水準，擁有非常優秀的研究組織，能生產出夠多的新產品，公司可以仰賴它們，營業額和盈餘將持續上揚，毫不中斷。這些研究中的產品的確對金融圈有一股特別的吸引力，因為許多較新的產品只是和其他公司的老產品間接競爭。最重要的是，這些新產品能讓工資很高的勞工，做同樣的事所花的時間，遠低於從前。公司節省下來的成本夠多，除了回饋最終客戶，還能有相當不錯的利潤率。所有這些事情，推動股價上揚，1975年底漲到42 1/2美元以上的高價（價格經後來的股票分割調整）──是1976年6月30日結束的會計年度估計盈餘的廿五倍左右。

雷伊化學期望破滅，股價崩跌

1976年6月30日止的會計年度快結束的時候，雷伊化學慘遭雙重打擊，不但股價重挫，在金融圈的聲譽也一落千丈。金融圈本來對一種叫做Stilan的特有聚合物前景十分看好，因為相對於航空業用於塗布線路的其他化合物，它有獨特的優點，而且處於最後研發階段。同時這種聚合物是雷伊化學走向基本化學品的第一種產品，也就是雷伊化學開始在自己的工廠生產上游化學品，而不向別人購買原物料再加工。由於這種產品很有吸引力，雷伊化學撥給這種研發產品的經費，遠高於其他任何產

品，相差之巨，歷年僅見。金融圈認為這種產品業已邁向成功之路，經歷所有新產品必經的「學習曲線」之後，它將有很高的利潤率。

事實上，後來的發展完全相反。照雷伊化學公司管理階層的說法，Stilan「科學上成功，但商業上失敗」。一家能力很強的競爭對手推出改良型產品，雖然技術上不如Stilan那麼好，功能卻恰合所需，而且價格便宜許多。雷伊化學的管理階層承認這一點。幾個星期內，管理階層做成痛苦的決定，放棄這種產品，沖銷在它上面投下的龐大投資。沖銷金額使那一會計年度的盈餘減少約930萬美元。不計一些特別利益，每股盈餘從上一會計年度的7.95美元降低到0.08美元。

除了盈餘急降，金融圈對該公司研發能力的強烈信心也動搖，令人大感不安。金融圈普遍忽視了一個基本原則，也就是所有公司的一些新產品開發難免終歸失敗。所有的工業研究活動，以及經營管理良好的公司，都無法擺脫這一點，但長期而言，其他成功的新產品將能彌補失敗的產品仍有餘。花最多錢的特定專案，最後竟然失敗，有時可能只是運氣欠佳。無論如何，股價受到很大的影響。1976年第四季，股價跌到約14 3/4美元的低點（同樣經過後來一股分割成六股的調整），是前一個高點的三分之一左右。當然了，只有少量股票能以當年的低點買進或賣出。更重要的是，此後好幾個月內，股價只略高於這個低價。

另一件事也影響該公司此時的利潤，並導致雷伊化學失

寵。任何成長順利的公司，主其事者最艱難的任務之一，是適時調整管理結構，好在公司成長時，兼容並蓄小公司適當控制和大公司最佳控制間的差異。1976會計年度結束之前，雷伊化學的管理階層主要是依製造技術劃分事業部門；也就是，根據生產的產品設立事業部門。公司規模還小時，這套方法運作得很好，但隨著公司逐步成長，不利於以最高的效率服務客戶。因此，1975會計年度結束之際，雷伊化學的高階管理人員開始著手於「大公司」的管理理念。公司依所服務的行業重新架構事業部門，而不是依產品的物理和化學組成。調整組織結構的目標日期訂在1976會計年度底。當初訂定這個日期時，管理階層壓根兒沒想到竟和放棄Stilan產生的龐大沖銷金額碰在一起。

雷伊化學公司每個人都知道，組織結構調整後，至少一季，可能兩季以上，盈餘會大幅減低。雖然組織結構調整之後，雷伊化學的管理階層人事幾乎沒有變動，但是很多人現在有了不同的上級主管，不同的下級部屬，以及必須相互協調作業的不同同事，所以會有一段效率較低的適應期，直到雷伊化學的員工學會如何以最好的方式，和往來的新面孔協調作業。公司管理階層決定按照原定日期實施結構調整計畫，而不把勢必對雷伊化學目前的盈餘造成二次打擊的事情延到以後再說。從這點，正可以強烈看出公司對長期的未來有信心 不擔心短期的績效。

事實上，大幅調整組織結構遭遇的困難，遠比當初想像的要低。正如預期，新會計年度第一季的盈餘遠低於如果不調

整組織結構時的水準。但是這次變革運作得很好，隨著第二季
展開，這方面的短期成本多已消除。從基本面看，在分析師眼
裡，這些發展應屬利多。雷伊化學現在所處地位，更能應付未
來的成長，而照以前的方式，根本做不到。它已成功地跨越一
道障礙，這道障礙很可能使原本吸引人的成長公司的光采黯淡
下來。但是大體來說，金融圈似乎未能體認到這一點，相反的，
盈餘暫時進一步萎縮，使股價跌到低點後欲振乏力。

對潛在投資人而言，這個價位更吸引人的地方，在於另
一股影響力量。其他公司放棄已證明不成功的重大研究計畫後
不久，我也曾看到這股力量。放棄Stilan的一個財務效果，是
投入那個計畫的大量資金現在釋放出來，可用於別的地方。更
要緊的是，重要的研究人員同樣能夠抽身而出，從事其他的計
畫。一兩年內，就像久旱逢甘霖，百花齊放，公司開始見到前
景美好的研究計畫相對於它的規模來說，比例之高，前所未見。

雷伊化學公司和高效率市場理論

那麼，雷伊化學的故事，和最近在金融圈若干地方引起許多人
支持的「高效率市場」理論，有什麼關係？那個理論說，股價
會自動和立即反映任何該公司已知的事情，因此只有擁有他人
不知的非法「內線情報」的人，才有可能從一支股票未來的走
勢中獲利。就這件事來說，雷伊化學的管理階層十分坦白，願
意向任何有興趣的人說明前面提過的所有事實，並解釋為什麼
盈餘不佳的期間會相當短暫。

其實，以上所有的事情發生之後，盈餘終於攀升到新高水準，雷伊化學公司的管理階層更進一步，做了一件事。1978年1月26日，他們在總公司舉辦長達一天的會議，我有幸參加。雷伊化學公司的管理階層邀請所有機構、經紀商和投資顧問參加這次會議。這些人不是對雷伊化學有興趣，就是可能有興趣。會議中，公司最高十位主管十分坦誠和不厭其詳地說明解釋公司的前景、問題、個人負責事務的現狀。我只偶爾在其他公司的類似會議見到那麼誠懇和詳細的報告。

會議召開後一兩年，雷伊化學的盈餘成長狀況，和根據會議上所說的事情去推測一模一樣。那段期間，股價從會議當天的23 1/4美元上漲一倍以上。可是在會議結束後幾個星期內，股價沒有受到特別的影響。若干與會者顯然對會議上描述的美景留下深刻的印象，但太多人仍無法擺脫一兩年前雙重震撼的陰影。他們顯然不相信會議上聽到的話。高效率市場理論不過如此。

從雷伊化學等公司的經驗，投資人或投資專業人士能夠得出什麼樣的結論？接受和受「高效率市場」理論影響的人，大致可分成兩類。一類是學生，他們的實務經驗很少。另一類很奇怪，似乎是大型機構基金的許多經理人。大體而言，投資散戶很少注意這個理論。

從我實際運用個人的投資哲學獲得的經驗，可以做出結論：1970年代即將結束的此刻，在我專長的科技股，大型公司的有利投資機會多於小型科技公司；前者的市場為機構所主

宰，投資散戶則在後者扮演遠爲吃重的角色。約十年前，一些人能看出當時盛行的兩級市場觀念的謬誤，並因爲認清這個觀念特別荒唐之處而從中獲利。同樣的，每個年代中，一有錯誤的觀念出現，就會爲那些具有投資敏銳觀察力的人創造機會。

結　論

以上所說，就是我從半個世紀的商業經驗中發展出來的投資哲學。它的核心或許可以總結成如下八點：

1. 買進的公司，應有按部就班的計畫，以使盈餘長期大幅成長，而且內在的特質很難讓新加入者分享那麼高的成長。選擇這樣一家公司，還有很多有利或不利的細節應該考慮，顯然不可能用這麼短的篇幅說明清楚。有興趣的讀者，不妨參考《保守型投資人夜夜安枕》一篇前三章。我在那裡以儘可能簡潔的文字陳述這個主題。

2. 集中全力購買那些失寵的公司；也就是說，由於整體市況或當時金融圈誤判一家公司的真正價值，使得股票的價格遠低於真正的價值更爲人瞭解時將有的價位，則應該斷然買進。

3. 抱牢股票直到（a）公司的特質從根本發生改變（如人事異動後，管理階層的能力減弱），或者（b）公司成長到某個地步後，成長率不再能夠高於整體經濟。除非有非常例外的情形，否則不因經濟或股市走向的預測而賣出持股，因爲這方面的變動太難預測。絕對不要因爲短期原因，就賣出最具魅力的持股。但是隨著公司的成長，

不要忘了許多公司規模還小時，經營得相當有效率，卻無法改變管理風格，以大公司所需的不同技能來經營公司。

4. 主要目標在追求資本大幅成長的投資人，應淡化股利的重要性。獲利高，但股利低或根本不發股利的公司中，最有可能找到十分理想的投資對象。配發給持股人的股利占盈餘百分率很高的公司，找到理想投資對象的機率小得多。

5. 為了賺到厚利而投資，犯下若干錯誤是無法避免的成本，一如經營管理最好和最賺錢的金融貸款機構，也無法避免一些呆帳損失。重要的是儘快承認錯誤、瞭解它們的成因，並學會避免重蹈覆轍。良好的投資管理態度，是願意承受若干股票的小額損失，並讓前途較為看好的股票，利潤愈增愈多。好的投資一有蠅頭小利便獲利了結，卻任令壞的投資帶來的損失愈滾愈大，是不良的投資習慣。絕對不要只為了實現獲利就獲利了結。

6. 真正出色的公司，數量相當少。它們的股票往往沒辦法以低廉的價格買到。因此，有利的價格存在時，應充分掌握當時的情勢。資金應該集中在最有利的機會上。那些介入創業資金和小型公司（如年營業額不到2,500萬美元）的人，可能需要較高程度的分散投資。至於規模較大的公司，如要適當分散投資，則必須投資經濟特性各異的各種行業。對投資散戶（可能和機構投資人以及若干基金類別不同）來說，持有廿種以上的不同股票，是投資理財能力薄弱的跡象。通常十或十二種是比較理想的數目。有些時候，基於資本利得稅成本的考慮，可

:

能值得花數年的時間，慢慢集中投資到少數幾家公司。投資散戶的持股往廿種增加時，淘汰一些最沒吸引力的公司，轉而持有較具吸引力的公司，是理想的做法。務請記住：ERISA的意思是「徒勞無功：行動時思慮欠週」（Emasculated Results: Insufficient Sophisticated Action）。

7. 卓越的普通股管理，一個基本要素是能夠不盲從當時的金融圈主流意見，也不會只爲了反其道而行便排斥當時盛行的看法。相反的，投資人應該擁有更多的知識，應用更好的判斷力，徹底評估特定的情境，並有道德勇氣，在你的判斷結果告訴你，你是對的時候，「雖千萬人而吾往矣」。

8. 投資普通股和人類其他大部分活動領域一樣，想要成功，必須努力工作、勤奮不懈、誠信正直。

以上所說每項特質，我們有些人可能與生俱來優於或劣於他人。但是我相信，只要嚴以律己和投入心血，所有的人都可以在上述每個領域，「養大」自己的能力，

普通股投資組合的管理，有時難免有些地方需要靠運氣，但長期而言，好運、壞運會相抵。想要持續成功，必須靠技能和繼續運用良好的原則。根據我的八點指導原則架構，我相信未來主要屬於那些能夠自律且肯付出心血的人。

附錄

評估好公司的重要因素[*]

根據我的哲學，我只投資少數公司，而且這些公司的前景必須非常好。很明顯的，我調查研究公司時，會注意它們有沒有成長潛力的蛛絲馬跡。同樣重要的，我試著透過研究，避開風險。我希望確定公司的管理階層有能力善用潛力，並在這個過程中讓我的投資風險降到最低。我做財務分析、訪問企業管理階層、和熟悉某行業的人士討論時，總會觀察研究中的企業是否符合我的傑出標準。它們應具備的一些守勢型特質，總結如下。

功能因素

1. 這家公司生產的產品或提供的服務，相較於競爭對手，必須是成本最低的公司之一，而且可望繼續保持。

   a. 損益平衡點相對偏低，可以在市況低迷時，讓這家公司存活下去，並在體質較弱的競爭對手退出市場之後，強化它的市場和訂價地位。

---

[*] 摘自Fisher, *Conservative Investors Sleep Well*, Harper & Row, 1975. Chapters 1-3.

b. 由於利潤率高於平均水準，這家公司能從內部創造出更多的資金，維繫公司的成長，不必發行新股，使得股權稀釋，或因為過度依賴固定收益融資工具，造成財務上的壓力。

2. 一家公司必須時時以顧客為念，體察客戶需求和興趣的變化，接著以適當的方式因應這些變化。要有這個能力，公司必須源源不絕推出新產品，彌補趨於成熟或落伍的老舊產品仍有餘。

3. 效果卓著的行銷工作，不只必須瞭解客戶需要什麼，也要用客戶能懂的語彙，向他們說明解釋（透過廣告、推銷，或其他方法）。公司應該密切控制和不斷監視市場努力的成本/效益。

4. 今天即使非科技公司也需要強大和目標正確的研究能力，藉以（a）生產更新和更好的產品，以及（b）以效果更好或更有效率的方式提供服務。

5. 研究的成效有很大的差異。研究要更有成效，兩個要素不可或缺，它們是（a）市場/利潤意識，以及（b）有能力匯聚必要的人才，組成成效卓著的工作的團隊。

6. 擁有強大財務團隊的公司，享有幾項重要的優勢：

a. 良好的成本資訊有助於管理階層把精力導向利潤貢獻潛力最高的產品。

b. 成本制度應能明確指出哪些次營運單位的生產、行銷和研究成本的運用效率欠佳。

c. 嚴格控制固定和營運資金的投資，而能保存資本。

7. 至關緊要的財務功能可以做為預警系統，提前找出可能危及利潤計畫的影響力量，讓公司有充裕的時間及早擬

定矯正計畫，把不利的意外事件減到最低。

人的因素

1. 公司要經營得更為成功，需要的領導者具有剛毅果決的創業家個性，結合必要的驅力、原創性構想和技能，以建立公司的財富。

2. 成長導向的執行長身邊必須圍繞一個能力很強的團隊，充分授權給他們，負責公司事務的營運。和具有破壞力的爭權奪利不同，團隊合作精神極其要緊。

3. 公司必須用心吸引較低階層的優秀經理人，並訓練他們負更大的責任。遇有人事升遷，應優先考慮內部人才。從外面聘任執行長，尤其是企業衰弱的危險訊號。

4. 整個組織必須瀰漫創業家精神。

5. 經營較為成功的公司，通常有一些獨特的人格特質——做事情有一些特別的方法，對管理階層來說，效果特別好。這是正面跡象，不是負面跡象。

6. 管理階層必須體認並適應一個事實，也就是公司運作其中的這個世界，變化的腳步愈來愈快。

   a. 每一種已被接受的做事情方式，必須定期重新檢討，尋找更好的新方法。

   b. 改變管理方法難免有風險，應認清這一點，把風險降到最低後，冒險去做。

7. 公司必須真誠、腳踏實地、念茲在茲、持續不斷努力，讓每個階層的員工，包括藍領階級在內，相信公司真的

是工作的好地方。

a. 對待員工的方式，必須讓他們覺得受到尊重，建立起合理的尊嚴。

b. 公司的工作環境和福利計畫，應能激勵工作士氣。

c. 員工應能在不必心懷恐懼的情況下表達不滿，而且能夠合理期待公司給予適當的注意和採取行動。

d. 參與式計畫似乎運作得很好，而且是好構想的重要來源。

8. 管理階層必須願意嚴守戒律，促使公司成長。要追求成長，必須犧牲若干目前的利潤，為更美好的未來奠定基礎。

企業特質

1. 雖然考慮新投資的時候，管理人員很重視資產報酬率，投資人卻必須認清：以歷史成本列示的歷史資產，使得各公司間績效的比較遭到扭曲。即使週轉率有差異，盈餘相對於營業額的比率高，可能表示投資的安全性較高，特別是通貨膨脹率上揚時。

2. 高利潤率會引來競爭，競爭則會侵蝕獲利機會。抑制競爭的最好方式，是以很高的效率營運，使得潛在競爭對手沒有加入的誘因，知難而退。

3. 規模效率往往被官僚習氣濃厚的中階管理人員低落的效率抵消掉。但對經營良好的公司來說，業界領袖地位可以創造出很強的競爭優勢，而對投資人構成吸引力。

4. 搶先踏進新產品市場，奪得第一，並非一蹴可幾。有些公司搶到第一的條件比別人好。

5. 各種產品並非孤島。比方說，每種產品都在間接競爭，希望賺到消費者的錢。價格一有變動，即使經營良好的低成本公司，一些產品也可能失去吸引力。

6. 在根基穩固的競爭對手已有強大地位的市場領域，很難推出優異的新產品。雖然新加入者可以努力加強生產、行銷力量、商譽，以提高競爭力，既有的競爭對手還是能夠採取強大的防衛行動，奪回受到威脅的市場。創新者如能相對於目前的競爭對手，以嶄新的方式結合不同的科技學門，如電子和原子核物理學，則成功的機率較高。

7. 要取得業界領導地位，科技只是其中一條管道。培養消費者的「忠誠」是另一條管道，卓越的服務也是。不管如何，一家公司必須有強大的能力，對抗新競爭對手，保衛既有的市場。理想的投資對象，這樣的能力缺之不可。

寰宇出版網站
www.ipci.com.tw

邀請您加入會員，共襄盛舉！

新增功能

1. 討論園地：分享名家投資心得及最新書評
2. 名師推薦：名師好書推薦
3. 精采電子報回顧：寰宇最新訊息不漏接

在投資的路上，寰宇出版與您一起「累積投資智慧，創造富足人生

寰宇圖書分類

技 術 分 析

分類號	書　　名	書號	定價	分類號	書　　名	書號	定價
1	波浪理論與動量分析	F003	320	33	技術分析選股絕活	F188	240
2	中級技術分析	F004	300	34	主控戰略K線	F190	350
3	亞當理論	F009	180	35	精準獲利K線戰技	F193	470
4	多空操作秘笈	F017	360	36	主控戰略開盤法	F194	380
5	強力陰陽線	F020	350	37	狙擊手操作法	F199	380
6	群眾心理與走勢預測	F021	400	38	反向操作致富	F204	260
7	技術分析精論（上）	F053	450	39	掌握台股大趨勢	F206	300
8	技術分析精論（下）	F054	450	40	主控戰略移動平均線	F207	350
9	股票K線戰法	F058	600	41	主控戰略成交量	F213	450
10	市場互動技術分析	F060	500	42	盤勢判讀技巧	F215	450
11	陰線陽線	F061	600	43	20招成功交易策略	F218	360
12	股票成交常量分析	F070	300	44	主控戰略即時盤態	F221	420
13	操作生涯不是夢	F090	420	45	技術分析・靈活一點	F224	280
14	動能指標	F091	450	46	多空對沖交易策略	F225	450
15	技術分析&選擇權策略	F097	380	47	線形玄機	F227	360
16	史瓦格期貨技術分析（上）	F105	580	48	墨菲論市場互動分析	F229	460
17	史瓦格期貨技術分析（下）	F106	400	49	主控戰略波浪理論	F233	360
18	股價趨勢技術分析（上）	F107	450	50	股價趨勢技術分析——典藏版（上）	F243	600
19	股價趨勢技術分析（下）	F108	380	51	股價趨勢技術分析——典藏版（下）	F244	600
20	技術分析科學新義	F117	320	52	魔法K線投資學（part I）	F249	500
21	甘氏理論：型態 - 價格 - 時間	F118	420	53	量價進化論	F254	350
22	市場韻律與時效分析	F119	480	54	EBTA：讓證據說話的技術分析（上）	F255	350
23	完全技術分析手冊	F137	460	55	EBTA：讓證據說話的技術分析（下）	F256	350
24	技術分析初步	F151	380	56	技術分析首部曲	F257	420
25	金融市場技術分析（上）	F155	420	57	股票短線OX戰術（第3版）	F261	480
26	金融市場技術分析（下）	F156	420	58	魔法K線投資學（part II）	F262	600
27	網路當沖交易	F160	300	59	統計套利	F263	480
28	股價型態總覽（上）	F162	500	60	探金實戰・波浪理論（系列1）	F266	400
29	股價型態總覽（下）	F163	500	61	主控技術分析使用手冊	F271	500
30	期貨市場人氣指標	F164	260	62	費波納奇法則	F273	400
31	包寧傑帶狀操作法	F179	330	63	點睛技術分析一心法篇	F283	500
32	陰陽線詳解	F187	280				

智 慧 投 資

共 同 基 金

投 資 策 略

分類號	書　名	書號	定價	分類號	書　名	書號	定價
1	經濟指標圖解	F025	300	22	華爾街財神	F181	370
2	贏家操作策略	F044	350	23	股票成交量操作戰術	F182	420
3	股票投資心理分析	F059	400	24	股票長短線致富術	F183	350
4	經濟指標精論	F069	420	25	交易，簡單最好！	F192	320
5	混沌操作法	F077	360	26	股價走勢圖精論	F198	250
6	股票作手傑西・李佛摩操盤術	F080	180	27	價值投資五大關鍵	F200	360
7	投資幻象	F089	320	28	計量技術操盤策略（上）	F201	300
8	史瓦格期貨基本分析（上）	F103	480	29	計量技術操盤策略（下）	F202	270
9	史瓦格期貨基本分析（下）	F104	480	30	震盪盤操作策略	F205	490
10	你也可以成為股票操作高手	F138	420	31	透視避險基金	F209	440
11	操作心經：全球頂尖交易員提供的操作建議	F139	360	32	看準市場脈動投機術	F211	420
12	攻守四大戰技	F140	360	33	歐尼爾的股市賺錢術	F214	480
13	股票初步	F145	380	34	巨波投資法	F216	480
14	證券分析初步	F150	360	35	股海奇兵	F219	350
15	小型股煉金術	F159	480	36	混沌操作法 II	F220	450
16	反向操作實戰策略	F161	400	37	傑西・李佛摩股市操盤術（完整版）	F235	380
17	股票期貨操盤技巧指南	F167	250	38	股市獲利倍增術	F236	430
18	零合生存策略	F168	250	39	資產配置投資策略	F245	450
19	高科技・新希望	F173	400	40	智慧型資產配置	F250	350
20	金融特殊投資策略	F177	500	41	SRI 社會責任投資	F251	450
21	回歸基本面	F180	450	42	混沌操作法新解	F270	400

程 式 交 易

分類號	書　名	書號	定價	分類號	書　名	書號	定價
1	高勝算操盤（上）	F196	320	5	計量技術操盤策略（下）	F202	270
2	高勝算操盤（下）	F197	270	6	《交易大師》操盤密碼	F208	380
3	狙擊手操作法	F199	380	7	TS程式交易全攻略	F275	430
4	計量技術操盤策略（上）	F201	300				

期　　貨

分類號	書　名	書號	定價
1	期貨交易策略	F012	260
2	期貨場內交易花招	F040	350
3	成交量與未平倉量分析	F043	350
4	股價指數期貨及選擇權	F050	350
5	高績效期貨操作	F141	580
6	征服日經225期貨及選擇權	F230	450
7	期貨賽局（上）	F231	460
8	期貨賽局（下）	F232	520
9	雷達導航期股技術（期貨篇）	F267	420

債　券　貨　幣

分類號	書　名	書號	定價
1	貨幣市場&債券市場的運算	F101	520
2	債券操作守則50	F153	350
3	賺遍全球：貨幣投資全攻略	F260	300
4	外匯交易精論	F281	300

財　務　教　育

分類號	書　名	書號	定價
1	點時成金	F237	260
2	跟著林區學投資	F253	400
3	風暴·醜聞·華爾街	F258	480
4	蘇黎士投機定律	F280	250

財　務　工　程

分類號	書　名	書號	定價
1	金融風險管理（上）	F121	550
2	金融風險管理（下）	F122	550
3	可轉換債券：訂價與分析	F126	460
4	固定收益商品	F226	850
5	信用性衍生性&結構性商品	F234	520
6	可轉換套利交易策略	F238	520
7	我如何成為華爾街計量金融家	F259	500

選　　擇　　權

分類號	書　名	書號	定價	分類號	書　名	書號	定價
1	股價指數期貨及選擇權	F050	350	10	選擇權交易講座：高報酬／低壓力的交易方法	F136	380
2	股票選擇權入門	F063	250	11	選擇權訂價公式手冊	F142	400
3	選擇權投資策略（上）	F092	480	12	股價指數選擇權	F158	480
4	選擇權投資策略（中）	F093	480	13	交易，選擇權	F210	480
5	選擇權投資策略（下）	F094	480	14	股票選擇權價值觀	F212	300
6	選擇權：價格波動率與訂價理論（上）	F095	420	15	選擇權策略王	F217	330
7	選擇權：價格波動率與訂價理論（下）	F096	380	16	選擇權賣方交易策略	F228	480
8	技術分析＆選擇權策略	F097	380	17	征服日經225期貨及選擇權	F230	450
9	認購權證操作實務	F102	360	18	活用數學・交易選擇權	F246	600

金　融　證　照

分類號	書　名	書號	定價	分類號	書　名	書號	定價
1	FRM 金融風險管理（第四版）	F269	1500				

另　類　投　資

分類號	書　名	書號	定價	分類號	書　名	書號	定價
1	葡萄酒投資	F277	420				

國家圖書館出版品預行編目資料

非常潛力股／Philip A. Fisher 著；羅耀宗譯
-- 初版.-- 臺北市：寰宇, 民 87
　面；　 公分 . -- (寰宇智慧投資；99)
譯自：Common stocks and uncommon profits
ISBN 957-8457-41-3　(平裝)

1. 證券　2. 投資

563.53　　　　　　　　　　　　　　87004340

寰宇智慧投資 99

非常潛力股

作　　者：Philip A. Fisher
譯　　者：羅耀宗
發 行 者：陳志鏗
出 版 者：寰宇出版股份有限公司
　　　　　106 台北市仁愛路四段 109 號 13 樓
　　　　　(02)2721-8138
劃撥帳號：第 1146743-9 號
　E-mail ：service@ipci.com.tw
網　　址：www.ipci.com.tw
登 記 證：局版台業字第 3917 號
定　　價：360 元
西元一九九八年四月初版
西元二〇一〇年三月初版十一刷
ISBN 957-8457-41-3

網路書店：博客來 www.books.com.tw
　　　　　華文網 www.book4u.com.tw
・本書如有缺頁、破損、裝訂錯誤，請寄回本公司更換。